JN021673

フューチャーレディ

FUTURE READY

デジタル変革成功への4つの道筋

著
ステファニー・L・ウォーナー
STEPHANIE L. WOERNER
ピーター・ウェイル
PETER WEILL
イナ・M・セバスチャン
INA M. SEBASTIAN

訳
野村総合研究所
システムコンサルティング事業本部
野村マネジメント・スクール

日本経済新聞出版

FUTURE READY
The Four Pathways to Capturing Digital Value

by Stephanie L. Woerner, Peter Weill, Ina M. Sebastian

Original work copyright © 2022 Stephanie L. Woerner, Peter Weill, Ina M. Sebastian
Published by arrangement with Harvard Business Review Press,
through Tuttle-Mori Agency, Inc., Tokyo
Unauthorized duplication or distribution of this work constitutes copyright infringement.

日本語版序文

著者の一人であるピーター・ウェイルは、新型コロナ禍前、少なくとも年1回は日本を訪れ、野村マネジメント・スクールで「デジタル時代の経営戦略講座」の教壇に立つとともに、野村総合研究所システムコンサルティング事業本部と連携して、大企業向けのワークショップや講演会を開催していました。数年間訪問することは叶いませんでしたが、ようやく2022年11月、ピーターは来日して日本での仕事を再開することができました。

著者一同、この新しい書籍を日本語で読めるようになったことにとても興奮しています。米国のマサチューセッツ工科大学（MIT）より、心からの敬意を表したいと思います。本書の翻訳、出版で素晴らしい仕事をしていただいた野村総合研究所システムコンサルティング事業本部、野村マネジメント・スクール、および日経BPの皆様に心より感謝いたします。

新型コロナ禍は、世界に大きな変化をもたらし、個人、企業、国がそれぞれ大変厳しい状況に置かれました。新型コロナがもたらしたものの中で、数少ない良い点の1つは、事業運営でデジタルを一層活用できるようになったことです。難局から学ぶ精神で考えると、現在企業が直面する課題は自社をかつての姿に戻すことではありません。むしろ、新型コロナ禍の最中およびそれ以降に得られた教訓、すなわちデジタルサビー（デジタル技術やその活用法に精通した）になることで、顧客、従業員、利害関係者そして社会に対して価値をもたらす手法を組織内に展開することです。

本書では、前著『What's Your Digital Business Model?』（邦訳『デジタル・ビジネスモデル：次世代企業になるための6つの問い』、2018年、日本経済新聞出版社、日経ビジネス人文庫収録）で提言した内容をさらに深めた議論を展開しています。なお、前著は本書と同様、野村総合研究所システムコンサルティング事業本部と野村マネジメント・スクールのチームによって日本語に翻訳され、日本でも好評であったと聞いています。私たちの研究が日本のビジネスパーソンに役立つようであれば幸いです。本書では、フューチャーレディ（未来への準備が整った）企業が、顧客体験と業務効率の両面で業界をリードする存在になるための変革を遂げ、競合他社を上回る成功を収めている様子を紹介していきます。

フューチャーレディの状態へ至るには、テクノロジーというより、企業の組織能力を用いたデジタル的な働き方が求められます。例えば、日々繰り返される意思決定を自動的に行えるようにすることで、フューチャーレディ企業は顧客により優れた体験を、多くの場合リアルタイムで提供することができます。しかし、同じくらい重要な点は、多くの分野において、時には退屈な繰り返しの業務から多くの人々を解放することができる点であり、さらに言えば通常これらの人々は、その後同じ会社でより素晴らしい業務に従事することができる点です。彼らはイノベーションなど、より刺激的で付加価値の高い活動に集中することができるのです。私たちの調査によると、上位25％の優れた企業では、過去3年間に市場に投入した新しい製品とサービスからの収入が全体の59％を超えています。

日本はすでに、自動車、重工業、コンビニエンスストア、エンターテインメントなど、多くの業界で世界をリードしています。デジタル変革は、日本が国内の様々な事業分野でイノベーションを続けていくチャンスとなり得ます。さらにデジタルは、日本企業がより大きな影響力を持ち、新しい顧客を見つけ、よりグローバルに事業を展開、すなわちイノベーションの成果をグローバルに拡大するための優れた方法でもあるのです。

本書では、フューチャーレディに向けて大きな進歩を遂げた多くの大企業の取り組みを紹介しています。これらの企業に共通する特徴の1つは、経営陣とすべての従業員が大いなる好奇心を持って、デジタル化された新たな働き方を通じた成長機会の模索と業務効率化の追求を行ってきたということです。継続的な好奇心、前のめりに学習する意欲、新しいことに挑戦する意欲、経営陣の経験を補完すべくデータを使用して意思決定を行う意欲が、違いをもたらすのです。

フューチャーレディの状態になることは、顧客、従業員、およびパートナーが現在の会社で生じている摩擦の多くを取り除く機会となります。私たちリーダーが次世代に与えることができる贈り物があるとすれば、それはすべての人がより良い生活を送ることができるように、そして私たちが体験するすべてのカスタマージャーニーをより簡易かつ安全に行えるようにすることです。

皆様が本書を楽しんでいただけることを願うとともに、将来ぜひ、皆様の体験について議論し、学び合えることを楽しみにしています。私たちは常に、デジタル変革の成功事例を探しておりますので、成功を収めた暁にはぜひご連絡をお願いします。それまでの間、読者の皆様が主導する、フューチャーレディになるための変革のジャーニーが、成功することを祈念しています。

ステファニー・L・ウォーナー、ピーター・ウェイル、イナ・M・セバスチャン
マサチューセッツ工科大学情報システム研究センター（MIT CISR）

日本語版刊行にあたり

フューチャーレディ企業とは、「デジタル化」を一定程度やり遂げ、顧客体験の向上と業務の効率化の両方の施策を推進できる、将来の成長に向けての準備が整った（Future Ready）企業のことである。フューチャーレディ企業は、満足度の高い顧客体験を実現して企業の提供価値を高めると同時に、業務オペレーションの簡素化・自動化によってコストを削減することができる。さらに、プラットフォームを構築して事業パートナーとの協業を広げ、エコシステム全体の価値を高め、その価値の一部を獲得することができる。

本書は、そういったフューチャーレディの状態に、どうやって到達するかについて、数多くの具体的なケースを紹介しながら解説している。本書が素晴らしいのは、企業が自社の現状や将来目指す姿に合わせてフューチャーレディに至る道筋を選択できるように、4つの変革経路としてパターン化しまとめ上げてくれたことである。そして、4つの変革経路ごとの進め方や難しさ、必要とされるリーダーシップの形などを丁寧に説明してくれている。

日本でも「デジタル化」が大きな潮流となったが、今、多くの企業が壁にぶつかっている。あるべき姿は描けたが、IT資産の「サイロとスパゲティ」の壁にぶつかり、改革に行き詰まった企業。AIやIoTなどの技術を活用する実証実験に、多くの時間と資金を費やし、かえって大きな目標が見えなくなってしまった企業。外部からCDOを招聘してデジタル改革部門を新設したが、そのリーダーシップについていける社内人材が不足して、宙に浮いた形になっている企業。多くの日本企業は、デジタル戦略の再考を迫られている。

デジタルエコノミーにおいて、自社はどんなビジネスモデルを目指すべきなのか、そのために本当に優先すべきデジタル化領域は何か、顧客体験の向上を最優先すべきか、社内業務の効率化をまずは優先すべきか。DX人材が足りないという現実を目の当たりにして、実現可能な道筋がどうあるべきなのかを、今一度考え直したいという経営者が多いのではないか。

「デジタル化」に行き詰まりを感じ、フューチャーレディへの道筋を再考しようとしている経営者に、ぜひ本書を参考にしていただきたい。本書で成功ケースとして取り上げられている欧米企業も、数年前には日本企業と全く同じ壁にぶつかって試行錯誤を繰り返したのである。日本と欧米では、競争環境も顧客ニーズも、さらに言えば企業経営スタイルも雇用形態も違うので、成功ケースをそのままの形で自社に取り入れることはできないかもしれないが、同じような課題に立ち向かった多くの経営者の知恵と、その変革の進め方は非常に示唆に富んでいる。必ず再考のためのヒントが得られると確信している。

本書の著者である、ステファニー・L・ウォーナー、ピーター・ウェイル、イナ・M・セバスチャンの3氏が属するマサチューセッツ工科大学（MIT）スローン経営学大学院の情報システム研究センター（Center for Information System Research：略称CISR）と、野村総合研究所、野村マネジメント・スクールは、7年以上も前から交流があり、IT資産管理からデジタル戦略まで広い範囲での活発な情報交換をしてきている。

特に、ピーター・ウェイル氏には、野村マネジメント・スクールの「デジタル時代の経営戦略講座」の主任教授として、毎年、秋に東京で、教鞭をとっていただいている。豊富なケーススタディと最新の研究成果をもとにした講義は、日本企業のCDO、CIO、経営企画部門、イノベーション推進部門からなる受講生に大好評である。コロナ禍の中でも来日して、日本企業のデジタル化人材の育成にも貢献いただいているピーター・ウェイル氏には、常に心より感謝をしている。2022年11月にお会いした際には、ちょうど本書の原著が発刊された直後であり、デジタル化の今後について深く議論させていただいた。同氏はセブン-イレブンなどの日本企業も研究対象としており、日本企業のデジタル戦略が今後どのように進んでいくかについて、大きな関心を持たれている。私からは、日本の製造業が、どのようなデジタル化に挑戦しているかについてお話させていただいた。今後、日本流のデジタル成功企業が出て、それが米国のビジネススクールでケーススタディの対象となる日も近いのではないかと期待している。

本書が、日本企業の経営者、CIO、CDOの方々の課題解決のヒントとなり、今後の日本企業の皆様のデジタル戦略成功の一助になれば幸いである。

公益財団法人　野村マネジメント・スクール　専務理事・学長
株式会社　野村総合研究所
中島久雄

CONTENTS

第 1 章

フューチャーレディ企業をつくる

世界のデジタル化が急速に進むなか、企業は先を争うように、デジタルで新たな価値を生み出して、それを業績に反映させようとしている。[1] デジタルエコノミー（デジタル技術やデータの活用が重要となる経済）は多くの企業に機会をもたらす一方で、十分なスピードで対応できない企業には障壁も作り出す。例えばシュナイダーエレクトリックは顧客がエネルギーコストを最大30％削減することを支援しつつ、自社の収入の半分をIoT（モノのインターネット）型のサービスから得ている。同社がこの機会をものにするためには、他社が真似できないようなビジョン、時間、投資が必要だった。メキシコのセメント会社であるセメックスは、注文・決済業務の簡素化や、配送状況をリアルタイムで追跡できるモバイルソリューションの導入、現場管理者とやり取りする方法を刷新し、業務やサービスを飛躍的に改善した。また、デジタル化すると、パートナーとリアルタイムで協業しやすくなる。中国の微信（ウィーチャット）は、多数のパートナーと提携し、自社の品揃えを補完するようなパートナーのサービスを提供することで、顧客の日々のニーズに応えている。米国のフィデリティ・インベストメンツは、税務書類作成業者、金融アドバイザリー企業、認証サービス企業と提携し、同社の主力商品にはない補完的なサービスも併せて顧客に提供している。[2]

デジタル化ではビジネスプロセスのモジュール化（小さくわかりやすい形に分割される）が進むため、モジュールを再利用することによって迅速にイノベーションを起こすことができる。アマゾンは事業領域を書籍販売からショッピングへ、さらにエンターテインメントへと広げ、最近ではローンをはじめとする金融サービスを追加し、アマゾン ウェブ サービス（AWS）

を通して同社の基盤テクノロジーをサービス化している。アマゾン、マイクロソフト、フェイスブックなど、自社のプラットフォームを活用する企業の価値が株価に表れてきたのは見ての通りだ。最近ではテクノロジー関連以外の企業でも、デジタルサビーな（デジタル技術やその活用法に精通した）経営陣の下、同様のアプローチでトップレベルの業績を上げる企業、例えばチャールズ・シュワブ、Visa、DBS銀行、ダンキン・ブランズ・グループなどがある。[3]伝統的企業がデジタルエコノミーの中でトップパフォーマーになるためには、自社のデジタル対応能力を高め、フューチャーレディ（未来への準備が整った）企業を目指すべきである。本書は、企業がデジタルエコノミーで成功するためのプレイブック（指南書）になるように作られており、企業事例やデータ分析を通じてトップパフォーマー企業の経営手法がどう違うかを理解できるようになっている。また、経営陣がフューチャーレディ企業になるための変革の機会や進捗状況を把握するのに役立つよう、自社とトップパフォーマー企業とのベンチマークを行うための自己診断ツールも収録している。

●・・何が問題なのか？・・●

多くの伝統的企業で従来のビジネスモデルが存続の危機に瀕している。我々はそれを、ある大銀行（仮にBankCoと呼ぶ）とのワークショップで痛感した。この銀行は100年以上も前から順調に経営を続けており、利益の大部分を住宅ローンから得ていた。かつては住宅ローンと言えばＢａｎｋＣｏと名前が挙がるほどの有力銀行だったが、次第に同行と顧客の間に仲介業者が入ってくるようになった。

仲介の形は様々だったが、最も多かったのは、住宅ローン会社の候補を顧客に紹介する住宅ローンブローカーである。昔ながらの対面型ビジネスを行うブローカーが多かったが、米国のロケットモーゲージ、オーストラリアのドメイン、英国のハビトなど、オンラインビジネスの企業もあった。次第にブローカー経由で契約される住宅ローンの割合が増え、50％を超えるまでになった。厄介なことに、住宅ローンブローカーは通常、契約手数料として、時には更新手数料などの料金として、住宅ローンの利益の約50％を持っていくのだ。最悪だったのは、ブローカーと顧客の間に関係ができてしまったため、たとえ同行が住宅ローン契約を獲得できても他の商品をクロスセルすることが難しくなったことだった。

重大なビジネスモデルの転換を迫られたＢａｎｋＣｏには、３つの選択肢が残されていた。もっと顧客に近づき、世界トップクラスの住宅ローン体験を提供して、住宅ローンブローカーなどのパートナーと競い合うべきか。あるいは顧客と距離を置き、各国の規制環境に合わせた「住宅ローンアズアサービス」を提供する世界トップクラスの企業となるべきか。この場合は、住宅ローンを組みたい最終顧客を持つ仲介業者に対して、規制やコンプライアンスへの対応と魅力的な住宅ローン金利を組み合わせた商品、すなわち仲介業者が顧客との関係構築を容易にする手段を売ることになる。いわば住宅ローン界のペイパルのようなものだ。もちろん、提供するのはプラグ・アンド・プレイの決済手段ではなく、どの企業のサービスプラットフォームにも円滑に組み込める、ＢａｎｋＣｏブランドの住宅ローン商品である。第3の道は、両方とも実行することだ。問題は、顧客に近づくことと、世界トップクラスの住宅ローンを仲介業者に提供することでは、組織に求められる能力や体制がまったく違うことである。

顧客に近づくためには、顧客の声に対し真摯に耳を傾けて、住宅購入のカスタマージャーニー〔訳注：顧客が目的を抱いてから商品・サービスを認知、購入、利用するまでの一連のプロセス〕全体にわたって素晴らしい体験を提供する能力が必要だ。対照的に、顧客と距離を置く場合は、どのパートナーのシステムともプラグ・アンド・プレイで連携できる、世界トップクラスの住宅ローンプラットフォームを構築する能力が必要となる。その後ＢａｎｋＣｏがどうなったかは、後の章で改めて紹介したい。あなたの企業でも、同じような変革の選択を迫られているのではないだろうか。

●・・デジタルから価値を得るためのプレイブック・・●

企業がデジタルエコノミーで成功するための変革に向けたビジョンとこれを実践するためのプレイブック（指南書）が必要である。プレイブックは、デジタル化が進む世界で新たな価値をつくり出そうとしているリーダーにとって、ビジョンを実現し、従業員の意欲を引き出し、市場と対話し、皆を共通目標に集中させ続ける際に役に立つものである。プレイブックでは、我々が考察したフレームワークを用いて、フューチャーレディ企業になるとはどういうことかを最初に説明している。

我々は、デジタルによってビジネス変革を実行する企業を、次の2つの目標を同時に掲げる企業だと定義する。

(1) スピードアップのためにデジタル技術やその実践的活用手法を用いる。

(2) プロセスの標準化・自動化によってコストを削減し、データや業務プロセス、テクノロジーを再利用し、生産性向上が見込める領域を見極める。

こうした企業は、デジタル技術やその実践的活用法を取り入れて、新サービスや新商品の開発、顧客との関係を深める方法の発見、新たなビジネスモデルや収入源の創出といったイノベーションを実現する。効率化やイノベーションにつながる例として、自社の中核的な強みをアプリケーション・プログラミング・インターフェース（API）を通じて社外からも利用できるようにしたサービス[4]の開発が挙げられる。サービス化を通じて、その強みが標準化、自動化され、他サービスでも再利用が可能になり、なおかつ新商品とセットで販売ができる可能性が生まれる。

本書では、顧客体験の向上と効率化を一貫性のある形で両立させる方法を習得している企業を、フューチャーレディ企業と呼ぶ。フューチャーレディ企業は、大小様々な課題や機会について何かを決定する際には、最初からデジタルツールとデジタルアプローチの活用を前提に検

図1-1　フューチャーレディへのジャーニー

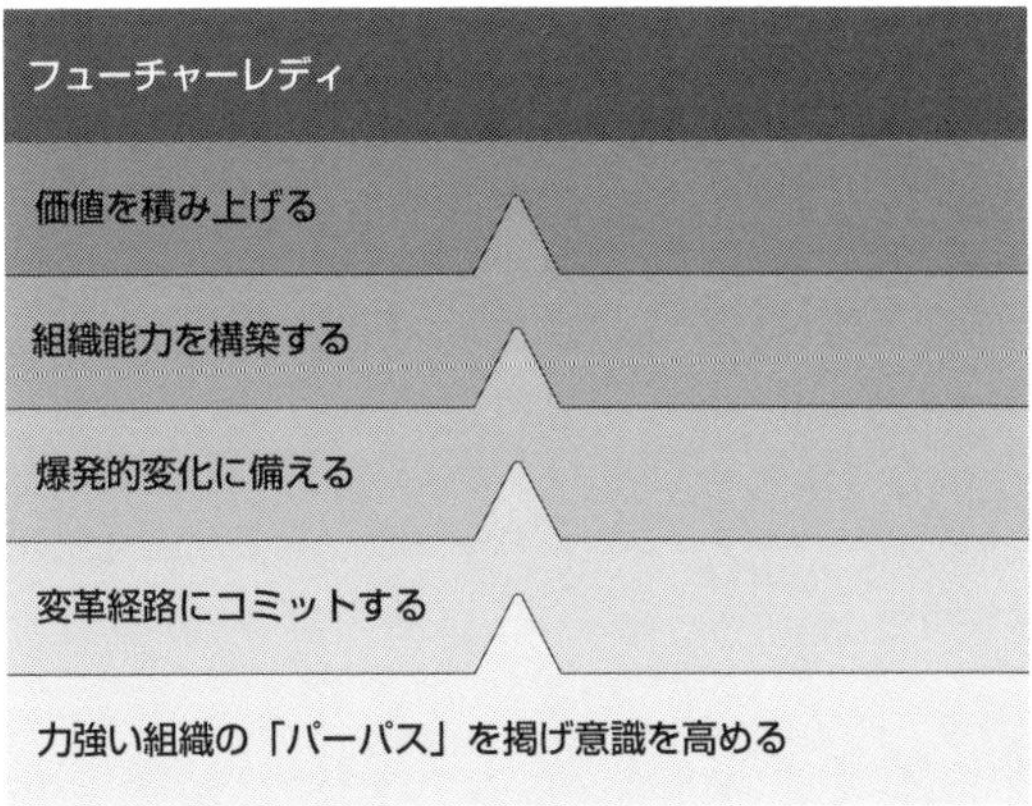

討して取り入れる。デジタルツールやデジタルアプローチには、事業プラットフォームの構築と組織内外での横断的利用、テスト&ラーン手法、アジャイル手法、デジタル接続を通して拡大するパートナーシップ、価値の蓄積度合いを測定するためのダッシュボードなど様々なものがある。フューチャーレディ企業はトップパフォーマーであり、その業績は業界平均より売上高成長率で17・3ポイント、純利益率で14・0ポイント上回っている[5]。

我々は、5年を超える厳密な調査を行い、このプレイブックを完成させた。この調査では、企業経営者への50件を超えるインタビューと、合計2000人以上を対象にした数種類のアンケート調査を行った。そして世界中の様々な業界の企業で行った上級役員層や取締役会に向けたワークショップ、多数の講演、MIT CISR（Center for Information Systems Research：マサチューセッツ工科大学情報システムセンター）の特別セッションで実地に検証した。

図1－1は、企業がフューチャーレディとなり、デジタルエコノミーの中でトップパフォーマーになるまでのお勧めのジャーニー（変革の旅路）を表したものである。

- **力強い組織の「パーパス（存在意義）」を掲げ意識を高める**：自社のパーパスを従業員、管理職、取締役、パートナーに明確に伝え、フューチャーレディへの変革の方向を示す。デジタルビジネス変革を会社全体に行き渡らせることは容易ではなく、強力なパーパスを示すことでジャーニーに参加する意義を全員に理解してもらう。
- **変革経路にコミットする**：4つの変革経路（後述）のうち1つを選ぶ。戦略によっては複数の経路を選ぶ場合もある。どの経路を選んだのかを社内に周知し、すべての従業員が同じように理解して、同じ言葉で変革経路を語れる共通言語を作る。
- **爆発的変化に備える**：デジタルビジネス変革の際に必ず発生する課題（本書では組織の爆発的変化と呼ぶ）を見越して準備する。
- **組織能力を構築する**：フューチャーレディ企業が共通して持つ、価値創出につながる10の組織能力を構築する。
- **価値を積み上げる**：業務オペレーション、顧客、エコシステムを源泉とする3種類の価値を継続的に創出、獲得、測定する。

●●・ フューチャーレディ企業に至るまでの状態 ・●●

企業が改善するべき2つの要素として業務効率性と顧客体験がある。この2つを軸に2×2のフレームワークを作成すると、企業は4種類に分類され（図1－2参照）、フューチャーレディ企業は右上の象限に位置付けられる。我々は各象限において複数の指標を設定し、1311社を競合企業との相対評価でフレームワーク上に位置付けた。この調査対象企業の年間売上高は平均48億ドル（推計）である。[6]

■サイロとスパゲッティ（個別最適・複雑構造）

ほとんどの大企業は、長年の開発や買収を通じて幅広い商品ラインを持つことが多く、顧客体験と業務オペレーションは古いままであるため、左下の象限が出発点となる。この象限には51％の企業が位置しており、規模が大きく歴史が古い企業ほどここに該当する傾向がある。これらの企業には、社内の他システムと互換性がない、あるいは統合されていない多数のサイロ（個別の事業部門、商品、地域、顧客層を支えるために社内に散らばる一連のシステム）がある。これらの企業は、新たな商品、地域、顧客層、提供サービスが増えたり、新たな規制への

図1-2　フューチャーレディになる

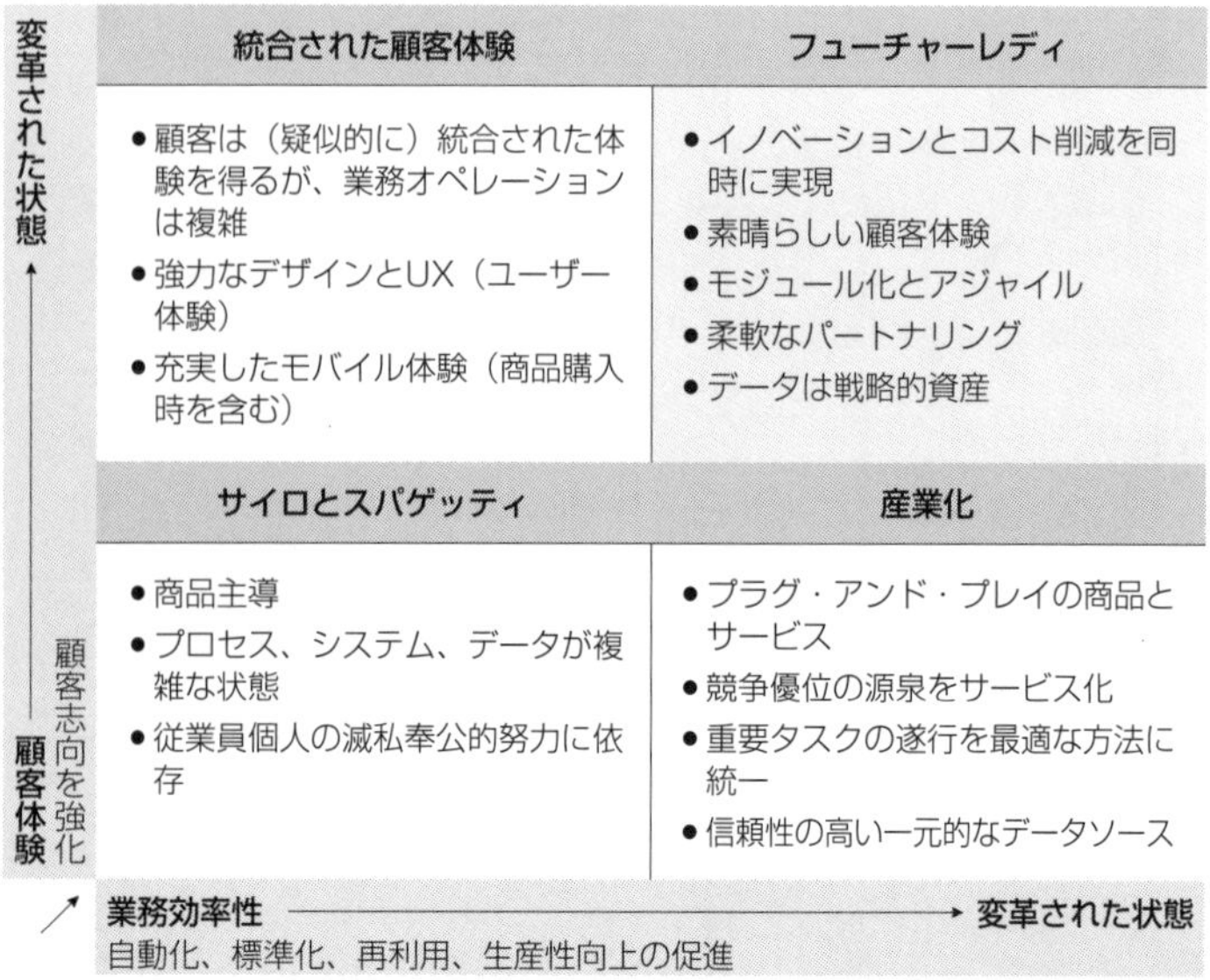
統合された顧客体験
フューチャーレディ
●顧客は（疑似的に）統合された体験を得るが、業務オペレーションは複雑
●強力なデザインとUX（ユーザー体験）
●充実したモバイル体験（商品購入時を含む）
●イノベーションとコスト削減を同時に実現
●素晴らしい顧客体験
●モジュール化とアジャイル
●柔軟なパートナリング
●データは戦略的資産
サイロとスパゲッティ
産業化
●商品主導
●プロセス、システム、データが複雑な状態
●従業員個人の滅私奉公的努力に依存
●プラグ・アンド・プレイの商品とサービス
●競争優位の源泉をサービス化
●重要タスクの遂行を最適な方法に統一
●信頼性の高い一元的なデータソース
変革された状態
顧客志向を強化
顧客体験
業務効率性
変革された状態
自動化、標準化、再利用、生産性向上の促進

出典）フューチャーレディ・フレームワークと変革経路は、2015～2017年に世界の企業の上級役員を対象に実施した、デジタル変革に関するインタビューと対話に基づいている。フレームワーク、変革経路、業績に関するデータは2つのMIT CISR調査（2017年、2019年）および2018～2022年に行った追加インタビューと40を超えるワークショップに基づいて数値化した。

対応を迫られたりするたびに既存のシステムの上に新たなサイロを追加するだけで、相互に連携させてこなかった。特に、システムからデータを引き出したい場合などに、多数のシステムを場当たり的につなぐソリューションを追加するので、システム全体が皿の上のスパゲッティのようにもつれた状態になってしまう。

　その結果、商品・サービスを支えるビジネスプロセス、システム、データが複雑になる。そして、ぶつ切れで手間のかかる体験を顧客と従業員の両方が強いられて苛立ってしまう。さらに商品・サービス自体もサイロに分かれているため事態が悪化する。このような企業では、魅力的な顧客体験が提供できているとしても、それは従業員個人の滅私奉公的な努力に大いに依存していることが多い。著者の一人は最近、銀行で両親の当座預金口座に家族を追加するのに必要な受取人確認手続きをした。銀行の話では、家族4人がそろって支店に出向く必要があるとのことだった。支店に行くと、職員が書類を処理するのを眺めながら1時間も待たされた。簡単な作業にもかかわらず、別の部署の職員が応援に来てようやく終わった。この苦行が終わるころには関係した全員が苛立っていた。この象限の企業の売上高成長率と純利益率が最も劣るのは当然で、業界平均をそれぞれ平均10・5ポイント、6・5ポイント下回っている（図1－3参照）。

産業化

産業化が進んだ企業（右下の象限）は、まず業務オペレーションを自動化するための最良のエンジニアリング手法を導入することに注力する。そして自社の競争優位の源泉になっている強みをモジュール化・標準化されたデジタルサービスに変換する。この象限の企業は、重要タスク（保険金請求の処理、顧客の獲得・定着化、リスク評価など）を遂行する最適な方法を編み出し、全社で標準化することに努める。プラグ・アンド・プレイのモジュールを組み合わせ

■ 図1-3　フューチャーレディ・フレームワークの各象限に該当する企業の割合と業績

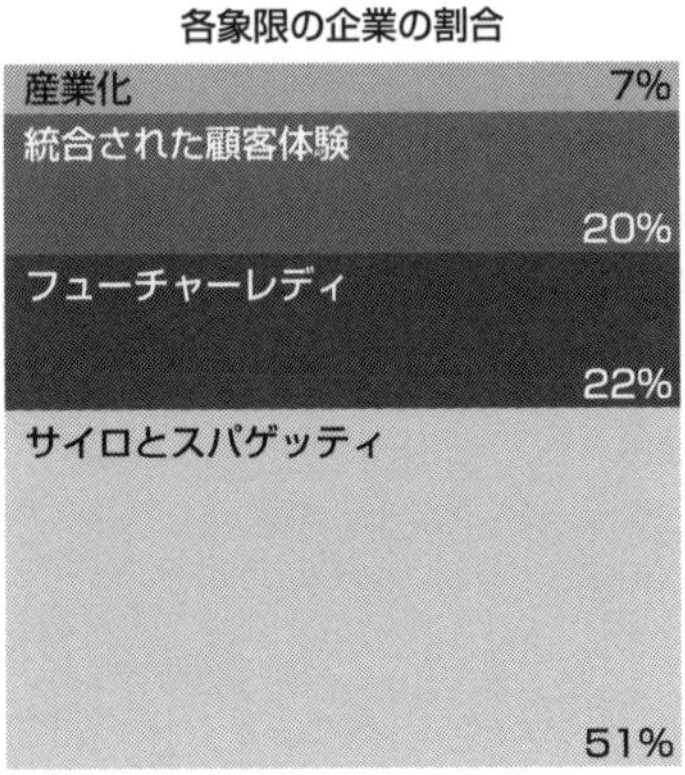

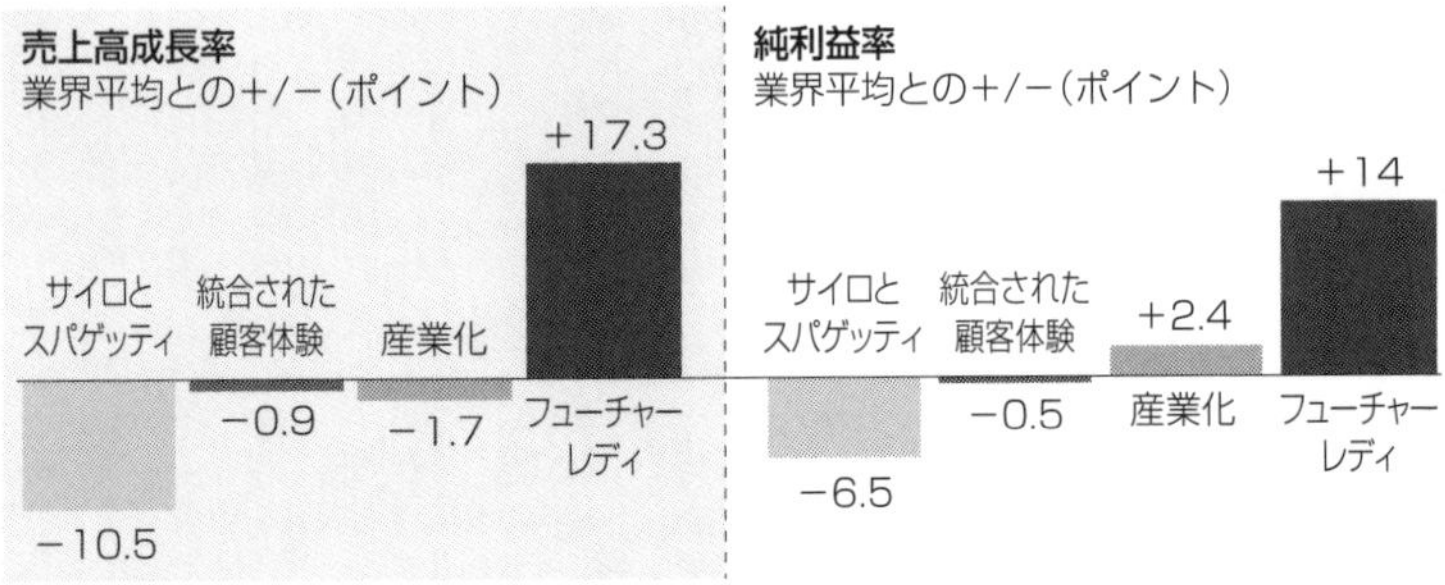

出典）フューチャーレディ・フレームワークと変革経路は、2015〜2017年に世界の企業の上級役員を対象に実施した、デジタル変革に関するインタビューと対話に基づいている。フレームワーク、変革経路、業績に関するデータは2つのMIT CISR調査（2017年、2019年）および2018〜2022年に行った追加インタビューと40を超えるワークショップに基づいて数値化した。自己申告の純利益率と売上高成長率は、実際の純利益率と売上高成長率と有意な相関がある（$p<0.01$）。純利益率と売上高成長率は業界水準と比較し、5%トリム平均（異常値を排除するため、上位と下位のデータを一定の割合で取り除いて計算した平均値）で外れ値を取り除いている。

て、社内および顧客向けのデジタル商品・サービスを開発し、顧客のニーズに迅速かつ低コストで応えるのである。また、顧客とのやりとりなどを通じて収集したデータを信頼性の高い1つのデータソースに統合し、アクセス権限を持った従業員が誰でも意思決定に利用できるようにする。やがて、これらの処理や意思決定の多くが自動化されることになる。1311社のうちこの象限に位置付けられる企業はわずか7％で、業界平均と比べると、売上高成長率は1・7ポイント下回り、純利益率は2・4ポイント上回る。業界平均より純利益率が高く、売上高成長率がやや低いのは、この象限の企業が自動化と業務効率性を優先していることの表れである。

■統合された顧客体験

統合された顧客体験（左上）の象限の企業は、業務オペレーションが複雑になるにもかかわらず、業界平均を超える顧客体験を提供するために投資する。この象限を目指す企業は、魅力的なウェブサイトやモバイルアプリを開発し、デザイナーを雇用し、顧客との関係性向上を担当する者を増やして顧客体験の向上に努める。また多くの企業がアナリティクスに投資して顧客体験の向上を試みている。しかし、顧客体験は向上するものの、基盤となるビジネスプロセス、テクノロジー、データが複雑なままだったり、より不安定になったりするので、顧客対応コストが増加してしまう。この象限に位置付けられる企業は約20％であり、業績はほぼ業界平均並みで、売上高成長率で0・9ポイント、純利益率で0・5ポイント、共に業界平均を下回る。それでも、サイロとスパゲッティの企業と比べれば大幅に良いと言える。

■フューチャーレディ

フューチャーレディ企業は顧客と強固な関係を築き、高い満足度の提供とコスト削減を同時に達成するイノベーションを実現できる。こうした企業の多くは、商品を売り込むことよりも顧客のニーズに応えることを目的にしており、顧客はどのサービス提供チャネルを選んでも優れた体験を期待できる。業務オペレーションの観点では組織的な強みとしてモジュール化された業務プロセスと俊敏な実行力を持ち、データは戦略的資産として共有され、社内で必要とする者が誰でもアクセスできる状態にある。フューチャーレディ企業はこれらを自社単独では実現できないことを理解しており、パートナーと組むことで顧客により大きな価値を届ける体制を構築している。

フューチャーレディ企業は全体の22%を占める。フューチャーレディ企業はトップパフォーマーであり、売上高成長率は業界平均を17・3ポイント、純利益率は14ポイント上回る。フューチャーレディ企業であるDBSは、一流の顧客体験と優れた財務パフォーマンスを実現し、多くの人に「世界最高の銀行」と認められている。同行は、過去10年でフューチャーレディ企業への変革を成し遂げた。[7] DBSの変革ジャーニーは第5章で紹介する。

■ 図1-4　フューチャーレディ・フレームワークにおける業界別構成比

業界	サイロとスパゲッティ	産業化	統合された顧客体験	フューチャーレディ
テクノロジー	35%	2%	26%	37%
ITサービス	42%	3%	30%	26%
金融サービス	56%	7%	13%	24%
ヘルスケア	60%	3%	14%	23%
重工業	54%	9%	16%	22%
製造業	48%	11%	19%	22%
サービス	51%	6%	23%	20%
通信・メディア	35%	9%	39%	20%
消費財	51%	5%	31%	13%
鉱業・石油・ガス	68%	9%	14%	9%
非営利・政府	60%	7%	33%	0%

出典）MIT CISR 2019 Top Management Teams and Transformation Survey（N = 1,311）。
業界は自己申告。業界のグループ分けは北米産業分類システム（NAICS）コードに準ずる。

各象限の企業の分布は業界ごとに異なっており興味深い（図1－4参照）。例えば、フューチャーレディ企業の比率が最も大きい業界はテクノロジー、続いてITサービスである。サイロとスパゲッティの企業が最も多いのは鉱業・石油・ガスで、非営利・政府、ヘルスケア、金融サービスと続いている（ただし金融サービスはフューチャーレディ企業の比率も平均を上回る）。産業化と統合された顧客体験の列を上から見ていくと、それぞれの業界が、サイロとスパゲッティからフューチャーレディに向かうジャーニーにおいてどのような道のりをたどったのかが分かる。

ほとんどの企業がデジタルの効果的な活用方法を探し求めていることは誰でも知っているが、我々が調査で確認したかったのは、全企業平均と中小企業の間でフューチャーレディへの変革に違いがあるかどうかである。予想よりも違いは少なかったが、いくつかの重要な違いがあった。

我々は、年間売上高が下位4分の1の企業と全企業の平均を比較した。サイロとスパゲッティについては、小規模な企業（45％）が平均（51％）よりもかなり少なく、統合された顧客体験については、小規模な企業のほうが多かった（29％対20％）。フューチャーレディについては小規模な企業と平均は同じ（22％）だった。ちなみに、より新しく小規模な企業は、最初からフューチャーレディの状態になるよう設計されている場合が多い。

■大企業のさらなる課題

ＭＩＴ ＣＩＳＲが共同研究を行う企業の多くは、年間売上高が２００億ドルを超える大企業である。我々は、このような巨大企業がサイロとスパゲッティから他の象限に移ろうとする場合、平均的な企業よりもさらに困難であることに気づいた。そこで上場企業３５０社（平均売上高２９５億ドル）について分析したところ、非常に厳しい結果が出た。これらの大企業の変革の進捗を競合企業との相対評価でみると、フューチャーレディの象限にたどり着いたのはわずか9％だった（全体の平均は22％）。大企業の約70％はサイロとスパゲッティで、全体の平均では51％だった。ただし、大企業の中でフューチャーレディになれた9％の企業はトップレベルの業績をあげているというのは良い知らせと言える。

フューチャーレディへの変革ジャーニーにおいて、巨大企業は、一般的な企業が直面する課題に加えて、巨大な規模ゆえに生じる課題、そしてしばしばグローバルな業務オペレーションに関連する課題に直面する。変革には、明確なビジョン、共通言語、新たな文化、再利用可能なテクノロジープラットフォームなどをつくることが必要であるが、大企業ではその難易度が上がり、重要性もより高くなる。

我々は、フューチャーレディの進捗率を様々な方法で測定している。例えば上級役員層に、取締役会に約束した変革がどの程度進捗しているかを算出してもらった。２０１６年の調査で平均33％、２０１９年の調査で50％、それ以降のケーススタディではさらに増加していた。このことから、全体的に、取締役会に約束した目標に向けて緩やかだが着実に前進していることが分かる。ただし我々はフューチャーレディであるかどうかを業界の競合企業との相対評価で判定しているので、すべての企業が改善し、高い業績を維持するようになると、フューチャーレディ企業になるためのハードルは上がることになる。

●●・ フューチャーレディへ進む ・●●

我々はフューチャーレディ企業になるための4つの変革経路を見出した。いずれも、左下の象限（サイロとスパゲッティ）から出発し、大きな組織的混乱を乗り越えて、右上の象限（フューチャーレディ）に至る（図1－5参照）。各経路については後の章で詳しく説明する。

■変革経路1：産業化先行アプローチ

変革経路1はサイロとスパゲッティから産業化の象限へ向かう。この経路のポイントは、APIなどの方法で社内外から利用できるビジネスサービスを作ると同様に、全社にプラットフォーム思考を浸透することである。こうすることで企業はレガシー化したプロセスやシステムの多くを排除できる。経路1では、他に魅力的なプロジェクトがあっても、少なくとも最初のうちは手を出さない方がよい。クラウドコンピューティング、API、マイクロサービス、より良いソリューションアーキテクチャーを導入することによって、産業化をより早く実現し、リスクや破壊的な混乱も抑えることができる。[8]

■ 図1-5　フューチャーレディに向かう4つの変革経路

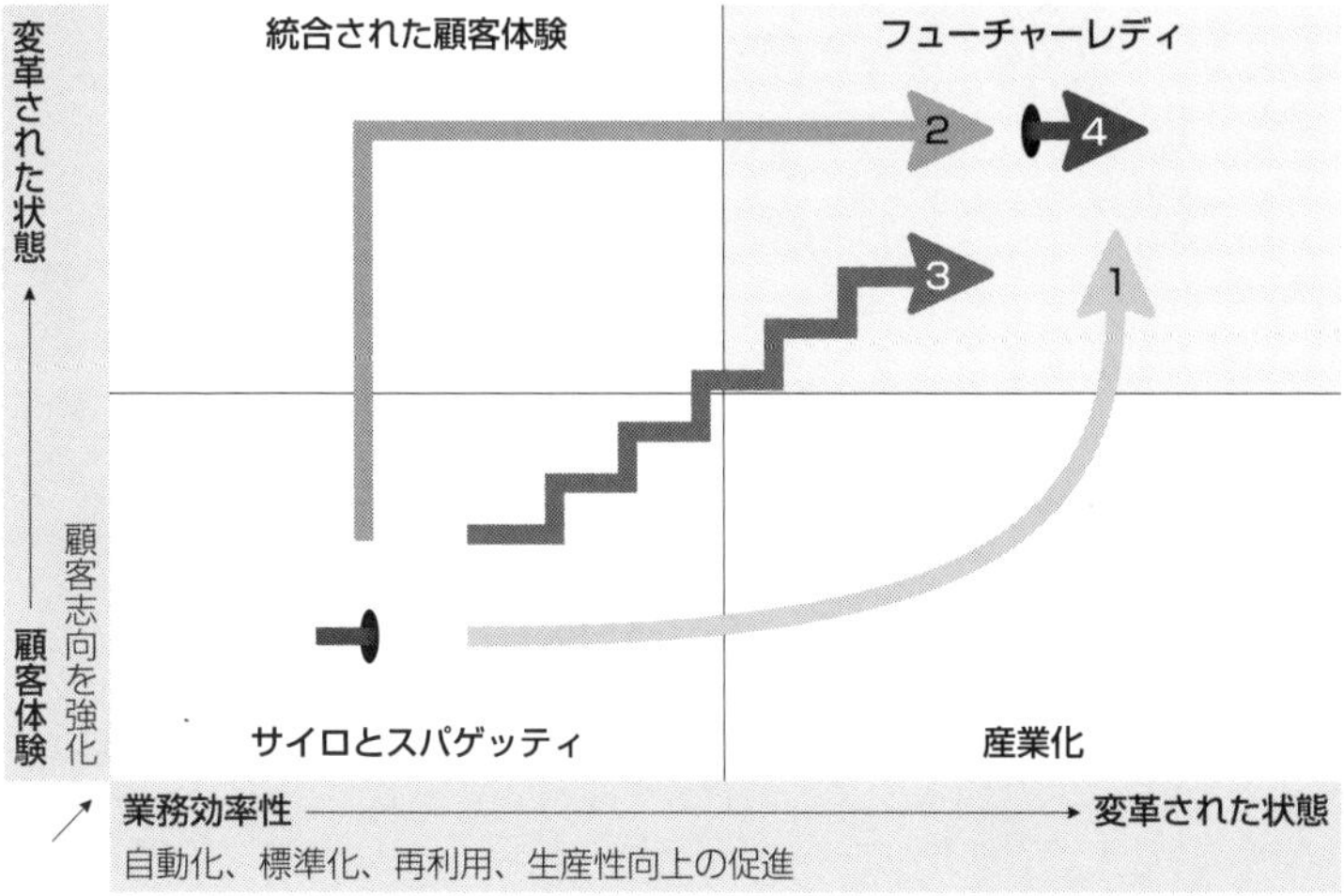

出典）フューチャーレディ・フレームワークと変革経路は、2015～2017年に世界の企業の上級役員を対象に実施した、デジタル変革に関するインタビューと対話に基づいている。フレームワーク、変革経路、業績に関するデータは2つのMIT CISR調査（2017年、2019年）および2018～2022年に行った追加インタビューと40を超えるワークショップに基づいて数値化した。

■ 変革経路2：顧客志向先行アプローチ

変革経路2はサイロとスパゲッティから統合された顧客体験の象限へ向かう。この経路を選ぶのは、顧客体験の改善を最優先の目標とする一方で、社内に多くのサイロを抱えている企業である。この経路を選んだ企業は、顧客を感動させるという目標を掲げ、魅力的なサービスの新規開発、モバイルアプリやウェブサイトの構築、各チャネルでの顧客体験の向上、顧客との関係性改善、担当者への権限移譲といった様々な取り組みを同時にやろうとする。大抵の場合、顧客体験は向上するものの、すでに断片化しているシステムやプロセスがさらに複雑になり、顧客対応コストが増えるという問題が生じる。

▩変革経路3：階段的アプローチ

変革経路3を選んだ企業は、変革の焦点を顧客体験の向上から業務オペレーション改善へ、そして再び顧客体験の向上へと交互に切り替えながら、フューチャーレディに向けて着実に前進する。6カ月といった比較的短い期間で変革の焦点を切り替えながら、また獲得した組織能力や学びを次の取り組みに引き継がせながら一歩一歩階段を上るように変革を進めていく。例えば最初の一歩はオムニチャネル体験の導入プロジェクトで、その次はレガシー業務プロセスの入れ替えやAPIの実装というオペレーション改善に取り組むかもしれない。そして、社内に蓄積したデータをより有効活用して、さらに魅力的な顧客へのサービスを作り出そうとするだろう。このアプローチの成否は、各自の取り組みが場当たり的にならないように、変革全体の方向性を示すロードマップを作成できるかどうかにかかっている。

▩変革経路4：新組織創設アプローチ

変革経路4が選ばれるのは、既存の企業を変革することが困難な場合、あるいは、成功するにはフューチャーレディな組織であることが必須な場合である。この経路は、顧客基盤、人材、文化、プロセス、システムを最初からフューチャーレディになるように作れることが利点である。レガシーシステム、サイロ、文化の変革に関する問題に対処しなくてよい。ただし新たな組織が成功した後に、既存の企業といかに統合するか、あるいはそもそも統合するのかが、経営陣にとっての課題になる。

複数の変革経路

どの変革経路を選択するかは、その企業の競争上のポジションによって決まる。我々は多くの大企業で、ある事業部門でとても効果的だった経路が別の事業部門でうまくいかない例を見てきた。例えば、トップクラスの顧客体験を誇る事業は経路1に注力できるが、顧客体験が劣っている別の事業では、競争力を維持しなくてはならないために経路2を選ぶ必要がある場合である。または、新設部門でビジネスモデルのイノベーションを行いたいが（経路4）、同時に既存企業を階段的に変革する必要がある（経路3）といった場合だ。このような場合、1つの企業内で複数の経路で変革を進めることが理にかなっている。ただし重要な注意事項がある。複数の経路を進むにあたっては、それらの経路を相互に連携させなければならない。そうしないと複雑化や断片化のリスクが高まり、変革の進捗ペースが目に見えて遅くなるだろう。

●●・4つの爆発的変化・●●

業務オペレーションや顧客体験を改善する組織能力を身に付ける過程では、組織的変化に関わる困難な問題に直面する。我々はそれを組織における「爆発的変化」と呼ぶ。実際に変化を体験するとそのように感じるからだ。変化は大規模で、社内外に混乱を引き起こし、従業員やパートナーのほとんどに影響を与える。爆発的変化には目新しいものばかりではなく、何十年も前から存在する古くて新しい課題もある。しかし、4つの爆発的変化にうまく対処できれば、フューチャーレディへの道をよりスムーズに進めるようになり、よりアジャイルで、デジタルに長けた、協調性のある文化も出来上がる。爆発的変化によって価値を壊すのではなく創出するためには、そのインパクトを予想してコントロールし、注意深く対処することが必要だ。爆発的変化を誰がどのように対処するかを明確に定めておくと、多くの場合、より早く確実にフューチャーレディ企業になれる。爆発的変化については第2章で詳しく説明し、様々な企業がどのように対処したかを第3章から第6章で紹介する。

フューチャーレディ企業に求められる組織能力を構築する

既存の強みに頼るだけでは新たなタイプの価値を生み出せない。簡単に利用可能になった強力なテクノロジーを活用できるよう、組織にイノベーションを起こさなければならない。そのためには、環境変化に対応できるようにリソースを整え、新たな組織能力を身に付ける方法を確立する必要がある。例えば業績を飛躍的に向上させる能力や、競合他社、顧客、パートナー、テクノロジーの変化に対応するために行動する能力などである。フューチャーレディ企業は共通して10の組織能力を持っている。これらの能力を用いて、価値を生み出し、長期にわたって競争優位を維持し、未来の変化への対応力を高めているのだ。第7章では、10の組織能力について説明し、各変革経路の初期において重要になる組織能力の違いを示す。最後にあなたの会社が組織能力の開発がどの程度進んでいるかを評価できる自己診断ツールを紹介する。

価値の創出と獲得：フューチャーレディのパフォーマンスを示す初期指標

デジタル時代になり、企業が価値を創出し、獲得する方法が変わりつつある。業務効率性や直接的な顧客体験は今でもとても大事だが、デジタルビジネスでは、優れたデジタルサービスを開発し、パートナーと協力して顧客の目的地（顧客が持つ真の目的をかなえられるゴール地点という意味）をつくり出すことが重要になりつつある。これは顧客がデジタル体験に求めるものが変化したからだ。パートナーとのリアルタイム連携を簡単かつ低コストで実現する能力を発揮して、顧客ニーズをより完全な形で満たすような統合的デジタル体験の提供が求められている。目的地の創出を競い合う世界では、企業は競合に勝つか負けるかという旧来のアプローチをとる代わりに、パートナーと協力して機会を拡大し、ウィンウィンのアプローチを見出し、利益を分け合うことで全体の価値を最大化するのだ。

変革成功の鍵は、デジタル活用を通して価値を創出し、その価値を業績に結び付け、着実に価値を蓄積していくことである。我々は、企業のデジタル活用によって生み出される価値には3種類あることを見出した。これらの価値を測定することで、フューチャーレディへの変革がどこまで進んでいるかを判断できる。本章でその3つの価値について説明し、第3章から第6章で企業がいかに価値を創出し、獲得しているかを紹介する。第7章では変革ジャーニーの過程で蓄積された価値の大きさを測定できるダッシュボードの作り方について議論する。フューチャーレディに向かう自社の現在地は、2種類の測定指標を用いて知ることができる。どのような価値が得られたか［WHAT］で変革の成功度を測る指標と、どのように価値が創出されたか［HOW］でフューチャーレディ組織能力をどれだけ獲得できているかを測る指標である。[9]

■ 図1-6　企業は異なる種類の価値を創出し、獲得しなければならない

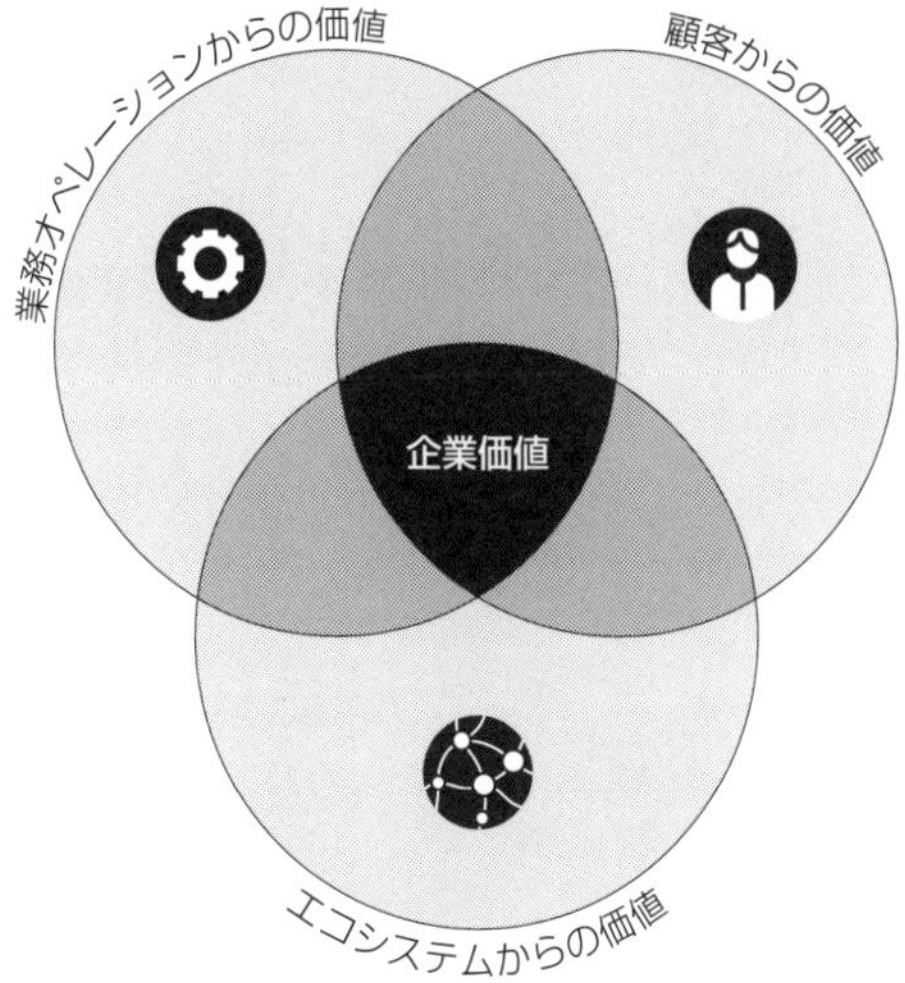

コスト削減と
スピード向上

顧客１人当たりの
売上高の増加

エコシステムからの
売上高の増加

信頼、ブランド価値、
時価総額の上昇

出典）企業の経営者を対象に2020年に実施した23回のインタビューに基づくモデル。MIT CISR 2019 Top Management Teams and Transformation Survey（N ＝ 1,311）の探索的統計分析を実施した。3つの価値の源泉には相関がある。企業価値は、他の種類の価値を創出できている場合に生み出される。この価値そのものの評価は今回の調査の対象外である。

デジタルビジネスを通じて得られるすべての有益な結果が価値と言える。例えばコスト削減、顧客体験の向上、ロイヤリティの向上、クロスセルや革新的商品による企業成長などである。デジタルがもたらす価値として3種類の価値を挙げる経営者が多いが（図1－6参照）、我々は、これらの価値の上に、長期的企業価値という4つ目の価値が生み出されるという仮説を立てている。

■業務オペレーションからの価値

業務オペレーションからの価値は、デジタルビジネスの基盤となる価値であり、コスト削減や効率化、スピードの向上などである。我々の調査によると、企業は業務オペレーションをモジュール化し、ソフトウエアをコンポーネントとして開発するとともにプロセスの自動化を進め、企業体質をよりオープンでアジャイルにすることによってこの価値を生み出している。企業の自己評価では、この価値の創出に関する達成度は平均で54％である。

■顧客からの価値

顧客からの価値には、クロスセルや新たなサービスの提供による顧客からの収入の増加、顧客の定着化、ロイヤリティの向上が含まれる。顧客のニーズに応え、素晴らしい顧客体験を提供し、自社のパーパス（存在意義・志）に沿って一貫した行動をとることがこうした価値の創出につながる。顧客からの価値と業務オペレーションからの価値は相互に関連しており、企業はそれをうまく生かすことができる。例えば、セルフサービス化は顧客からも業務オペレーションからも価値を生み出す。顧客からの価値の大きさは、企業の成功を予測する重要な指標である。企業の自己評価によると、この価値の創出に関する達成度は平均40％である。

エコシステムからの価値

エコシステムからの価値の創出はよく見落とされたり先送りされたりする。しかし企業のデジタル化が進み、パートナーとの連携が前提のビジネスに移行するにつれ、エコシステムからの価値は重要性を増し、企業の業績により大きな影響を与えるようになってくる。[10] 連携を通じて顧客が求める「目的地」を作り上げることができれば、リーチが伸び（より多くの顧客に到達でき）、範囲も広がる（より多くの商品を提供できる）ため、エコシステムから大きな価値を引き出せるようになる。[11] エコシステムから価値を獲得できるかどうかは、自社あるいは参加するエコシステムからの売上高を伸ばせるか、パートナー連携を通して顧客や業務オペレーションから新たな価値を獲得できるかどうかで決まる。企業の自己評価では、エコシステムからの価値の創出に関する達成度は平均30％である。

3種類それぞれの価値がどれだけ蓄積されているかは、（デジタル変革における）企業の成果を予測する指標として有効である。3つの指標のうち、業績に与える影響が最も大きいのは顧客からの価値で、次がエコシステムからの価値、最も影響が小さいのは業務オペレーションからの価値である。しかし、業務オペレーションからの価値はデジタルビジネスの基盤となっているため、業績への直接的な影響が最も小さくても、顧客やエコシステムから価値を創出・獲得するためには不可欠なものである。

エコシステムからの価値の売上高成長率や利益率への貢献度は、現在のところ平均的な企業ではごくわずかである。しかし将来的には、エコシステムからの価値は、企業の業績に大きく貢献するだろう。エコシステムを自ら率いてその潜在的な価値をフルに引き出せる企業は限られるが、そうでない企業もエコシステムに参加して積極的にデジタル活用を進めれば、徐々に価値を増やしていける。

3種類の価値をすべて獲得し、その相乗効果をうまく活かすことができれば、ブランド、信頼、時価総額といった総合的な長期的企業価値を生み出せると我々は考えている。

大企業は、価値（特に顧客からの価値とエコシステムからの価値）の獲得方法について小規模企業から学ぶことができる。業務オペレーションからの価値の大きさには、小規模企業と大企業で大きな差はない。しかし、顧客やエコシステムからの価値獲得については、小規模企業の方が大企業よりも優れている。小規模企業は地域ビジネスをしている場合が多いが、ブランド知名度が高くなく、広告予算も多くないため、顧客に密着しなければ生き残れないからだ。我々は、大企業のエコシステムに加わり、特定領域もしくは地域限定的なサービスを提供するモジュラープロデューサー[12]になることができれば、小規模企業の方が、エコシステムから価値を獲得できる可能性が高いという仮説を立てている。

本書の構成

本章ではフューチャーレディになるためのフレームワークを定義し、プレイブックについて説明した。本章末に、上級役員の方々が「自社がこのフレームワーク上のどの位置にいるか」を判断できるよう自己診断ツールを掲載している。また、リーダーの方に向けて、フューチャーレディになるために欠かせない共通言語を作る際に役立つエクササイズも収録した。以降の章では、統計分析とインタビューから得られたベストプラクティスとケーススタディを紹介して、フューチャーレディになるための方法を明らかにする。ケーススタディでは実際にうまくいった事例を紹介するので、あなたや同僚のインスピレーションを引き出すことに役立つだろう。

第2章では、フューチャーレディに向かう4つの変革経路について紹介する。そしてそれぞれの経路の途中でどんなことが起こりうるかを解説する。4つの経路がそれぞれどういうものかを明らかにするために、金融サービス業界において4つの経路をそれぞれたどった企業と、複数の経路をたどった企業を紹介する（経路1―デンマークのダンスケ銀行、経路2―ポーランドのエムバンク、経路3―スペインのビルバオ・ビスカヤ・アルヘンタリア銀行（BBV.A）、経路4―オランダのINGグループ、複数の経路―コロンビアのバンコロンビア）。次に、4つの爆発的変化に対してどのようにうまく対処したかを解説するために、BBVAの事例を取り上げる。そして最後に、あなたの会社が現在どの経路を進んでいるかを確認するためのグループエクササイズと、爆発的変化にどれだけうまく対処できているかを判断するための自己診断ツールを掲載している。

第3章から第6章では、4つの変革経路のジャーニーについて、ケーススタディを紹介しながら順に説明する。第3章では経路1をたどった米国のカイザーパーマネンテとスイスのテトラパックの事例を取り上げる。この経路では、リーダーは事業プラットフォームの構築と素早いイノベーションに注力しなければならない。第4章では、経路2をたどったカーマックスとセメックスの事例を取り上げる。この経路では、リーダーは最初に顧客を感動させること、次に事業プラットフォームの再構築に力を入れるべきである。第5章では経路3で変革を成功させたDBSとKPNの事例を紹介する。変革の焦点を業務効率化と顧客体験の向上の間で切り替えながら前進し続ける際の課題に注目する。この経路を着実に進むためには、リーダーは2つの変革の同期を取ることに注力しなければならない。第6章では、デジタルネイティブな組織を創設する経路4を取り上げる。新しい組織の創設にはどのような機会と課題があるかを明らかにするため、トレードレンズとドメインの事例を紹介する。この経路では、リーダーは新たなビジネスを生み出すことに注力しなければならない。デジタルネイティブな組織（スタートアップ企業に似ているが、親会社の後ろ盾がある）を新設するときに、リーダーが自らに問うべき4つの重要な問いを提示する。

第7章は本書の締めくくりとして、フューチャーレディになるために役員層や取締役会といったリーダーたちが何をしなければならないかについて議論する。フューチャーレディに向けて選んだ変革経路を踏み外さずに進んでいることを確認するため、変革の経過とともに積み上がっていく価値を測定するためのダッシュボードと、他社と比較できるベンチマークを紹介する。変革の過程を通じて価値と組織能力（どのような価値［WHAT］を、どのように創出するか［HOW］）を測定するダッシュボードの構築に役立つエクササイズも提供する。最後に、フューチャーレディになるため、そしてその後もフューチャーレディであり続けるために必要なことを整理して結びとする。

●●・自己診断：あなたの会社の現在地を確認する・●●

この自己診断は、フューチャーレディ・フレームワークにおけるあなたの会社の現在の位置を特定するものである。競合企業と比較して自社の変革がどの程度進んでいるかを、このフレームワークの2軸について0〜100％の尺度で採点する（図1−7a参照）。まず業務効率性を評価する。評価項目にはプロセスやサービスを簡素化することや、自社の中核となる組織能力をAPIを通じて使えるようにすること、それらを社内外から利用できるようにすること

図1-7a　フューチャーレディ・フレームワークにおける現在地を特定するアセスメント

あなたの会社の達成度を0%（まったく達成できてない）から
100%（十分達成できている）までの尺度で判定する（50%は競合他社と同等）。

業務効率性（フレームワークのx軸）		
ビジネスプロセスの簡素化と自動化	%	平均 %
中核的な能力のAPIによるサービス化	%	
サービスモジュール化された中核的能力の再利用	%	
業務の生産性と効率性の測定	%	

顧客体験（フレームワークのy軸）		
顧客の声の社内活用	%	平均 %
事業・商品横断的な顧客体験の実現	%	
新商品・サービスや顧客体験を創造できる人材像の明確化	%	
顧客への新商品・サービスの効果の測定	%	

出典）フューチャーレディ・フレームワークと変革経路は、2015～2017年に世界の企業の上級役員を対象に実施した、デジタル変革に関するインタビューと対話に基づいている。フレームワーク、変革経路、業績に関するデータは2つのMIT CISR調査（2017年、2019年）および2018～2022年に行った追加インタビューと40を超えるワークショップに基づいて数値化した。

■ **図1-7b　フューチャーレディ・フレームワークにおけるあなたの会社の現在地**

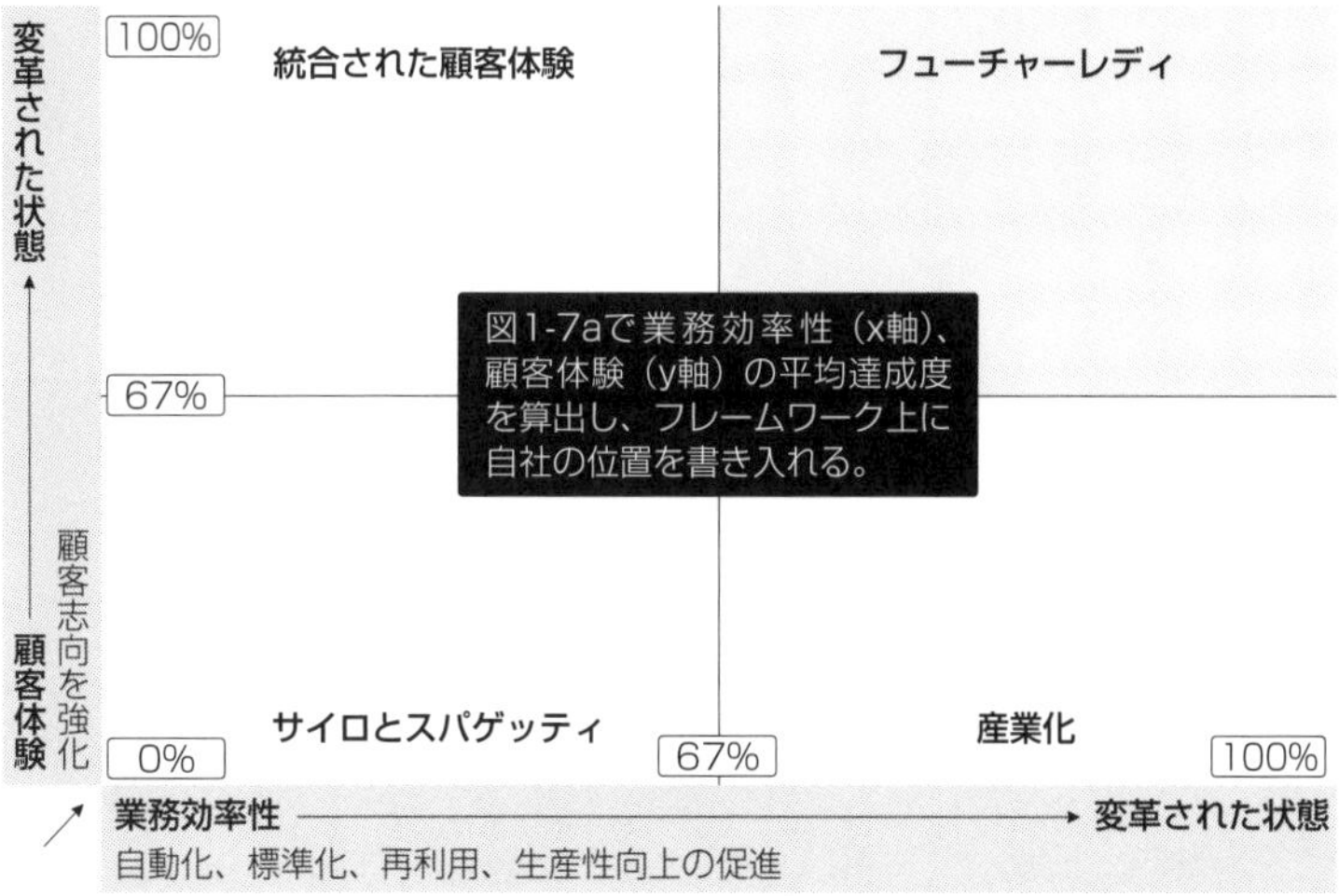

などが含まれる。業務効率性に関わる4つの重要項目について採点し、その平均値を業務効率性の達成度とする。顧客体験についても同様に、競合企業と比べてどれだけ顧客の声を社内で効果的に活用し、事業・商品を横断した統合的な顧客体験を実現しているかなどについて採点する。最後に、採点結果をフレームワーク上に書き入れる（図1－7b参照）。

あなたの会社で複数の同僚にこの自己診断を別々に実施してもらい、結果を比較してみよう。そうすることでフレームワーク上の自社の現在地をより正確に把握できるし、部署による評価の違いも明らかになるだろう。その違いに注目して、自社の将来を議論する機会を設けることをお勧めする。

●●・エクササイズ：共通言語をつくり出す・●●

自己診断結果を使って対話を始めよう。上級役員層向けのMIT CISRのワークショップでは、最初のエクササイズでフューチャーレディになりつつある企業の業績データと事例を参加者全員で共有する。その後、参加者を少人数グループに分け、フューチャーレディになった自社の姿について議論してもらう。この議論を行うとほぼ間違いなく、期待することや、ビジョンへの理解、さらには使っている言葉さえ、お互いの間で違っていることが明らかになる。

ある金融サービス企業のCEOや経営陣と行った最近のワークショップでは、プラットフォームやエコシステムという言葉が、役員の間で異なる使い方がされていた。しかし、違いが明らかになっても、誰も議論を止めて、それらの用語の意味や使い方を確認しようとはしなかった。皆、自分の用語と独自の解釈に安住していたのである。だが、議論が進むにつれ、皆の話がかみ合っていないという問題が明らかになった。

各役員はプラットフォームという言葉を、そのビジネス上の目的が何なのか、それがどのようなものなのかについて話すときに、少しずつ違った意味で使っていた。CIOは、既存サービスの効率化とスピードを上げるために、多くのB2Cブランドが共用するデジタルサービス・プラットフォームの構築について話していた。CEOは、決済やID管理といったB2Bサービスを他社に販売するための事業部門（と損益管理）による、新たなプラットフォーム・ビジネスの構築について説明していた。リテール部門の責任者は、住宅ローン、融資、保険といった従来型の金融商品をアプリ限定で販売するセルフサービス型の個人向けプラットフォームの構築について話していた。そして法人向け金融サービスの責任者は小規模企業の発展と成長を支援するプラットフォームの構築を望んでいて、同社の商品とパートナーの会計ソフトウェアや顧客関係管理（CRM）システムなどの補完的な商品も含めて語っていた。さらに議論が進むと、同社が複数の経路で変革を目指しているにもかかわらず、相互の連携が取れていないことが誰の目にも明らかになった。議論するための共通言語が欠けていたことを考えれば無理もない。議論がほとんど進まず、全員が苛立ちはじめ、絶対にうまくいかないから変革をやめようという意見さえ出た。

ワークショップの中で投票を行うと、参加者それぞれがどんな考えや前提を持っているかを浮かび上がらせることができる。投票結果を見れば、多様な意見があることが一目で分かるからだ。ある金融サービス企業の上級役員は、スクリーンに映し出された投票結果を見たとたん、皆の考え方がバラバラであることに気づき、共通言語を作る必要性を感じたという。同社が構築、買収、あるいは借りるプラットフォームについて、皆が異なる前提で話していることが分かったからである。本書で述べるように成功の鍵にはいくつかあるが、そのうち1つに絞らなければならないのなら、共通言語を作ることをお勧めする。ただし、共通言語を作るには相当の時間と労力、そして継続的な取り組みが必要である。

第1章のアクションアイテム

❶ 図1－7bを完成させて2×2のフレームワークの中にあなたの会社の位置に印をつけ、変革の出発点を確認しよう。自社が現在どこにいるかについては、おそらくチームメンバーの間で意見が分かれるだろう。この点について合意することが重要である。

❷ あなたの会社に、パーパス（自社の存在意義や志）に基づく、変革を引っ張っていくような明確なビジョンがあるかどうかを議論しよう。

❸ チームメンバー間で、フューチャーレディを実現した自社の姿について議論する時間を確保しよう。例えば、どのような組織能力が必要か、組織構造や組織文化はどのようになるか、データをどう使うか、パートナーとの提携戦略はどのようなものにするかなどについて検討しよう。

❹ あなたの会社で現在進行中または検討中の変革について考えることから始めよう。そしていくつかの課題を見つけよう。

❺ 大企業が顧客志向を強めるには、テクノロジーを用いて小規模企業のように行動できるようになる必要がある。顧客の声を積極的に活かすためのテクノロジーの活用方法について考えよう。

第 2 章

フューチャーレディに向かう4つの変革経路

さあ、いよいよここからがお楽しみの始まりだ。あなたはもう自分がどこにいて、どこを目指したいのかを知っている。次の問題はどのようにしてそこにたどりつくのか、ということだ。第1章の自己診断を終えた方は、自分たちがフレームワークのどこに位置しているのかお分かりだろう。多くの企業は4つのうちサイロとスパゲッティの象限にいると思われる。また、第1章のエクササイズを通じて、あなたの会社がフューチャーレディになることにどんな意味があるのか、またどのような言葉でビジョンを表現すべきかについて理解できたと思う。ではあなたの会社は、今の位置からどういう風にしてフューチャーレディへと進んでいくのか。本書では、現実的な変革経路を4つ示す（図2－1参照）。すべての経路は左下の象限（サイロとスパゲッティ）からスタートし、組織にとって破壊的とも言える変化を乗り越えて、右上のフューチャーレディに到達する。

どの変革経路を選択するのがいいかは、あなたの会社が置かれている状況によって決まる。最も重要なのは、市場における競争優位性だろう。つまり顧客体験の向上と業務効率化では、どちらの方が急を要しているかだ。本章では、4つの変革経路について解説し、それぞれを選択した企業の割合をデータで示し、フューチャーレディになるまでの道のりについて説明する。

■ 図2-1　どの変革経路を選んでも爆発的変化が起こる

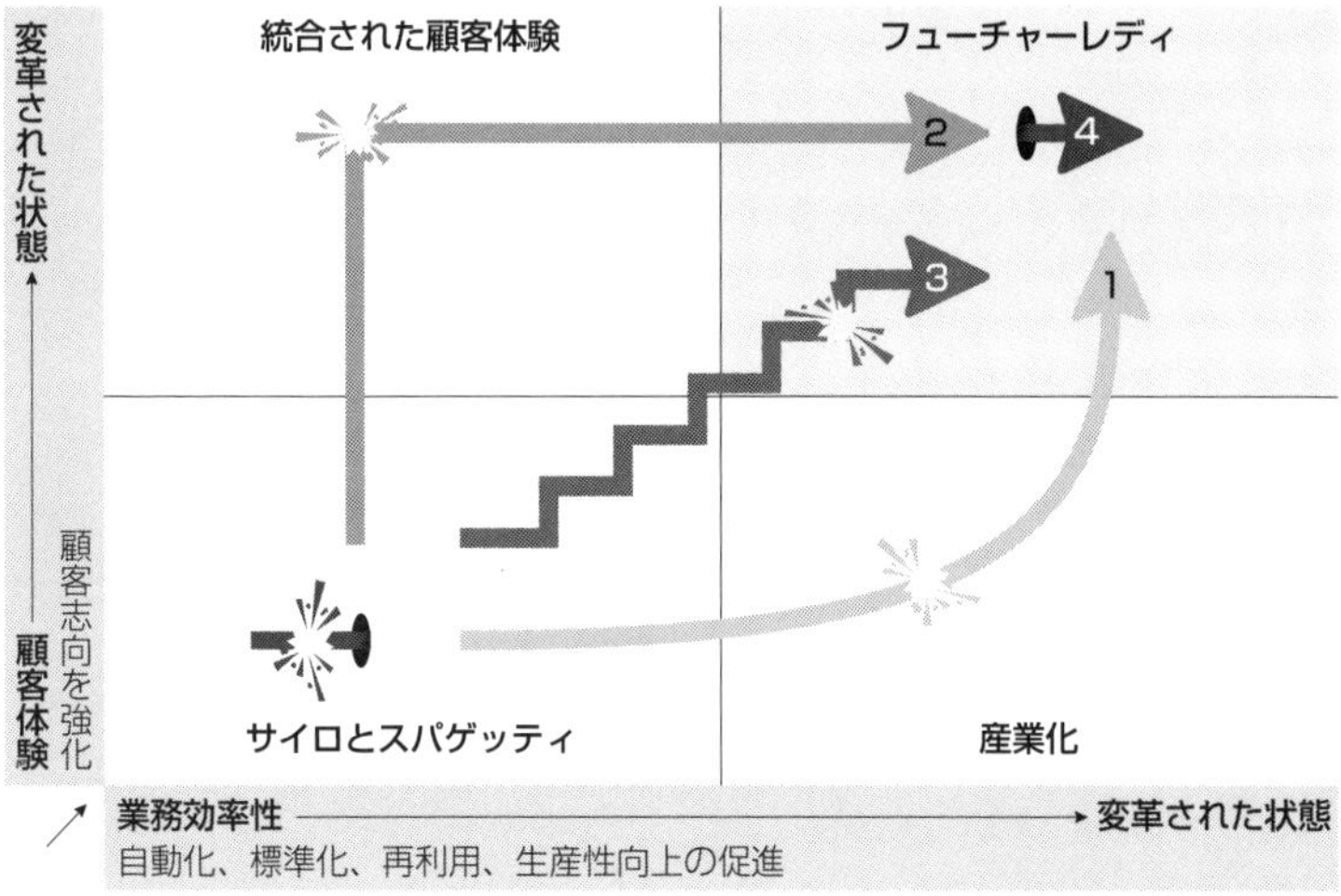

●・・ 4つの変革経路の選択 ・・●

まず、フューチャーレディに向かう4つの変革経路について順に説明しよう。別々の経路を選んだ金融サービス業の事例を挙げ、同じ業界の企業であっても、競争優位性や目標が違えば、異なった経路を選択することが賢明であることを解説する。

第1の変革経路：産業化先行アプローチ

第1の変革経路は、サイロとスパゲッティの状態（左下）からまず産業化（右下）に移動し、その後、フューチャーレディに向かうものである。我々の調査によると25%の企業がこの経路を選択している。経路1では、「自社にとっての至宝」、つまり競争優位の源泉に焦点を当て、それらをデジタルサービス化（モジュール化）することにより、自社の業務を徹底的に簡素化することが最初の目標となる。あなたの会社の競争優位の源泉は、新規顧客の獲得や保険請求手続き、新製品の設計、プログラムのコーディング、フィールドサービスを行う方法や、それらに関連するデータかもしれない。一度これらのデジタルサービスやデータができてしまえば、後はそのモジュールを組み合わせて新たな顧客サービスを作れるため、イノベーションはより容易かつ素早くできるようになる。経路1を選択するのは、顧客体験は競合他社を寄せ付けないレベルにあるが、業務効率化が最優先の戦略目標である場合だ。効率化が達成されれば、その過程で作ったモジュールを再利用して、全社を挙げて顧客サービスのイノベーションに注力できるようになる。

変革経路1では、再利用可能なようにモジュール化したデジタル・ビジネス・サービスを提供するプラットフォームを構築し、社内だけでなく外部のパートナーからも利用できるようにすることが重要である。これを成功させるには、サイロ化した業務の統合、自動化、データの品質向上、効率化を重視するプラットフォーム思考を浸透させる必要がある。このような産業化を通じて、業務の簡素化が進み、コストがかさむ複雑なレガシープロセスやシステムの多くを廃止・廃棄した後、商品・サービスのイノベーションに切り替える。エンタープライズ・リソース・プランニング(ERP)、カスタマー・リレーションシップ・マネジメント(CRM)、コアバンキング・プロジェクトを経験した人ならお分かりかと思うが、企業の中核システムを刷新するには、何年もの期間や多くの費用がかかる。[1] また、産業化以外のプロジェクトの多くを先送りにすることも必要になる。ただし、クラウドコンピューティング、アプリケーション・プログラミング・インターフェース(API)、マイクロサービス、優れたソリューションアーキテクチャー、SaaS/PaaS、アジャイルなITチームなどの登場によって、産業化は以前よりも迅速かつ低リスクで実現できるようになり、企業に破壊的な影響を与えるものではなくなっている。[2]

変革経路1は「ホッケースティック」の形に似ている。最初のうちは苦労する割に目に見える成果が少なく変化は小さいが、変革の中間地点を過ぎると急激に上昇するという形だ。最初の部分を我々は「デジタル化砂漠」と呼んでいる。そこでは、レガシーシステムやデータの整理、プロセスの簡素化・自動化への投資が中心に行われる。この困難な期間には、CIOやCOO、業務オペレーション変革担当者は、事業部門の担当者にスピードを落として待機してもらうよう頼む必要がある。産業化の第1段階でプロセスのデジタル化が終われば、事業部門はこれをレゴブロックの部品のように使いながらデジタルサービスを組み立て、イノベーションを素早く起こせるようになる。それまで待ってもらわなければならないが、事業担当役員には業績達成へのプレッシャーがあり、待ちたくないのが普通だ。そのため、第1段階のデジタル化砂漠のフェーズでは軋轢や責任転嫁などの問題が発生しがちであり、経路1における失敗の原因である。この経路ではデジタル化砂漠からよりエキサイティングな部分に移るまでに、それぞれにどのような負担をかけることになるのかを社内の関係者全員に明確に伝えておかなければならない。そうしないと業務オペレーションの変革リーダーが簡素化・合理化を進めているにもかかわらず、事業部門のリーダーが顧客のためといって局所的なソリューションを導入してしまい、変革への取り組みが分断されてしまう。こうして変革が行き詰まると、たいていCIOやCOOがスケープゴートにされる。

何度も変革経路1にチャレンジする企業もある（すべてを完璧にしたいのは分かるが）。ただそのたびに、新たに就任したCIOやCOOが、先端技術を導入して革新を進めるものの、事業部門から顧客のニーズに応えるための局所的な最適化を要求され、失敗に終わる。デジタル化砂漠を乗り越えるためには、変革予算の一部を顧客ニーズ対応に振り分ける代わりに、そこでつくるサービスやシステムをプラグ・アンド・プレイかつ再利用できるモジュールとして開発することを条件にするべきである。こうしたガバナンス上の問題はたやすく解決できるものではないが、フューチャーレディに向けた変革の成功には不可欠だ。

変革がホッケースティック曲線の急上昇する期間に入ってしまえば、変革はよりエキサイティングで楽しいものになってくる。経路1の第1段階で作ったプラグ・アンド・プレイのデジタルサービスを再利用して、新たな顧客サービスを立ち上げることができるからだ。業務プロセスはスピードアップし、コストは下がり、簡素化される。イノベーションと効率化が同時進行し、顧客体験の向上とコスト低下の双方から価値がもたらされ、業界屈指の成長と利益率という成果が得られるだろう。ただし、第1段階では、あくまでもコスト低下と簡素化を優先しなくてはならない。

コペンハーゲンに本店を構え、欧州16カ国で事業展開するダンスケ銀行は、第1の変革経路のＤＮＡを受け継いでいる。２０１２年、同行は「ワンプラットフォームで比類なきブランドへ」[3]というビジョンを掲げ、業務効率化とデジタルサービスの再利用に注力し、２０００年代の変革の初期段階で成果をあげた。例えば、6年間で5つの銀行を買収したにもかかわらず、営業費用を20％削減している。さらに、ワンプラットフォーム戦略によって、顧客との関係強化や業界でのレピュテーション向上という長期的な価値も得た。ダンスケ銀行は支店を削減し、デジタルバンキングを大幅に拡充している。[4] 同行の決済アプリ「モバイルペイ」は現在ではすっかり一般的になり、北欧の60を超す提携銀行で導入されている。これはプラットフォーム共有の好例と言える。[5]

２０２０年、ダンスケ銀行は「ベターバンク・トランスフォーメーション」戦略を掲げ、顧客体験の向上にも注力するようになる。[6] そしてホッケースティック曲線の急上昇カーブにさしかかると、同行は以下のようなことに取り組んだ。

- 変化し続ける顧客の期待に迅速に対応するために立ち上げたアジャイル変革プロジェクトで新たな働き方を導入し、デジタル顧客体験の向上とコスト削減を達成する。
- 商品構成を簡素化（２０２０年に商品数を25％超削減）し、国ごとの商品ポートフォリオの整合性を取ることで、顧客が日々の銀行取引をより簡単に行えるようにした。[7]
- 事業部門を個人・中小企業向けと大企業・機関投資家向けの2部門に再編成し、組織構造を単純化した。

ダンスケ銀行ＣＥＯのクリス・フォーゲルザンクは次のように述べている。

私たちは、コンプライアンスの是正や社会課題解決への取り組み、新たな働き方など、多くの分野で目に見える進歩を実現し続けました。この次のステップは、組織内のサイロを破壊し、現在進めている抜本的な働き方改革（「ベターバンク」計画の柱となる取り組み）に直接結び付けることです。よりシンプルな組織と、事業開発のためのよりアジャイルな態勢が整うと、事業遂行力は高まり、市場投入スピードは加速し、事業間のシナジー効果が生まれます。これらはすべて、顧客のために競争優位性を一段と高めるための取り組みです。[8]

ダンスケ銀行の変革ジャーニーは、フューチャーレディの状態、つまりイノベーションとコスト削減を同時に実現することを目指す、変革経路1の典型的な例と言える。

第2の変革経路：顧客志向先行アプローチ

変革経路2は、サイロとスパゲッティの象限から、統合された体験の象限へ進む道だ。この変革は、初日から賛同が得られるだろう。この経路を企業が選択するのは、競合他社からプレッシャーを受けていて顧客体験の改善が最優先であり、かつ社内に様々なサイロ化した組織を抱えている場合である。例えば、顧客満足度を目に見えて向上させようとして、訴求力のある新サービスの開発や、モバイルアプリとウェブサイトの構築、コールセンターの改善、顧客対応担当者の権限強化などの複数の局所的なイノベーションに同時に取り組みながら変革を推進することが一般的だ。企業の18％（多くの銀行、小売企業、エネルギー企業を含む）がこのアプローチを採用している。

変革経路2の良いところは、顧客体験を改善すると大抵、顧客満足度の向上や売上の増加につながることが多いという点であり、これはエキサイティングなことだ。顧客に接しているすべての事業部門は、顧客体験を向上させるために独自のデジタル化の取り組みを積極的に進めたいと考えている。ある商品やセグメントで顧客体験を向上させることに成功したリーダーは、その成功をもう一度手に入れたいと思うだろう。それも、今度はより大規模で、より良い成果を得たいと考える。問題は、そうした取り組みでは新システムが他システムとの連携を考慮せずに導入されることも多く、今でも複雑なシステムやデータ、プロセスをさらに複雑にしかねない点である。顧客へのサービス提供コストは増加し、従業員は顧客対応において複数のシステムを使い分けたり、コンシェルジュのように何でもやることを期待されたりするため、従来以上に滅私奉公的努力を要求されるようになってしまう。[9] 経路2を進むにつれ、企業はイノベーションや新たな働き方に投資する。例えば、必要最小限の機能のみを持つ製品（ＭＶＰ）のリリースや、ファクトに基づいた行動の推奨、テスト＆ラーンの考え方の採用といったアプローチである。また、コストがコントロール不能にならないよう、顧客サービスにかかるコストを継続的に測定する必要があるが、これは簡単ではなく、うまくいかないことも多い。

企業はある時点で顧客体験の向上から業務効率化に焦点を移し、フレームワークを右方向に移動し、フューチャーレディへと進化する必要がある。変革の手をゆるめることなく、統合された顧客体験から産業化の方向に進む。これは経路1よりも簡単だ。経路2を選んだ企業は顧客満足の面で一定の成功を収め、売上が上がっているため、変革を続ける勢いがあるからだ。問題は、「とまれ！　今度は産業化だ」と号令をかける交通整理の警官役がいないことである。コストを分析し、産業化へのシフトのタイミングを見極めるのは、CFOなどの役員の重要な役割である。

第2の変革経路を採用した企業の例として、ポーランドで5番目に大きいユニバーサルバンキンググループ傘下のエムバンクの事例を紹介しよう。[10] エムバンクは、ポーランド初のデジタル専業銀行として、2000年にリテールバンキング事業を立ち上げた。[11] 経営陣は、ポーランドの銀行における一般的な顧客体験のレベルはかなり低いと考えていた。そこで、よりよい顧客体験を提供するために、コールセンターやオンラインサービス、新たな金融商品の導入などの変革を次々と進めていった。同行のモットーは「お客さまがどこにいようと手助けすること、困らせないこと、感動してもらうこと」であった。[12] 同行は、まずオンライン顧客体験の改善に取り組み、続いて2012年にはモバイルアプリに対応するなど、革新的なサービスを提供することに力を注いだ。その結果、2020年時点で、同行のリテール顧客470万人のうち220万人がモバイルアプリを利用している。[13]

エムバンクは2014年、産業化に舵を切ったが、引き続き顧客体験を高めていくために、柔軟性を備えた新たなバンキング・プラットフォームの開発に着手した。14カ月かけて開発されたそのデジタルプラットフォームは、様々な画期的な機能（「30秒融資審査」、モバイル決済、ビデオチャット、フェイスブックとの連携、P2P送金、カードレスでのATM現金引き出しなど）を備えており、業務効率を高め、新サービスを素早く市場投入できるように設計されていた。さらなる成長を目指して、エムバンクはその後、パートナーに同行のプラットフォームへの接続を開放し、顧客向けサービスを充実させた。フランスの通信事業者オランジュも顧客の1社である。エムバンクはまた、このプラットフォームを「銀行パッケージ」として、競合しない銀行に販売している。[14]

２０１９年後半、エムバンクは２０２０〜２０２３年に向けた新たな戦略として「顧客起点の成長」を発表した。この戦略を掲げ、エムバンクは第２の変革経路を進みつつ、フィンテック企業やテック企業との新たな競争に立ち向かい、新しい規制にも対応した。その際に目標としたのは、⑴オムニチャネルとモバイルファーストによる顧客拡大、⑵パートナーも参加するリテールプラットフォーム、⑶アジャイルチームによるエンド・ツー・エンドのソリューション、自動化の推進、セルフサービスの導入などの効率化、⑷先端技術と自動化ツールの導入による従業員支援であった。[15]

エムバンクの事例は、第２の変革経路のジャーニーそのものであり、顧客、プラットフォーム、業務効率、従業員それぞれの目標をバランスよく達成しながら、フューチャーレディに向けて進んでいる。

第3の変革経路：階段的アプローチ

第3の変革経路を選択した企業は、変革の焦点を、顧客体験の向上と業務効率の改善の2つの間で交互に切り替えながら、フューチャーレディを目指す。経路1や経路2よりも小さく具体的な目標を設定し、その目標を達成すると、焦点を切り替えてもう一方の変革の目標へと移る。こうした動きを繰り返して、フューチャーレディに徐々に近づいていく。例えば、最初の6カ月はオムニチャネル体験の向上に取り組み、次の6カ月で一部のレガシープロセスの置き換えやAPI化を行う。その後8カ月は、顧客データを活用し、より魅力的なサービスの開発へとシフトするという具合である。企業の26％がこの階段的アプローチをとっている。

このアプローチの成否を分けるポイントは、変革の方向性をロードマップとして関係者全員に示すことである。反対に、プロジェクト投資に対して場当たり的で無計画なアプローチをとってはならない。変革が経路3を正しく進んでいるかどうかを確かめたいなら、プロジェクトマネジャーにプロジェクトが変革計画全体の中でどのように位置付けられるのかを聞いてみるのがよい。特に、顧客体験と業務効率化の調整をどう行っているかを説明してもらうのだ。

多くの企業にとって、このバランス型アプローチは魅力的に映るだろう。プロジェクト同士を緊密に連携させながら小刻みなステップを繰り返すことによって、リスクを抑えることができる。大きなリスクをとらず、それまでのステップで学んだことや成果を活用しながら、一歩一歩進められる。ただし、ガバナンス、惰性、コミュニケーションといった課題に対処することが必要となる。大企業において、顧客体験の向上とコスト削減という異なる目的を持つ変革プロジェクトの間をうまく調整するのは簡単ではない。後で詳しく述べるが、意思決定権と説明責任を明確にしたガバナンスを構築しなければうまくいかない。この点については、組織には惰性が働くため、方向を変えようと思っても急にはなかなか変わらない。特に大きな組織ではなおさらである。経営陣の方々は、コスト重視から顧客重視に切り替えて、また元に戻る際には、むち打ち症になったように感じるそうだ。目的を切り替えたことを従業員や市場、顧客に周知させるのは難しく、混乱を招くこともある。さらに難しいのは、各ステップで得た成果を次のプロジェクトにつなげることである。経路3がスムーズに進まない場合、それは各ステップがつながっていないということであり、企業は成果を積み上げることができなくなってしまう。

スペインのビルバオに本社を置く国際的な金融大手ビルバオ・ビスカヤ・アルヘンタリア銀行（BBVA）は、変革経路3でデジタル変革を進めた。BBVAのビジネスプロセスは、長年の間に多くの異なるシステムや異なるバージョンのデータが入り混じって絡まったスパゲッティのような状態になっていた。同行はそのようなビジネスプロセスを廃止し、拡張性があり再利用可能なグローバル・デジタル・プラットフォームに置き換えることに全力を挙げた。その後、BBVAは顧客体験の再構築を目指して、2014年に導入したモバイルアプリを、顧客が銀行サービスを利用する時のリモートデバイスと位置付けた。このアプリを使えば、顧客は新規登録を5分以内、ほとんどの商品の購入を1分以内にできる。顧客は、消費者ローンや投資ファンドなどの商品をセルフサービスで契約できるほか、デジタルウォレットとして使ったり、担当者との面談予約やメッセージ送信ができる。

ＢＢＶＡはデジタル変革を進めるにつれ、業務効率化と顧客体験の向上という交互のステップが相乗効果を発揮し始め、最終的には、デジタル化の取り組みを緊密に連携させることによって、両方を並行して行えるようになった。ＢＢＶＡは現在、信頼性の高いコアバンキング・プラットフォームを通じて、顧客にデジタル体験を提供している。そして、ＢＢＶＡ外に開放されたＡＰＩと別の能力を組み合わせて、新たなサービスを開発できるようになっている。このアプローチの大きな利点は、他企業（小売業者、通信業者、スタートアップなど）のサービスを同行のサービスに結合できるようになり、自行の商品の価値を高められることである。ＢＢＶＡは２０１９年、ほとんどの市場でネット・プロモーター・スコア（ＮＰＳ）がトップとなった。[16] ２０２０年には、全体の顧客基盤の60％がデジタル顧客、56％がモバイル顧客となっている。[17] デジタルチャネルからの収入は全体の66％を占め、初めて他のチャネルの収入を上回った。[18]

当時のＣＥＯ（現在は取締役会長）のカルロス・トレスは、２つの変革の連携を強化するために、予算が最も多い取り組みよりも、戦略的に最も大きな効果が期待できる取り組みに対して人員が割り当てられるべきだと考えていた。そしてＢＢＶＡは、シングル・デベロップメント・アジェンダ（ＳＤＡ）〔訳注：ＳＤＡとは数ある開発プロジェクトの中で優先的に投資する先を明確にし、コミュニケーションする開発手法）と呼ばれる投資プロセスを開始した。SDAを用い、アジャイル開発の短い周期で開発や実験を繰り返すという特徴を生かして、四半期ごとに2000以上の取り組みを実施し、そこから学び、評価し、優先順位をつけた。各取り組みに対して何が実現できたか、どのような価値を生み出したかを報告させ、次の四半期に必要な人材を見積もることを義務付けた。SDAプロセスによって、戦略的に優先度の高い取り組みに対してより多くの投資を割り当てることができるようになり（2021年は75%を戦略的優先事項に充て、2018年の60%から大幅に拡大）、より早く価値を生み出すことに成功した（2018年は価値発現までの期間は1・8年、2021年は1・4年に短縮）[19]。

BBVAの変革ジャーニーは、変革経路3の典型的な例であり、現在も進行中である。コスト削減と顧客体験向上の取り組みは、以前に増して緊密に結びついている。この経路では、顧客体験と業務効率の両方の改善を迅速に行う必要がある。成果を得るためにガバナンス規律を導入する意思と能力がある企業にとっては最適な選択肢だ。

第4の変革経路：新組織創設アプローチ

上級役員層が第4の変革経路を選択するのは、今とはまったく異なる文化やスキル、システムが必要だが、会社の現状を変革するのには時間がかかりすぎる場合である。既存の組織のままで苦戦するよりも、フューチャーレディな会社や事業部門を新たに立ち上げる方が早い。また、目の前にエキサイティングな機会があるのに、現在の組織能力やブランド、規制環境では成功できなさそうな場合も、経路4を選択する。7%の企業がこの経路を中心に変革を進めている。例えば、独自動車大手アウディは、モビリティサービス開発のために、デジタルネイティブな子会社を設立した。トヨタとBMWも同様のアプローチをとっている。

変革経路4では、顧客基盤や人材、文化、プロセス、システムをゼロから築いて、フューチャーレディを実現する。レガシーシステムや、文化的または組織的なサイロ問題に対処する必要はない。この経路の課題は、魅力的な新組織が注目と投資を集める一方で、従来の組織は変わらないことである。つまり、最大の課題は、新たな組織が成功した場合、それをいかに本体に統合するのか、そもそも統合するかどうかだろう。

オランダ・アムステルダムに本社を置き、多くの国で銀行・金融サービスを展開するINGグループは20年以上前に、第4の経路を選び、INGダイレクトを設立した。INGは1997年、最初のINGダイレクトをカナダに開設、その後オーストラリア、イタリア、スペイン、英国、米国などに拠点を拡大した。その戦略は、新たな市場でダイレクト・バンキング・モデルの先駆者となるというものであった。[20] INGダイレクトにはATMはあったが、支店はなく、顧客とのやり取りは、電話、メール、オンラインで行われた。INGは、高金利預金商品と低金利の融資を提供する銀行としてスタートした後、徐々にローンや各種融資などの新たな商品を追加し、2006年には、9カ国に1300万人の顧客を抱えるまでに成長した。[21]

ＩＮＧダイレクトの各国の事業は自律的に運営されていたが、ビジネスソリューションは標準化され、事業プラットフォームのソフトウェアコンポーネントも共有されていた。様々なソフトウェア機能群やコンポーネントを再利用し、コストを低く抑える（資産に対するコストの割合は0・43％と、一般的なフルサービス銀行の2・5％を下回る）ことで、高い預金金利と低金利の融資を提供できるようになった。[22]

ＩＮＧは２００８年、デジタル変革の一環として、支店のデジタル化に着手した。業務を実店舗からデジタルに移行させることで、オランダ国内の支店数を６００から２６０に削減しつつ、口座開設にかかる時間を20日から20分に短縮した。２０１４年には、1つのグローバルプラットフォームと1つの顧客体験の実現を目指して、ＩＮＧダイレクトを本体に取り込む準備を整えた。[23]だが、ＩＮＧダイレクトの業務オペレーションはグローバルで一元化されておらず、各国で少しずつ異なっていた。結局、ＩＮＧは、オーストラリアとスペインではＩＮＧダイレクトを吸収して注目度の高いマーケティングキャンペーンを展開したが、米国、英国、カナダなどではＩＮＧダイレクト部門を売却した。[24]

ＩＮＧダイレクトの事例は、20年にわたり、第4の変革経路の過程で、様々なことを教えてくれた。同行は間違いなく、顧客と他行が銀行サービスに持っていたイメージを変え、コストを下げてグローバル展開を成功させた。だが、1つの企業内でＩＮＧとＩＮＧダイレクトの両方のビジネスモデルをマネジメントするのはたやすいことではなかった。経営陣もプラットフォームも文化もビジネスモデルも異なるからだ。ここ数年間でネオバンクやデジタルバンクが続々と登場しており、伝統的な金融サービス企業の中にも、第4の経路をとって競争力と俊敏性を高めようとする動きが増えている。伝統的な銀行も最近になってデジタルバンクを始めており、ゆっくりとだが着実に勢いを増し、顧客基盤を広げ、利益を上げつつある。ブラジルのバンコ・ブラデスコの「ネクスト」、欧州のサンタンデール銀行の「オープンバンク」、コロンビアのバンコロンビアの「ネキ」、ナショナルオーストラリア銀行の「ユーバンク」などがその例だ。大きな問題は、第4の経路で新たにつくったデジタルバンクが生んだ価値をいかに回収するのか、またこれらの銀行をどのように運営するのかという点だ。独立した企業として（株式公開の可能性も含め）、既存企業の顧客をサポートする新たなプラットフォームとして活用する、もしくは親会社に統合するなどのやり方が考えられる。

変革経路の選択

企業や組織がどの変革経路を選択するか、そしてどれだけ積極的に動くべきかを決めるのは経営陣の役割である。まず、ネット・プロモーター・スコア（NPS）や純利益率などの指標で同業他社と比較して、自社の現状をありのままに評価することから始めるべきだ（前章の自己診断から始めるとよいだろう）。どの変革経路を選ぶかは、企業が置かれている状況や競合環境、経営陣がどの経路が現在の組織能力に最も合っていると考えるかによって決まる。[25]

●第1の変革経路（産業化先行アプローチ）は、顧客体験が業界平均程度で、デジタルディスラプション（デジタル化による破壊的影響）の脅威が高くない企業にとって合理的な選択である。第1の経路を主導するのはCIOがふさわしい。

●第2の変革経路（顧客志向先行アプローチ）は、顧客体験が平均を大きく下回っていて、改善を後回しにできない状況、または新たな競合相手の脅威がある場合に適している。経路2を主導するのは、顧客体験の向上に熱心で、デジタルに精通している役員がふさわしい。

●第3の変革経路（階段的アプローチ）は、顧客体験は特別優れたものではないものの、大きな効果が得られることが明らかな取り組みの場合に適している。まず顧客体験向上の取り組みから始め、その後、業務効率化に重点を移し、これを繰り返す。経路3を主導するのは、顧客体験と業務オペレーションのどちらにも関わるCDO（最高デジタル責任者）が適任だろう。

●第4の変革経路（新組織創設アプローチ）は、企業が生き残るため、あるいはチャンスを逃さないために、現在の企業文化や顧客体験、業務オペレーションを素早く変革する方法を見出せない場合、合理的な選択と言える。通常、新たな組織のリーダーの任命権限を持つCEOが経路4を主導するのに適している。

図2-2　企業による変革経路の選択と進捗率

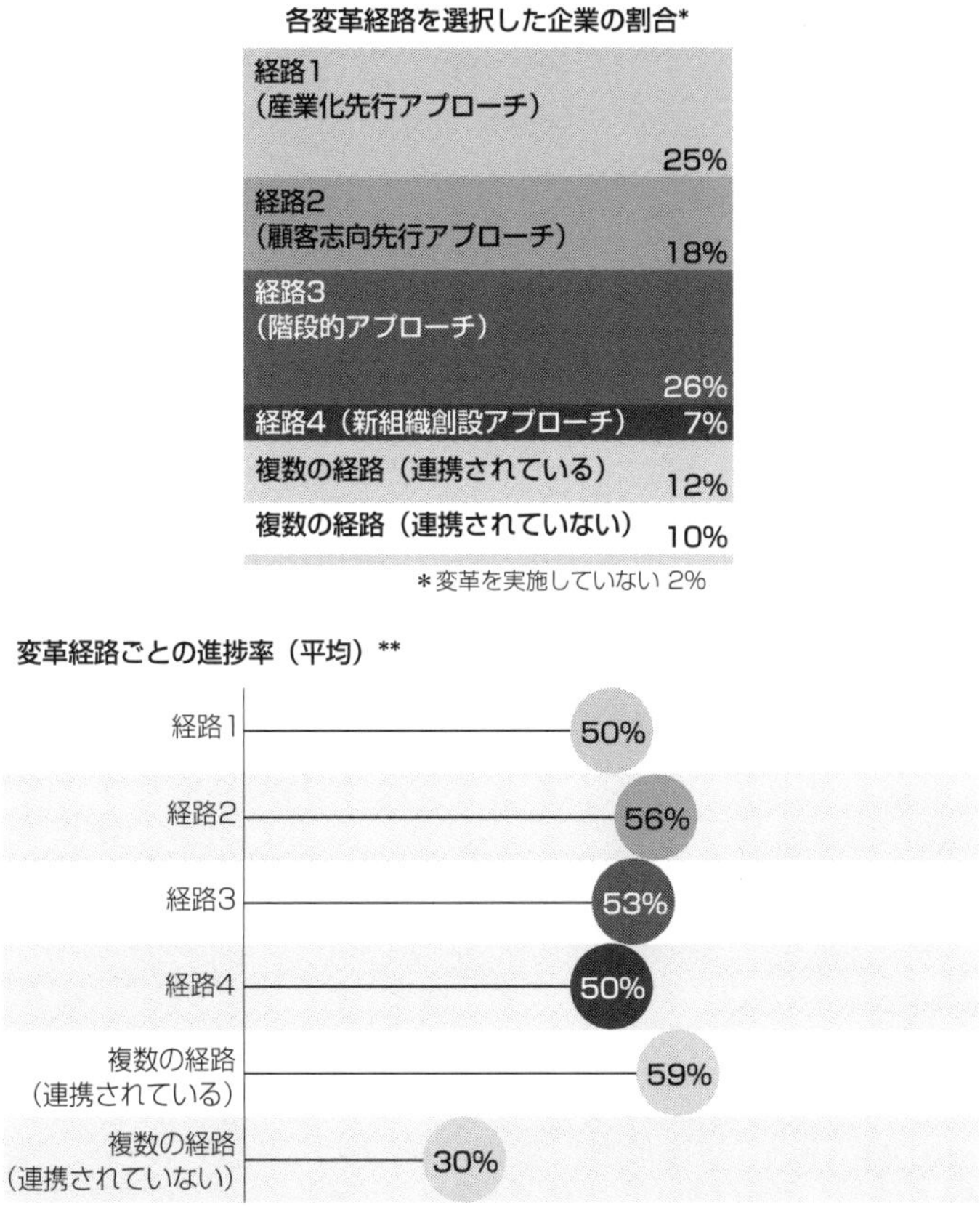

**変革経路の進捗率（平均）は、取締役会やCEOに約束した目標の達成度である。

出典）フューチャーレディ・フレームワークと変革経路は、2015〜2017年に世界の企業の上級役員を対象に実施した、デジタル変革に関するインタビューと対話に基づいている。フレームワーク、変革経路、業績に関するデータは2つのMIT CISR調査（2017年、2019年）および2018〜2022年に行った追加インタビューと40を超えるワークショップに基づいて数値化した。

企業（取締役会、ＣＥＯおよび上級役員層）が変革経路を決めたら、いよいよ変革という困難な旅路が始まる。図２－２は、各経路を選んだ企業の割合と、役員層が取締役会に約束した目標に対する変革の進捗率を示している。調査対象１３１１社の78％は、その多くが大企業であるにもかかわらず、デジタル変革の主要な変革経路として複数ではなく1つの経路を選択している。中小企業は、相互の連携がとれているかどうかにかかわらず、複数の経路を選択しない傾向がある。また社内の変革の規模は大企業よりも小さい。

変革の進捗率は、２０１７年の33％に対して、２０１９年後半では平均で50％に達している。進捗率50％というのは価値創出に関する重要なマイルストーンである。我々の調査では、変革を50％以上達成した企業は、50％未満の企業よりも純利益率（業界ごとの利益率水準調整後）が14ポイント高いことが明らかとなっている。

●・・複数の変革経路・・●

複数の変革経路を選んだ企業は22％であり、その過半数（全体の12％）が、経路間の連携がうまくとれていると答えている。これらの企業はデジタル変革の進捗率が最も高く、平均59％となっている。反対に、複数の経路を選んだものの相互の連携ができていない企業の進捗率は最も低く、30％にとどまっている。こういった企業では、今後数年のうちに事業部門、国、あるいは商品のリーダーたちが、全社的な変革が進まないことに不満を抱き、それぞれが局所的な変革を進めてしまうリスクが想定される。そうなると、複数の経路の取り組みが相互に連携されないまま変革が進むことになり、財務的な成果が十分に得られないばかりか、フューチャーレディに到達できずに終わりかねない。

コロンビア最大で中南米でも最大級の商業銀行バンコロンビア[26]は、2021年の収入が11億ドルであり、複数の変革経路をうまく連携させながら変革を進めている企業の1つだ。[27]同行は個人、法人両方の顧客に幅広い金融商品とサービスを提供している。バンコロンビアは経路3を選択し、変革の重点を顧客体験向上と業務効率化で交互に切り替えながらフューチャーレディを目指している。同時に、自分たちの営業地域に新規企業が参入してくることを見越して、新たなデジタルバンク「ネキ」を設立し、経路4も進めている。

ネキはバンコロンビアのイノベーションラボから生まれた銀行で、スタートアップのように運営されている。ネキはバンコロンビアグループ傘下の企業であり、2021年時点でネキ自身が獲得したアクティブユーザー数は1000万人にのぼる。[28]バンコロンビアは、ネキに関するリスクと機会の両方について継続的に評価していた。ネキが成功したのは、ユーザー中心主義、変革能力、高いレジリエンスによるものだ。ネキのビジネスモデルとスキル、テクノロジー、業務オペレーションモデル、職場の文化は、親会社とはまったく異なる。ネキのITインフラは、バンコロンビアとは別に、クラウド上に構築されているが、会計システムはバンコロンビアに連結されている。

外部監査法人はネキのチームに、伝統的な銀行同様の厳格かつ標準的なプロセスに準拠するよう勧告したが、ネキはそうするのではなく、異なる文化を築くことで、スピードの向上と新商品の開発という形で成果を出した。バンコロンビアはネキをテクノロジーの実験場になるように組織設計し、そこで顔や音声による認証などのテクノロジーや新たな働き方、商品開発などのテストが行われた。ネキは、自己組織的・機能横断的なアジャイルチームを作って即応的な組織文化を浸透させ、開発スピードを上げた。バンコロンビアは、商品開発において、ネキを通じてＡＰＩによる他社とのオープンなエコシステムを構築し、金融および非金融ビジネスの実験を行った。

ネキは親会社であるバンコロンビアと様々な形で連携を行っていた。ネキの顧客はバンコロンビアの６０００台のＡＴＭと２万１０００カ所のノン・バンクコレスポンデント（銀行以外で銀行サービスを受けられる施設）[29]を利用して金融取引を行うことができる。バンコロンビアとネキの間は、外部の決済ネットワークを経由することなく、瞬時に送金が行われる。バンコロンビアとネキについて、また最終的にネキがどうなったかについては、第６章で改めて取り上げる。

多くの大企業にとって、複数の変革経路をとることは理にかなっている。ただしベストプラクティスや、経路の垣根を越えた顧客データ活用などのデジタルサービスの共有が一層必要になる。第１章で紹介したＢａｎｋＣｏは３つの変革経路をかなりうまく連携できた例だ。同行は経路１（産業化先行アプローチ）に最も重点を置き、変革費用の70％を投じた。レガシーシステムとプロセスを簡素化し、直販とパートナー経由の販売の両方に対応した効率的な住宅ローンの「エンジン」を構築することに注力した。加えて、経路２（顧客志向先行アプローチ）もとり、変革費用の約20％をマーケットプレイスでの優位性を維持するための顧客体験向上プロジェクトに充てた。残りの10％は、保険や法律サービス、不動産仲介業者などのパートナーから提供される、不動産取引の関連商品を売買するためのエコシステム構築に振り向けられた。

複数の経路で変革を進めている企業において変革を管理する上で何が重要になるのだろうか。統計的に検証すると、最も変革が進んでいる企業は、以下の３つの活動を非常にうまく行っていることが分かった。[30]

1. **コーチングとコミュニケーション志向の醸成**：複数の経路による変革は、通常複雑すぎて一元的に管理することは難しいため、従業員それぞれが変革に積極的に参加し創造性を発揮することが求められる。成功のためには、企業は指導統制型の管理スタイルから脱却し、ビジョンと計画を伝え、成功の方法を教える必要がある。

2. **複数商品をまたいだ顧客体験の重視**：商品自体の統合は困難であるものの、顧客の問題を解決するには、複数の事業部門の商品やサービスを組み合わせて提供しなければならない場合が多い。それぞれの事業部門で別々の変革経路をとっている場合、複数の商品にまたがる顧客体験をつくるのはより難しくなる（新商品やサービスのモジュールをどのように連携させる必要があるかを考えてみるとよい）。だからこそ、顧客体験担当のトップなどによる特別な配慮と調整が必要なのである。商品・サービスをまたいだ顧客体験を特に重視すれば、それぞれの体験をシームレスにつなげることによって統合された顧客体験を提供できるだろう。

3. **イノベーションの活用**：複数の経路による変革は難易度が高い一方で、イノベーションの成果が別のイノベーションに利用される（再利用される）ことが増えるため、全体としてより大きなイノベーションの効果が期待できる。複数の経路をうまく連携させることができれば、イノベーションからより多くの価値が得られる。

価値の積み上げ方は異なるが、どの変革経路でもうまくいく

うれしいことに、4つの変革経路のいずれをとっても、成功に近づいていく。企業が変革を進めるほど、成長性と利益率は向上する。だが、企業の成長や利益率をリアルタイムで測定して、これらの指標を変革の進捗と関連付けることは非常に難しい。変革の成果が業績に表れるまでにはタイムラグがあるだけでなく、多くの要因の影響を受けるからだ。

我々は、企業がデジタル変革ジャーニーの過程でどのくらい価値を積み上げたかを把握するため、第1章でデジタル化を通じて企業が得られる価値を3種類に分類した。業務オペレーションからの価値、顧客からの価値、エコシステムからの価値である。第3章から第6章では、

あなたの企業が選択した変革経路で、最初にどの価値を重視すべきかを明らかにする。そして我々が調査した企業がいかに組織能力を構築し、第1章で述べた4つの爆発的変化に対処しているかについて述べる。第7章では、変革の進捗を測るための指標およびベンチマークとともにダッシュボードについて紹介する。変革を3つの側面から分析することで、変革の過程で積み上げられた価値を測定し、他社と比較できるようにする。ダッシュボードは、デジタルからどのような価値を生み出すのか（業務オペレーション、顧客、エコシステムそれぞれからの価値）と、価値をいかにして創出するのか（業務オペレーション、顧客、エコシステム、基盤の4領域における10のフューチャーレディ組織能力の活用法）という2つの重要な要素で構成されている。

企業はデジタル変革を進める中で、業務オペレーション、顧客、エコシステムから価値を引き出し、積み上げていく。3種類の価値すべてが着実に増加しているとしたら、それは変革の成功によってスキルや能力が徐々に獲得されており、それによる改善の結果が数値として表れていると言える。業務オペレーションからの価値が最も速く蓄積し、次に顧客からの価値、最後にエコシステムからの価値という順番で表れる。あなたの企業でも変革がどのくらい進んでいるかを見極めるために、3種類の価値の蓄積度合いを計測し、ダッシュボードに表示して誰にでも分かるようにする必要がある。例えば、前述のBankCoは3種類の価値をそれぞれ3～4項目の指標で測定するダッシュボードを構築し、それらの価値を継続的に測定して、経営陣に報告している。このダッシュボードは従業員も利用できる。業務オペレーション、顧客、エコシステムからの価値を測る指標は、それぞれにつき多くても3〜4項目に絞ることが重要である。そうすれば、変革を成功に導く重要な指針について全員が合意できるようになる。我々が価値の蓄積度合いの測定に用いた指標を紹介するので、あなたの会社で議論する際の糸口にしてもらいたい。

- **業務オペレーションからの価値**：業務オペレーションコスト、商品・サービスの市場投入スピード、競合他社と比較した業務効率性
- **顧客からの価値**：クロスセルの売上構成比、新商品・サービスの売上構成比、顧客定着化の取り組みの成果（継続率や利用回数など）
- **エコシステムからの価値**：エコシステムからの売上構成比、パートナーの商品・サービスとのパッケージ商品化の成果、エコシステム全体で取得したデータにアクセスできる割合

●●・ 4つの爆発的変化 ・●●

フューチャーレディを実現するのは大変な作業だ。大企業は一般的に、長年にわたって幅広い商品やサービスを開発してきたが、それは社内に浸透した非デジタル文化によって支えられている。商品やサービスは多数のサイロで成り立っていることが多く、業務プロセス、業務慣

行、システム、データが蜘蛛の巣のように複雑に絡み合い、相互に結びついている。このように複雑になっていると、従業員は思うように価値を提供することが難しく、結果として、統合されていない体験をする顧客の満足度は低くなる。企業が複雑さを克服し、フューチャーレディになるためには、業務オペレーションや顧客体験に関する新たな組織能力を開発する必要がある。我々は、企業のデジタル変革を研究する中で、リーダーは現状を抜本的に変えるような4つの改革を実行しなければならないことが分かった。本書では、改革によってもたらされる4つの変化を「エクスプロージョン（爆発的変化）」と呼ぶ。企業が障壁を取り除き、より迅速に行動できるように、これまでのやり方をまさに「吹き飛ばす」という意味だ。それぞれの企業が経験する爆発的変化は、組織能力や競争環境、業界規制、戦略的目標などの企業特性によって、若干異なる。爆発的変化を想定し、対処法をはっきりと決めておければ、企業は変革の実現に集中できる。業績トップクラスの企業の7割は、平均的な企業に比べて、4つの爆発的変化すべてにうまく対処できている（図2－3参照）。これらの企業と比べて、あなたの企業はどうだろうか？

▒意思決定権限

変革においては、中核の業務プロセスをいつ正式に変更するか、どのプロジェクトに資金を投入するか、誰が商品の廃止やリリースについて重要な決定を下し、責任を負うのかを現状か

■ 図2-3　爆発的変化にどの程度対処できているか

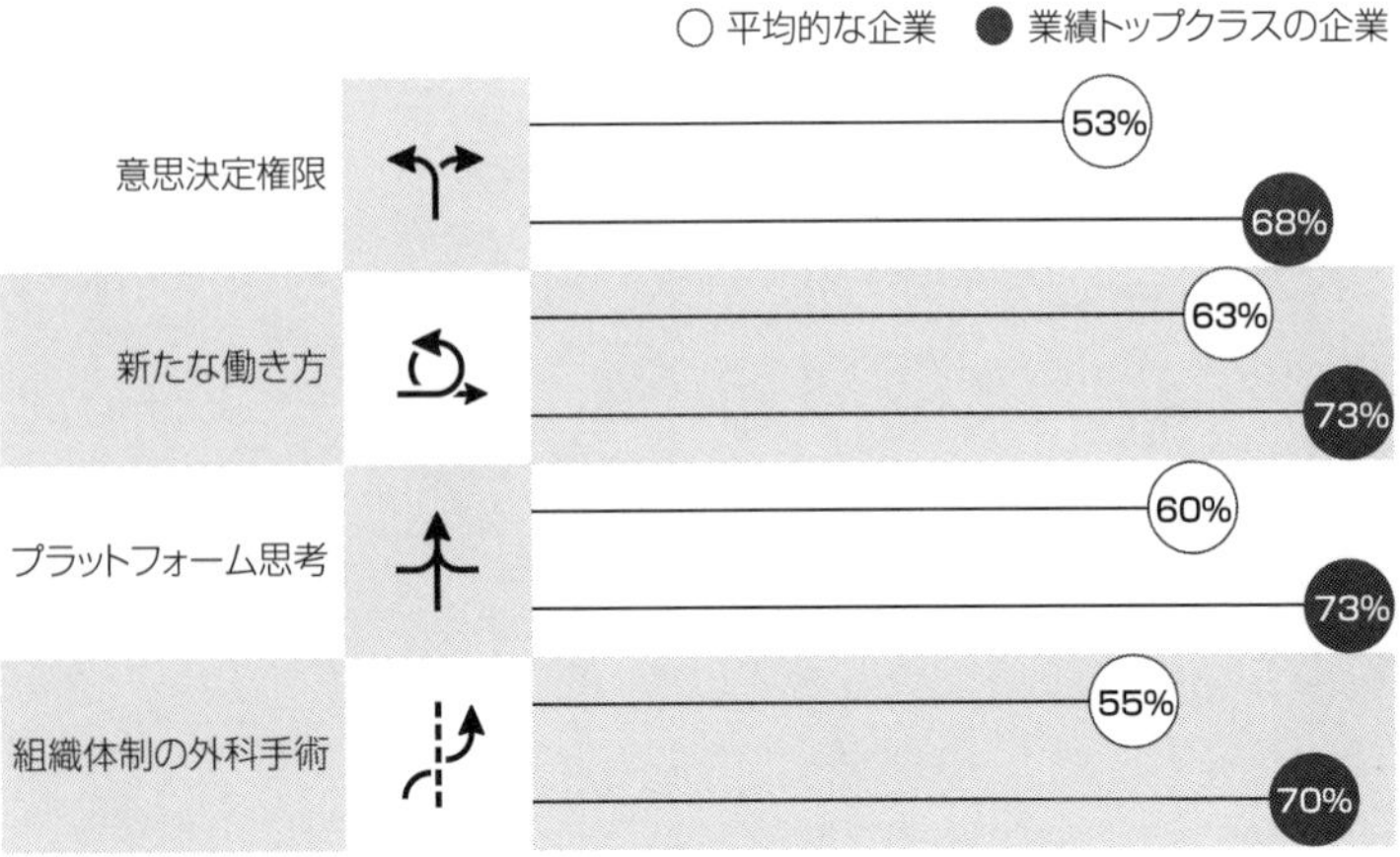

出典）MIT CISR 2019 Top Management Teams and Transformation Survey（N＝1,311）。業績トップクラスの企業とは、純利益率で上位4分の1に入る企業（業界間調整済み）。自己申告の純利益率と実際の数値には有意な相関がある（$p<0.01$）。

ら変えることになる。意思決定権限の所在を明確にすることは、ＩＴガバナンスにおける成功の鍵の１つだが[31]、デジタル時代においては、ＩＴ部門にとどまらず、すべての部門におけるデジタル技術に関するビジョン策定、導入、活用においても重要となる。通常いくつかの重要な意思決定権限だけに注意しておけばいいだろう。具体的には、何をすべきかと、どのように実現するかの意思決定権限を分けることが、アジリティを高めるための鍵になる。「すべきこと」と「そのやり方」の決定権限を同じグループに与えると、企業はサイロとスパゲッティの状態に陥る。

■新たな働き方

顧客体験と業務効率を同時に改善するには、従業員の働き方を見直し、再設計することが必要になる。新たな挑戦と成功の体験は、従業員に力を与え、士気を高める機会となるだろう。新たな働き方には、顧客とともに商品やサービスをつくることや、市場投入までの時間を短縮するための新たなパートナーシップの構築、テスト&ラーン手法による実験、ファクトに基づいた行動様式の確立、アジャイル手法を用いた部門横断的なチームの連携強化などが挙げられる。

■プラットフォーム思考

フューチャーレディになるためには、アマゾンやペイパル、ウィーチャットのようなプラットフォーム企業の例から学び、プラットフォーム思考を身につけることが必要だ。すなわち、再利用可能なデジタルサービスを活用したイノベーションによって、業務オペレーションの規模を拡大し、迅速なサービス提供ができることを理解することである。[32] 企業は自社の強みに着目し、それをモジュール化し、再利用可能なデジタルサービスに変換する。そしてサイロの統合やプロセスの標準化に加え、可能な限り自動化を進めることで、断片化したシステムの問題に対処する。

■組織体制の外科手術

組織のリストラまたは組織再編とも言われる組織の再設計によって組織の複雑性を取り除くことで、顧客サービス向上に注力できるようになる。ほとんどの企業は、何十年もの間、様々な形で組織体制に対する外科手術を行ってきた。そうすることで、変化を拒む体質の改善やコスト基盤の削減を実現し、業界の大きな変化に直面した際に戦略的な方向転換ができるようにしてきた。[33] フューチャーレディを目指す企業の多くは、現在の組織構造が理想の運営方法に最適ではなく、組織体制に対してある種の外科手術が必要であることに気づく。一般的に、この手術には、顧客のカスタマージャーニーをよりよくサポートするためのビジネスプロセスの見直しや、サイロの統合、(最近では) 階層構造のフラット化およびそれに伴うスピードアップを目的とした職務上の役割、指揮命令系統、インセンティブの見直しなどが含まれる。

誰が、どのように爆発的変化に対処するのかをはっきりと決めておくことで、通常、フューチャーレディにより早く確実に到達できる。

BBVAにおける爆発的変化への対処

ここで、BBVAが変革を進めるにあたって、どのように4つの爆発的変化に対処したかを簡単に振り返ってみたい（図2－4参照）。新たな組織能力を開発し、価値を生み出すためには、どのような変化が必要かを考えてほしい。

2013年まで、BBVAの当時の取締役会長フランシスコ・ゴンザレスにはある悩みがあった。BBVAは、俊敏性を高め、変化し続ける顧客の行動にしっかりと対応することが必要だったからだ。当時、銀行業界にはデジタルディスラプションの波が迫っていた。ゴンザレスは、顧客がフィンテックのスタートアップやネット界の巨人たちが提供する革新的な金融サービスの方を気に入って、BBVAのサービスから離れ始めるのではないかと懸念していた。そのような状況の中、ゴンザレスは「21世紀最高のデジタルバンクを構築する」という構想を打ち出した。[34]

プラットフォーム思考

幸運なことに、BBVAはプラットフォームに関する地ならし作業の多くをすでに終えてい

図2-4　BBVAは爆発的変化にいかに対処したか

意思決定権限

- 5つの重点分野（人材と文化、エンジニアリング、カスタマーソリューションなど）を特定し、企業の内外からリーダーを配置
- 市場参入戦略の策定とサービス開発の実行に関する意思決定権限を分離
- 全プロジェクトにおける優先順位付け、価値の見極め、調整、リソース配分を行うためのSDAプロセスの導入

新たな働き方

- アジャイル手法を導入して数百の専門分野横断のスクラムチームを設置
- 顧客の声に基づいて活動の方向性を決定（顧客のニーズを先読みして顧客ひとりひとりに合わせた提案を行うためのベースとなるカスタマージャーニーのカタログ化、モバイルアプリを顧客との第一の窓口とするなど）

プラットフォーム思考

- スパゲッティ化したITを、最適化されたビジネスプロセス、効果的なテクノロジー、アクセス可能なデータを統合した、拡張可能かつ標準化されたプラットフォームに置き換え
- APIを活用するための社内外の取り組みに投資

組織体制の外科手術

- 顧客にサービスを提供するグループと販売するグループを、「エグゼキューション＆パフォーマンス」グループに統合
- 業務オペレーションとITシステム、一部の商品を結合し、全社の銀行サービスを支える、新たなエンジニアリングのコアコンピテンシーを創出
- データをマネタイズする組織と連携するためのアナリティクス組織を子会社として設立

出典）同社役員へのインタビュー、社内文書

た。同行は常にテックサビーな（テクノロジーに精通した）銀行であり、2007年以降、再利用可能な世界規模のプラットフォームに多額の投資を行っていた。そして、30以上の国と地域に進出し、7100万人の顧客にサービスを提供していた。一部しかデジタル化されていなかった業務プロセスの整理に精力的に取り組むと同時に、古いプロセスやシステムをより効率的で拡張性のあるグローバルなデジタルプラットフォームに置き換える作業を開始した。プラットフォームは、最適化されたビジネスプロセス、効果的なテクノロジー、アクセス可能なデータのすべてを同業他社よりも低いコストで統合できるように設計されていた。BBVAのモバイルアプリは、フォレスター・リサーチにより3年連続で世界最高のモバイルバンキングアプリに選ばれているが、その成功要因の1つがこのプラットフォーム思考である。[35] 企業においてプラットフォーム思考がどれだけ身に付いているかを評価するには、経費率（CIR：コスト・インカム・レシオ）に着目してみればよい。BBVAのCIRは2020年12月時点で46・8％まで改善し、業界平均（63・7％）を下回っていた。[36]

意思決定権限と組織体制の外科手術

2014～2015年、BBVAはゴンザレスのデジタルバンク構想の実現に向けてさらに一歩前進するために、組織体制に対して抜本的な外科手術を行うことを発表した。2014年にデジタルバンク部門のトップに任命されたカルロス・トレス・ヴィラがCEO職に就き、デジタル化をスムーズに進めるための組織再編を行った。新部門「エグゼキューション&パフォーマンス」は顧客サービスと販売に特化したグループを統合したものだ。この組織はエンジニアリングという新たなコアコンピテンシーを持ち、業務オペレーション、IT、商品・サービスを組み合わせ、全社横断で銀行サービスを提供するのが使命だった。この変革を行うにあたって、同行は、特にこの新たなコアコンピテンシーに必要な人材を外部に求め、リーダー何人かは銀行業界以外の出身だった。

BBVAはこの後も価値創出と変革推進に向けて新たな組織を設置している。例えば、2014年、データのマネタイズを支援するため、子会社の「BBVAデータ&アナリティクス」を設立し、BBVAのデータケイパビリティ(データ活用プロジェクトにおいてビジネスリーダーと協働する専門家のコミュニティ)にアクセスするための窓口と位置付けた。2017年末までに、データ&アナリティクスはBBVAの事業部門の3分の1に向けて40件以上のデータサイエンス・プロジェクトを立ち上げており、その中から、いくつかの新しいデジタルサービスが生まれている。BBVAはまた、データをコアコンピテンシーと考えているCEO直轄のデータオフィスを設立した。[37] 最近では優先順位付けや価値の見極め、調整、全プロジェクトへのリソース配分においてSDAプロセスを導入したことで、イノベーションへの取り組みが一望できるようになり、意思決定権限の所在がいっそう明確になった。

新たな働き方

ＢＢＶＡは業務を遂行するための新たなアプローチを採用した。その一例が大規模なアジャイル手法の導入である。様々な専門分野の人材からなる何百ものスクラムチームが協力して、2週間のスプリントで新機能を開発している。この開発にあたっては、四半期ごとの計画を立て、体系的で説明責任が明確な透明性の高いプロジェクト管理を確実に行えるようにしている。ＢＢＶＡは最適かつ最も必要な人材を招き入れて離職を防ぎ、よりアジャイルで進取の精神に富んだ企業文化を築くという2つの目的のために、企業文化を一新し、新たな文化的価値観（テスト&ラーンの精神や説明責任を伴った権限委譲など）を取り入れた。

ＢＢＶＡは２０２1年6月、デジタルかつデータドリブンな銀行になるための変革ジャーニーを次のような4つのステップで説明した。⑴顧客サービスのデジタル化、⑵デジタル収入の増加、⑶デジタルによる顧客リーチの拡大（顧客増加）、⑷顧客の行動を先読みしたパーソナライズ提案である。現在、変革はステップ4まで進んでいる。同行は、顧客の4つの目的（日々の収支管理、負債管理、セーフティネットの構築、ファイナンシャルプランニング）についてアドバイスするための、約50のカスタマージャーニーをまとめた「グローバルジャーニーカタログ」を作成した。[38]

ＢＢＶＡは変革を通じて、いくつかの大切なことを学んだ。リーダーは支店を含む組織全体を巻き込む必要があること、新たなデジタル変革企業をつくるためには全従業員がそれぞれの役割を果たす必要があること、最も重要なこととして、従業員がチームの一員であることを実感し自身の貢献が大切だと考えることである。

我々のワークショップや講演では、4つの爆発的変化のうちどれから対処すべきかという質問をよく受ける。事例と調査データの分析からは、どの変革経路を選んでも、最初に重視すべきなのは意思決定権限であることが明らかになっている。多くの企業が組織体制の外科手術によって組織改革に着手しているという話を耳にするが、解決すべき問題を正確に理解できていない状態で組織に手を着けており、時期尚早のケースも多い。そうではなく、投資の優先順位付けや新たな顧客サービス、顧客獲得などの重要なタスクの実行方法など、デジタル化における重要な意思決定の責任者を明確にすることから始めるのがよい。

第3章から第6章では、各変革経路について順を追って説明し、その変革ジャーニーの詳細を明らかにする。企業がいかにして、またどのような順序で爆発的変化にうまく対処し、フューチャーレディに向けて進んでいったのかを詳述する。

本書では、慎重ながらも現実的な観点から結論をまとめたい。我々は先頃、デジタル変革についてある大手金融機関のCEOや経営陣とともにワークショップを開催した。そこで参加者に自社の過去3年の間の変革の過程を、フューチャーレディ・フレームワーク上にプロットしてもらった。何人かの役員が結果を発表したが、同じものは1つもなかった。その後、CEOにも結果を発表してもらったところ、サイロとスパゲッティからスタートし、上の象限に移動してから右の象限に移動した後、下に移動して元の象限に戻るといった変化を繰り返す曲がりくねった経路を描いた。CEOは描き終わると、一歩下がってこのように言った。「もちろん、これは我々の意図通りのものではありません。しかし、業界水準と比較した客観的な指標で見ると、これが我々のたどってきた経路だということなのでしょう」

CEOは結論として、役員は共通言語を身に付け、変革経路を選び、（状況が劇的に変わらない限り）それを堅持する必要があるとの見方を示し、全員がそれに同意した。これは大変すばらしい意見だと感じる。企業の変革は何にせよ困難なものである。各企業において、すべてのステークホルダー（取締役会、従業員、パートナー企業、顧客など）は、その企業がどこに向かっており、どのようにしてそこにたどり着くのかについて知っている必要がある。このことは、やむを得ず変革に挫折してしまった状況ではいっそう重要になる。

デジタル時代はリーダーにとって、企業を作り変える大きなチャンスだ。企業がフューチャーレディになって、顧客体験の向上とコスト削減の両方を同時かつ継続的に達成できる両利きになるのが最高である。フューチャーレディ企業になれないと、新興企業や他業界のプレーヤー、アジャイルな競合他社に事業をじわじわと切り取られていき、最後には傷だらけになって死に至る可能性が高い。

●•・エクササイズ：変革経路を選択する・•●

全社を代表するグループを作ってみよう。我々は通常、CEOや経営チーム相手にこのエクササイズを行う。自己診断ツール（図2－5参照）を用いて、全参加者に対して個別に、自社がどの変革経路（1つまたは複数）をたどっているのかについて質問する。選択肢は全部で7つあり、第1から第4の各変革経路、連携されている複数の変革経路と連携されていない複数の経路、そして「変革を実施していない」である。もし誰かが最後の選択肢を選んだら、面白い議論が繰り広げられるであろう。いずれかの変革経路を進んでいる企業であれば、取締役会やCEOに約束した目標と比較して、デジタル変革がどの程度進んでいるか（進捗率）を判定する。全参加者が投票し（オンライン投票ツールが効果的だ）、各自の結果を全員で共有したら、ペアになって分かれる。ペアになったら自身の考えを相手に説明しなくてはならないので、議論のよい練習になるだろう。続いて、自社の変革の進捗率や障害などについて考えを交換する。再び全員で集まり、お互いの考えの違いや変革経路を変更すべきかどうかを話し合う。通常、参加者の意見は、それぞれ異なる前提条件に基づいており、大きなばらつきがあるものだ。ここでは議論することが重要であり、共通言語の形成にも役立つ。楽しんで行い、合意に至るよう取り組んでほしい。あなたの企業の将来はここにかかっているのだから。

■ 図2-5　変革経路のアセスメント

あなたの企業におけるデジタルビジネス変革の進め方を
もっともよく表しているものを選んでください（1つのみ）。

私の会社の変革は

◯ **経路1**：まず業務効率化能力の向上に注力した後、顧客体験能力を向上させる

◯ **経路2**：まず顧客体験能力の向上に注力した後、業務効率化能力を向上させる

◯ **経路3**：顧客体験向上と業務効率化を交互に階段的に改善する

◯ **経路4**：デジタルエコノミーで成功するようデザインした新たな企業や部門を創設する

◯ 複数の変革経路を進む（**うまく連携されている**）

◯ 複数の変革経路を進む（**うまく連携されていない**）

◯ 変革を実施していない、もしくは実施したことがない

あなたの会社のデジタル変革は、取締役会やCEOに約束した目標に対して、どの程度進捗していますか（進捗率など）。

推計で進捗率を表してください。
（0%＝未着手、100%＝完了）

%

出典）フューチャーレディ・フレームワークと変革経路は、2015～2017年に世界の企業の上級役員を対象に実施した、デジタル変革に関するインタビューと対話に基づいている。フレームワーク、変革経路、業績に関するデータは2つのMIT CISR調査（2017年、2019年）および2018～2022年に行った追加インタビューと40を超えるワークショップに基づいて数値化した。

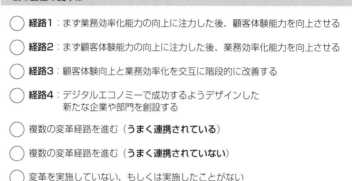

●・自己診断：変革における爆発的変化・●

あなたの企業がフューチャーレディに向けてどの経路をたどるのかについて合意が得られたら、今度は爆発的変化に対処する番だ。あなたの会社において、現在、４つの爆発的変化にどの程度うまく対処できているかについてアンケートをとることから始めるのが、最適なやり方だと考える（図２－６参照）。グループに分かれて、次にどの爆発的変化に焦点を当てるべきか、また爆発的変化にうまく対処するためにＣＥＯに実行してもらいたいことについて、大きなアイデアを大胆に提言するとしたら何を言うかを話し合ってほしい。

図2-6　爆発的変化の自己診断

私の会社はどの程度うまく対処できているか?	まったく対処できていない 0%	あまり対処できていない 25%	ある程度は対処できている 50%	かなり対処できている 75%	完全に対処できている 100%
意思決定権限の変更は?	○	○	○	○	○
新たな働き方（アジャイル、テスト&ラーン）の導入は?	○	○	○	○	○
プラットフォームの構築および再利用に関する思考の浸透は?	○	○	○	○	○
組織体制の再編成は?	○	○	○	○	○

出典）フューチャーレディ・フレームワークと変革経路は、2015～2017年に世界の企業の上級役員を対象に実施した、デジタル変革に関するインタビューと対話に基づいている。フレームワーク、変革経路、業績に関するデータは2つのMIT CISR調査（2017年、2019年）および2018～2022年に行った追加インタビューと40を超えるワークショップに基づいて数値化した。

第2章のアクションアイテム

❶ フューチャーレディになるための変革経路を、適切な人々を巻き込み、その人たちのコミットメントを得て決定しよう。鍵となるのは、意思決定を行うことができ、共通の言語を使い、変革の推進にコミットメントしてくれるような適切な人々を確保することである。

❷ 爆発的変化、つまり避けられない混乱から抜け出すための計画を作成しよう。例えば、変更すべき重要な意思決定権限を3つないし4つほど挙げることから始めるとよい。

❸ 誰が変革を主導するのか、どのような方法で価値を測定するのかについて検討しよう。さらに、リーダーは約束した変革の実現に時間、関心、予算を振り向けるためにどの活動を中止すべきかを判断する必要がある。

❹ 組織全体のコミュニケーション計画を作成し、フューチャーレディへのジャーニーや、それを成功させるためにリーダーが全員に対して期待することを伝えよう。全社的な賛同が必要だ。

第 3 章

変革経路1
——産業化先行アプローチ

ここから、4つの変革経路それぞれのジャーニーについて章を立てて見ていこう。本章では変革経路1である産業化先行アプローチについて説明する。この経路は、最初に業務オペレーションのデジタル化によって強みを築いた後、その強みを活かして素早くイノベーションを起こし、顧客に感動を与えるというものである。本章では経路1の2つの異なる段階について解説した後、企業がより迅速に行動するためのリーダーシップの実践的方法やその仕組みについて考察する。また、カイザーパーマネンテとテトラパックのケーススタディを通して、変革経路1の進め方と、爆発的変化への対処法を学んでもらいたい。章の最後に、リーダーが行うべき項目を掲載する。

●・・変革経路1を選択する理由と期待できる成果・・●

我々の最新の調査では、全産業の約25%の企業が変革経路1を採用している。[1] これらの企業は概ね良質な顧客体験を提供しており、今後5年でデジタルディスラプションの脅威にさらされる収入は最も小さいものの、それでも相当な額になると考えている。デジタル化を進めなければ収入は26%減少すると見込んでいるのだ。[2] 経路1は、フューチャーレディ・フレームワーク上ではアイスホッケーのスティックを横に倒したような形であり、(左から右方向へ)真っすぐに伸びる柄の部分と、先端が(上方向へ)曲がったフックのように見えるブレード部分の2

つの段階でできている。このため、価値の蓄積が少ない最初の段階で大きな脅威に晒されるリスクを考慮すると、脅威の影響が相対的に小さいことが重要になる。2つの段階とは、業務オペレーションのデジタルモジュール化やAPI連携を通じたプラットフォーム化能力を構築する段階（柄の部分）と、その能力を用いて素早くイノベーションを繰り返す段階（ブレードの部分）である。組織能力の構築には時間がかかるものだ。顧客体験の面で後れを取っている企業には経路1だけで進む余裕がないことが多い。

興味深いことに、変革経路1を選ぶ企業の割合は業種によって差が見られる。例えば、我々の最新の調査によると、製造業や重工業では平均を大きく上回る35％の企業がこの経路を選んでいる。[3] これらの企業にとって、業務効率を飛躍的に向上させることを優先するというアプローチが取り組みやすいということだろう。一方、教育関連、非営利団体、政府系企業では、経路1を選択したのはわずか16％で、銀行や保険会社も同じような割合だった。経路1を選択する企業の割合が最も高かったのはテクノロジー関連の42％で、概してこれらの企業は、まずプラットフォームを構築あるいは再構築し、それを活用して優れた顧客サービスを生み出している。

多くの場合、経路1を選択しているのは、顧客サービスをシンプルにし、コストを削減するための新たな組織能力を構築する時間的余裕のある企業である。プラットフォームには専門的な定義があるが、ここではプラットフォームを単純に捉えることにする。自社が得意とすること、自社が他社よりも秀でていること、その見込みがあること、すなわち競争優位の源泉となるものが、低コストで信頼性が高く、再利用可能で標準化されたデジタルサービスの形で実装されているものだと定義する。このようなデジタルサービスは自社またはパートナーによって新規または既存の顧客向けデジタルサービスに素早く組み入れることができる。プラットフォームとは、デジタル化されたビジネスプロセスと、ビジネスプロセスにおいて特定の目的（注文などの汎用的処理など）を達成するために必要な技術とサービスモジュール群、コンプライアンスチェック、データを統合したものである。最初からすべてのビジネスプロセスがデジタル化されていることはなく、人手による作業を必要とするものもあるが、最終的には完全な自動化を目指している。また、プラットフォームとは一連のプロセスや処理を統合したものであるが、デジタル化されたすべてのプロセスが1つのプラットフォームに統合されるわけではない。一部の企業では、統合基幹業務システム（ERP）や顧客関係管理（CRM）システムなどの商用ソフトウェアパッケージの主要機能がプラットフォームとなっている場合もある。最近では、自社のプラットフォームをクラウド上に構築したり、他社がクラウド上で提供するシステムを購入したり有料で利用したりできる。従業員または他のシステムが、デジタルプラットフォームにデータを入力し、その出力データを利用することもできるが、従業員はプラットフォームの一部をなすものではない。プラットフォームを構築する目的は、機械に任せた方が良いプロセスを従業員から切り離すことだ。プラットフォームによって、信頼性が高く、予測可能で、低コストのコアビジネス取引処理が企業の中で配線のようにつながり、セルフサービスや様々に組み合わされたサービスの両方を提供できるようになる。[4] 最近では、企業が人工知

■ 図3-1　フューチャーレディ・プラットフォーム設計の原則

エコシステムの統合により顧客を感動させる
コンプライアンスを組み込みつつチャネルの複雑さを低減する
社内と外部のパートナーが共有可能なデータレイヤーを作成する
PaaSを活用する
プラグ・アンド・プレイ可能なコアサービスを開発する
商品やAPIにコンプライアンスを組み込む
クラウド上に構築して柔軟性を高める

出典）Michael Harte, MIT CISR industry research fellow.

能（ＡＩ）をプラットフォームに組み込むことによって、より多くの意思決定を実行、あるいは意思決定を支援できるようになった。例えば、オーストラリア国税庁では、納税者が正しい税金申告ができるようにリアルタイムでサポートするＡＩソリューションを導入した結果、２０１８年には修正申告額が１億１３００万ドルにのぼった。[5]

プラットフォームは、企業戦略の本質を踏まえ、競争優位の源泉を再利用可能でモジュール化されたサービスの集合体としてデジタル化したものである。新たなプラットフォームを構築するにあたっては、企業はまず自社の競争優位の源泉を見極めなければならない。銀行であれば、その1つは顧客が迅速かつ容易に、さらに規制を遵守しながら口座開設できるようにすることだろう。このような組織能力をできるだけ多くの商品、チャネル、および顧客に再利用するべきである。それを実現するには往々にしてプラットフォームの再構築が求められる。そうすることによってサイロとスパゲッティの状態から、プラットフォームによって統合された再利用可能なデジタルサービスへと移行でき、それはフューチャーレディ企業の重要な特徴である。

企業におけるプラットフォームの再構築に関する最近の研究を通じて、我々はフューチャーレディ・プラットフォームとはどのようなものなのかを明らかにした（図3－1参照）。これは、サンタンデールUK、バークレイズ、オーストラリア・コモンウェルス銀行の元CIOやCOOを務めたマイケル・ハート、および元オーストラリア・ニュージーランド銀行のコーポレートサービスおよびグローバル決済のCIOで現マスターカードのリアルタイム決済担当エグゼクティブ・バイスプレジデントのピーター・レイノルズと共同で行ったプロジェクトである。概念的に捉えると、フューチャーレディ・プラットフォームは顧客を頂点として、チャネル、プロセス、体験、データ、商品・サービスの統合、インフラという6つのレイヤーで構成される。銀行としての法令遵守チェック（コンプライアンス）機能は後から付け足すものではなく、業務プロセスと商品の両方に最初から組み込まれている。デジタルサービスは、アプリケーション・プログラミング・インターフェース（API）や同様の手段によって、プラグ・アンド・プレイのモジュールとしてプラットフォームに追加できる。フューチャーレディ・プラットフォームは、これまで多くの組織が従来型のプラットフォームを構築する際に作り上げた数々の根拠のない思い込みを一から見直すのに役立つ。例えば、従来はプラットフォームを設計する場合、大抵は顧客データやプロセスを外部と共有する必要がないという前提で進められたが、現在はそうではない。また、企業が必要とするプラットフォームの規模、数、機能は、その企業の現状に応じて変わるものであり、プラットフォームは通常、段階を追って構築される。

我々は、プラットフォーム化能力を構築する変革経路1の最初の段階を「デジタル化砂漠」と呼んでいる。なぜなら、社内の他のメンバーには、デジタル化は努力や投資の割に、すぐに改善やイノベーションが起きないように見えるからだ。既存の商品・サービスラインアップをシンプルにし、ビジネスプロセスを合理化し、プラットフォームを再構築するには往々にして数年かかる。幸いなことに、クラウドコンピューティングやマイクロサービス、ＡＰＩ、ＡＩ、クラウド上のプラットフォーム・アズ・ア・サービス（ＰａａＳ）などの新たな技術の登場によって、デジタル化砂漠をより早く抜け出せるようになった。

新しいアプローチを採用したとしても、変革経路1を選んだ企業の変革リーダー（多くの場合、ＣＩＯやＣＯＯ）は、事業部門担当役員たちに対して、新規システムの導入を一旦停止し（少なくともそのペースを落とし）、産業化の最初の段階が終わってデジタルプロセスが利用または再利用できるようになるまで待つよう求めることになる。もちろん事業部門側のリーダーは待ってはくれない。彼らに予算と決定権があれば、各々の裁量で部門独自のソリューションを構築できてしまう。ここが経路1を選んだ企業がよく失敗するポイントである。経路1の革新的でエキサイティングな次の段階に進むためには、全部門に対して何が必要かを明確に伝えておかないといけない。そうしないと、取り組みの足並みが揃わず、部門間の摩擦が高まる。業務オペレーション変革担当のリーダーが簡素化と合理化を進めているというのに、事業部門のリーダーたちは顧客に新しいサービスを提供するためと言って、それぞれの部門で無数の局所的ソリューションを生み出し続けているといった具合だ。こうした相反した状況を避けるために、変革予算の一部、例えば20％を顧客体験革新の取り組みに充てる代わりに、次の段階でも利用できるコンポーネントとして開発することとする、という条件を付けることが1つの解決策となるだろう。このような複数の経路で変革を進めるアプローチは、相互にうまく連携させる必要があるが、顧客体験を向上させて競争力を維持したまま、経路1の産業化ジャーニーを進められるため、現実的なやり方だと言える。

最初の段階で再利用可能なデジタルサービスをつくれれば、イノベーションを素早く実現していく次の段階に進める。プラットフォームによって業務をデジタル化することで反復的に業務プロセスを遂行できるようになるだけでなく、将来利益が見込める成長分野を見定めるための情報も収集できる。そして、こうした企業はわずかな投資でイノベーションを起こし、プラットフォームを再利用しながら新商品・サービスを市場に素早く投入できるようになる。このイノベーションの実現段階においては、短い周期でイノベーションを起こすアジャイルチーム、新たに開発したサービスの利用や再利用、テスト＆ラーン手法、「必要最小限の機能を備えた製品（ＭＶＰ）」の開発、ファクトに基づく意思決定など、新たな働き方を導入するのが一般的である。イノベーションの実現段階では、現行の商品・サービスの提供方法を改善できるだけでなく、顧客と企業の双方に価値をもたらすエキサイティングで新しい顧客サービスを生み出せる。最初の段階で作成したデータやモジュールコンポーネントを誰でも再利用できるので、イノベーションのスピードは格段に速くなる。

変革経路1を進んでいる企業は、プラットフォーム化能力の構築に注力しつつ早期に業務オペレーションからの価値を生み出し、その後変革を進めながら顧客やエコシステムからの価値の獲得に取り組むことになる。こうした側面も、変革を進めるための予算の例えば20％を、顧客理解やデジタル化したパートナーとの革新的なサービスの開発に充てることを妥当と考える理由の1つである。

平均では、経路1を50％以上進んだ企業は、成長率と利益率の両面で業界における最高の財務実績を達成している。これを上回るのは経路4（新組織創設アプローチ）を選んだ企業だけである。経路1や経路2（顧客志向先行アプローチ）と経路3（階段的アプローチ）の企業の財務実績はあまり変わらないが、統計的には有意である。

変革経路1の事例：カイザーパーマネンテとテトラパック

変革経路1を進むにあたっては、第1段階として明確な目標を掲げ、商品の合理化や簡素化、自動化、コンプライアンスに徹底して注力し、それからプラットフォームを構築しつつ各プロセスからデータを収集することが必要である。第2段階では、これまでと異なる方法で構築したデジタルプラットフォームサービスを再利用してイノベーションを起こし新たな価値を生み出すことを考えなければならない。いずれの段階においても組織の改編が必要となる。

ではここで、フューチャーレディ企業を目指し、変革経路1に沿って大きな進展を遂げた2つの企業を紹介しよう。大手総合医療システムを運営するカイザーパーマネンテに関しては、第1段階でどのようにプラットフォーム思考を社内に行き渡らせたか、そして、それを土台として、デジタルによる価値創出をミッションとする新部門をどのように作り上げようとしているのかについて説明する。また、食品・飲料用パッケージングメーカー大手のテトラパックに関しては、同社が経路1をどのように前進してきたか、そして4つの爆発的変化のそれぞれにどのように対処しつつ、価値を生み出したかに焦点を当てる。

■カイザーパーマネンテ：デジタルファーストな医療システムの実現

カイザーパーマネンテは、会員数1250万人、従業員は臨床医8万5000人を入れて20万人超、2021年の営業収入は931億ドルという非営利の大手総合医療システム運営組織である。[6] 彼らの哲学は、会員を包括的に支援し、会員の健康を維持するということである。カイザーパーマネンテはプラットフォーム化能力を構築する段階において、ヘルスケア分野における破壊的な変化に直面していた。同組織は、この環境変化に対応するために、パワフルでユーザーフレンドリーな技術を採用し、direct-to-consumer（消費者直結型）のビジネスモデルと臨床および医療関連業務プロセスを組み込んだデジタル医療システムを構築した。[7] 2004

年には、統合電子カルテシステムを全地域で展開し始め、これを行うなかでプラットフォーム思考への変革の基礎を築いた。

カイザーパーマネンテの最高デジタル責任者（CDO）であるプラットッ卜・ヴェマナは以下のように語っている。

私たちは変革に向けた以後のあらゆる取り組みの基盤としてカルテの電子化にコミットすることにしました。電子カルテは単に記録を取り、保管するものというだけでなく、医師と臨床スタッフが協力して医療を提供するための手段となりました。電子化により、私たちは総合医療の強力なモデルを確立したのです。これは大きな一歩であり、当時は市場でこのようなシステムを取り入れた組織はほとんどありませんでした。[8]

その後、モバイル端末で自分の記録にアクセスする会員が増加していることにリーダーが気付き、それが2010年に同組織がモバイル戦略を策定する契機となった。このモバイル戦略を総合的なコンシューマーデジタル戦略へと発展させ、会員の獲得と維持に欠かせないものと位置付けている。CIO兼CTOのダイアン・カマーは以下のように語っている。

カイザーパーマネンテが作った医療と保険を統合させたモデルは、ヘルスケア業界において強力で独特なものとなっています。このモデルは、高品質で手頃な医療を提供することに重きを置いており、一般的に採用されている診療ごとに支払うモデルではない。この「医療と医療保障」のモデルを支えている幅広い機能は、支払う側と提供サービスのあらゆる側面をカバーしており、私たちの技術で実現されています。対面でのアクセスが必要な人やそれを希望する人へのサポートを行いつつ、デジタルファーストのシステムへと移行しました。その結果、登録から予約、アドバイス、カルテ、処方箋、検査までのすべてのサービスを円滑に提供できるようになりました。私たちの会員や患者様が、私たちのデジタル資産を通じて驚くほど幅広く、奥深い技術を利用できるようになったのです。[9]

コンシューマーデジタル戦略では、会員のエンゲージメントを促進するため、その人の目的や状況に基づいてパーソナライズされた体験を提供することを重視している。これは、健康上の問題を特定し、医師とやり取りするための適切な方法（電子メール、電話、ビデオ、対面診察など）の選択といったプロセス全体にわたっている。この戦略を進めるにあたっては、カイザーパーマネンテはデジタルイノベーションによる価値とプライバシーに関する顧客の要望のバランスについて慎重に検討した。

この強力なプラットフォームを活用するため、カイザーパーマネンテは新たな働き方を確立した。例えば、2016年にはIT組織改革を行い、DevOps（開発と運用担当者が緊密に連携する仕組み）によって同組織が有するデジタル能力を迅速に提供できるようにした。

カイザーパーマネンテは変革経路1の急速なイノベーションの段階にある。プラット・ヴェマナの言葉を借りれば「デジタルに対応した医療システム」から「デジタルファーストの医療システム」へと移行している。カイザーパーマネンテは患者の継続的なモニタリングや適切な医療措置を可能にするため、これまで以上にデジタル技術を活用している。例えば、同組織のバーチャル心臓リハビリプログラムの重大な問題を解決するためにイノベーションを起こした。米国では年間約73万5000件の心臓発作が発生しているが、従来の心臓リハビリプログラムの完了率は約50％に過ぎず、多くの患者が挫折していた。[10, 11] 同組織は心臓発作発症後のリハビリを指導するため、2018年に韓国のサムスンと提携し、デジタル技術（サムスンのウェアラブル端末、カスタマイズされた「ハートワイズ」アプリ、カイザーパーマネンテのリアルタイム臨床ダッシュボード）を用いた在宅プログラムを開発した。

このイノベーションチームは、最高イノベーション・変革責任者であるフナハシ・タダシ博士と、当時は循環器内科部長で、2018年から在宅心臓リハビリプログラムのメディカルディレクターを務めるコロンバス・バティスト博士が率いていた。チームは、まず南カリフォルニア地域の臨床、医療、技術部門のリーダーらに意思決定権限の見直しについて説明し、彼らから賛同を得た。現在、すべての地域で賛同が得られている。それからパートナーであるサムスンと共にテスト&ラーン手法によってプログラムを開発した。[12] 彼らは運営、医療サービス、技術、事務など様々な専門人材からなる小規模なコアチームを立ち上げた。このチームは、サムスンのチームとの協力の下、技術設計、ユーザー調査、エンジニアリング、サービス開発を行い、患者や介護者のニーズを理解するにあたっては、人間中心設計の手法を用いた。チームは37人の患者を対象として6カ月間、運動、投薬、アドヒアランス（患者が治療方針の決定に賛同し積極的に治療を受けること）、教育、行動変容など、すべてのリハビリ要素を組み込んだアプリケーションをプロトタイプとして試験的に運用し、その後、各地域で展開するための研修や支援を行った。取り組み全体にわたって、患者から医師への直接のフィードバック、アドヒアランス率、診療記録のレビューなどを通じた患者と医療スタッフの結びつきなど、様々な側面からその価値を測定した。

この変革経路1の第1段階において、カイザーパーマネンテはプラットフォーム化能力の構築と業務オペレーションや顧客から価値を引き出すことに注力した。カイザーパーマネンテの調査によると、オンラインで利用している会員の方がより健康で満足度も高いことが分かった。最も重要なのは、オンラインを頻繁に利用する会員の方が、そうでない会員に比べて、カイザーパーマネンテの会員を継続する可能性が2倍だったということである。[13]

経路1の後半のイノベーション加速段階に入ると、カイザーパーマネンテは革新的なデジタルサービスを揃えて、エコシステム上のパートナー連携から引き出す価値を増加させている。例えば、バーチャル心臓リハビリプログラムでは利用者の参加率が著しく上昇した。リハビリを完了した患者の割合は、病院で行った場合50％に過ぎないのに対し、オンラインプログラムでは80％以上に達した。病院でリハビリを受けた患者の10～15％が再入院したのに対し、オンラインプログラムでは2％未満だったため、運営コストが減少した。[14]プラット・ヴェマナは「私たちは従来のサービスも提供していますが、それをデジタルで強化することによって、患者様の生活を向上させるだけでなく医療システムの効率化も達成しています」と説明した。カイザーパーマネンテの長期的な目標は、会員が健康や生活スタイルなど、自身の健康を総合的に管理したいと思ったときの唯一の選択肢となることである。

2019年、カイザーパーマネンテ初の最高デジタル責任者（CDO）が就任したことで、変革は第2段階に入った。CDOは最初の取り組みとして、デジタル・エクスペリエンス・センター（デジタル組織のビジネス側）とITグループ（デジタル組織のテクノロジー・データ分析グループ）を統合した新組織「KPデジタル」を設立した。新設された「バリューマネジメント・グループ」は、どの活動において価値が生み出されているかを把握でき、アイデアの普及を加速させ、うまくいっていないものは見直すといった判断に役立つダッシュボードを開発するという課題を与えられた。このグループは、会員数、利用率、値ごろ感、品質という4つの項目の価値を定義し、それぞれを4段階で評価する指標を設定した。評価結果は、CEOダッシュボードにまとめられ、役員陣と取締役会が四半期ごとに確認する。さらに、デジタルサービスを提供するエクスペリエンスチーム用のダッシュボードもあり、これはチームが毎週レビューしている。これらの指標を見れば、例えばリフィル処方箋（診察なしで反復できる処方箋）のオンライン配信サービスを会員がどのように利用しているのか、などが分かる。カイザーパーマネンテは第2段階にいるため、ダッシュボードのほとんどの指標は、顧客から得られる価値（例：会員数）と顧客に与える価値に関するものである。後者の指標は保険の購入、加入手続き、健康状態の管理（オンラインでの処方箋発送依頼や通知の登録など）など、医療の流れにおける顧客体験について理解することを特に重視している。次のレベルの指標として、地域のエコシステムパートナーと協力して行う医療、または社会的満足（食品や家庭内の安全、育児、読み書き能力など）に関するアンメットニーズ（まだ満たされていないユーザーの潜在欲求）を抱える会員の特定というものもある。ダッシュボードで価値の大きさを数値で確認できれば、ファクトに基いた意思決定ができるようになる。そのため、ダッシュボードは変革経路1のイノベーション加速段階における進捗を把握するための重要なツールになってきている。

■テトラパック：インダストリー4・0を構築し、顧客体験重視のワンカンパニーを実現

非公開企業のテトララバルグループ傘下のテトラパックは、食品・飲料の無菌紙容器包装材の世界的大手で、2020年の純売上高は110億ユーロだった。包装材が主な収入源であり、年間1830億個以上の包装材を生産しつつ、食品加工や関連サービスも提供している。テトラパックはオペレーショナルエクセレンスをもとに顧客体験を向上させ、第2章で述べた4つの爆発的変化に見事に対処した結果、変革経路1において著しい進展を遂げた[16]。カイザーパーマネンテとテトラパックの事例から分かるように、経路1で対処すべき爆発的変化の重要度は、一般的に高い順に挙げると、(1)意思決定権限の変更、(2)プラットフォーム思考の確立、(3)組織体制の外科手術、(4)新たな働き方の順になる。

21世紀の初め、テトラパックは世界規模での業務効率化の重要性に気付いた。経営陣は、同

じ基幹製品を販売する160以上の企業の寄せ集めではなく、160カ国以上で展開する1つのグローバル企業になろうとした。そのためには、プロセスの自動化と、標準化されたERPソリューションを中心にした、一貫性のある運営モデルの構築が必要だった。2015年になると、同社の戦略部門とIT部門は、ソーシャルメディアやモバイル、アナリティクス、クラウド、IoTソリューションなど、すぐにでも利用可能なデジタル技術が大きな可能性を秘めていることを理解した。

元CEOのデニス・ヨンソンはこのように語った。

当社は出発点から強みがありました。デジタル分野において業界をリードするような様々な活動をすでに進めており、世界規模の事業を展開するための単一の共有プラットフォームも構築していたからです。さらに、無駄のない最新のIT運営を確立しており、多くの領域で情報を戦略的な資産として活用するための強固な基盤ができていました。

テトラパックは、デジタル変革のプラットフォーム化能力構築段階において、インダストリー4・0の実現を目指して、より効率的で、変化する顧客の要求や工場の状況にリアルタイムで対応できる、完全に統合された連動システムを構築した。しかし、エンド・ツー・エンドでオペレーションをコントロールできる統合プラント管理サービスを開発するためには、テトラパックはプラットフォーム思考を一段上のレベルへと引き上げる必要があった。こうした場合、組織に生じる爆発的変化に対処するため、テトラパックは大手テクノロジー企業と提携し、同社の競争優位の源泉であるプラントオペレーションのサービス化を支援してもらうともに、データを戦略的資産として最大限に活用する方法について指導を仰いだ。このプラットフォームは主に次の3つの点に焦点を当てている。(1)有用なデータをテトラパックのエコシステム全体に提供するため、設備と機器を接続する、(2)予防保全を行うため、収集したデータを高度な分析を通じて活用する、(3)世界中の従業員がモバイル機器やAR（拡張現実）を用いて、同社が蓄積してきた知見や専門知識を利用できるようにする、という3点である。同社に技術を提供した企業は単なるサプライヤーではなく、テトラパックの事業を理解し、互いに学び合う存在だった。このような戦略的パートナーシップは、グローバルなデジタル戦略を実験し、実行する上で欠かせないものであり、これら一連の活動は業務オペレーションからの価値を獲得することを目的としている。

ただ残念なことに、このプラットフォームは顧客体験の向上を目的としたものではなかったため、顧客は依然として加工、包装、サービスなど様々な部門の担当者とやり取りしなくてはならなかった。CIOのマーク・マイヤーは「口ではいくらでも『当社はワンファーム（1つの会社）だ』と言えるかもしれないが、お客様との接し方を変えなければワンファームには絶対になれないでしょう」と語っている。

テトラパックはプラットフォームを改善するとともに、競争の激しい市場で顧客サービスのさらなる差別化を図るため、業務効率化から顧客体験の向上へと重点を切り替え、イノベーション加速段階に移行することになった。ただし焦点を切り替えるにあたっては、テトラパックはさらに、意思決定権限の抜本的な見直しと組織体制の外科手術という、2つの爆発的変化に対処しなければならなかったのである。テトラパックは集権的なカスタマーエクスペリエンス組織を新設するのではなく、すべての顧客タッチポイントにおけるカスタマージャーニーを改善するため、顧客フロント組織の意思決定権を見直すことにした。部門横断型の重要顧客担当チームが個々の顧客に対してエンド・ツー・エンドで責任を負うようにすることで、顧客ひとりひとりのニーズを深く理解できるようにし、顧客とのやり取りを一本化したのである。そのためには変革の評価指標やインセンティブを、バックエンド部門の効率化やコスト削減（これらは業務オペレーション統括部門の責任となった）から、売上やネット・プロモーター・スコア（NPS）に変える必要があった。このアプローチにより、多くの部門とやり取りしなければならないという顧客の当初の不満は一部解消されたものの、その根底にある事業の複雑さや部分最適の状態には対処できていなかった。包装、加工、サービスの事業ごとにサイロがまだ存在し、重点顧客担当マネジャーたちが、さらなる顧客体験の向上のために必要となる、バックエンドの業務オペレーションを変更する権限を手に入れられなかった。そこで同社は、「ワンファームで3つの事業を」というテーマの下、ワンファームとして成功するためには何が必要か、そしてどのように顧客にアプローチすべきかに主眼を置き、大幅な組織改革を行うことにした。この一連の取り組みは、顧客からの価値の獲得を目的としていた。

テトラパックは3つの爆発的変化と並行して、新たな働き方の導入についても着実に進めている。変革の主要要素である、インダストリー4・0のコンポーネント、カスタマージャーニー・マッピング、アジャイル手法などに対する意識向上と理解促進のために大規模な研修プログラムを実施した。効率性や一元管理された業務を重視してきた企業の従業員はテスト&ラーン手法に抵抗感があり、新たな働き方の導入は困難を極めた。IT部門の責任者であるゴーレン・ライデンは「当社が抱えている大きな課題の1つは従業員に対するチェンジマネジメントです。技術に関してはまったく心配していません。うまくいくと思っています。課題は人々の働き方を変えることであり、これは非常に難しいことです」と述べている。

テトラパックは現在、変革経路1のイノベーション加速段階に入っており、エコシステムから価値を引き出すための、数多くのエキサイティングな取り組みが進行中である。例えばテトラパックは、「ファクトリー・オブ・ザ・フューチャー」という取り組みで、マイクロソフト、ABB、SAP、自動化物流ソリューションのプロバイダーのエレットリック80などのパートナーと協力して食品製造のデジタル化に着手した。[17] また、2019年、生産者に対してはエンド・ツー・エンドのトレーサビリティを、小売業者に対してはサプライチェーンのさらなる可視性を、顧客に対してはより多くの情報（製品がどこで作られたか、原料はどの農場で作られたか、容器はどのようにリサイクルされるかなど）を提供するため、生産者や小売業者、顧客とつながっている包装プラットフォームも立ち上げている。[18] そして2020年には、テトラパックはいくつかの大きな課題を解決するために新たな共創イノベーションモデルを開発した。例えば、研究者、新興企業、サプライヤー（ボール紙メーカーなど）、顧客（食品・飲料ブランド）と協力して環境への負荷を低減する包装ソリューションの開発を進展させたのである。これらの取り組みのゴールは、それぞれの顧客のニーズに合わせた最適なソリューションのシミュレーション、評価や選定を容易にする総合的な製造工場を設計することだった。[19] 開発・技術担当エグゼクティブ・バイスプレジデントのローレンス・モットは以下のように語っている。

直線的なサプライチェーンという古い概念は過去のものです。当社は自社のサプライヤーでもある開発パートナーとの緊密な連携の下、1つのエコシステムの中で業務を行わなければなりません。同時に、お客様と密接にコラボレートする必要もあります。すべて同時に行うというのは本当に大きな課題です。

デジタル時代に成長を目指す多くの企業と同じく、テトラパックは自社単独ではどうすることもできないということが分かっていた。デジタル化によってパートナーシップを広げれば、すべてのパートナーがより速く成長できる。[20] この一連の取り組みは、引き続き顧客と業務オペレーションからの価値を得つつ、エコシステムから価値を獲得することを目的としている。図3－2は、テトラパックがどのように4つの爆発的変化に対処したかをまとめたものだ。あなたが爆発的変化への対処方法を検討するときには、同様の図を作成することをお勧めする。そして、どの程度効果的にこれらの爆発的変化に対処できているかを評価してみるとよい。

■ 図3-2　テトラパックは爆発的変化にいかに対処したか

意思決定権限

- 効率化とコスト削減に関する取り組みを各国の拠点長からシェアードサービス部門に移管
- 各国の拠点長の責務を見直して顧客体験に関する責任者に任命し、売上高やネット・プロモーター・スコア（NPS）などの指標を重視
- 効率性よりも売上とカスタマージャーニーを重視した業績評価指標とインセンティブ体系に再構築

新たな働き方

- ディスラプティブな技術の可能性に対する意識と理解度を高めるためにデジタル化とインダストリー 4.0に関する研修プログラムを考案
- 製品開発とITにアジャイル手法を導入（適用可能な部門で）

プラットフォーム思考

- エンド・ツー・エンドでプラントをコントロールする統合プラントマネジメントサービスを開発
- コネクティッドな現場、高度なデータ分析、コネクティッドソリューションの実現に向けて最良と考えられるインダストリー 4.0ソリューションを整備するために、テクノロジー分野の大手企業と提携

組織体制の外科手術

- 進行中の一元化の取り組みを「ワンファームで3つの事業を」というさらに上のレベルへ進化

出典）同社役員へのインタビューと社内資料

●●・リーダーが重視すべきこと・●●

変革経路1に沿って変革を順調に進め、フューチャーレディとなるためにリーダーに求められる最も重要な責務は、自分たちが進んでいる経路について従業員に繰り返し明確に説明し続けることである。従業員は経路1にはプラットフォームの構築とその後のイノベーションの加速という2つの段階があることを正しく理解しておかなければならない。それぞれの段階で注力すべき価値創出と爆発的変化の種類は異なる（図3－3参照）。

■プラットフォームの構築

プラットフォーム構築段階では、企業は自社の競争優位の源泉を見極め、それを再利用可能なデジタルサービスにするためにデジタルプラットフォームを構築する必要がある。プラットフォームの構築には1年以上かかることが多く、リーダーは、なぜこの構築段階が重要なのか、どのような成果が見込めるのか、そしていつ完了するのかということを従業員全員が理解できるように伝えなければならない。構築段階で生まれる最大の価値は業務オペレーションからの価値であるため最も注力すべきなのだが、顧客やエコシステムからも一定の価値が得られ

■ 図3-3　変革経路1：リーダーが重視すべきこと

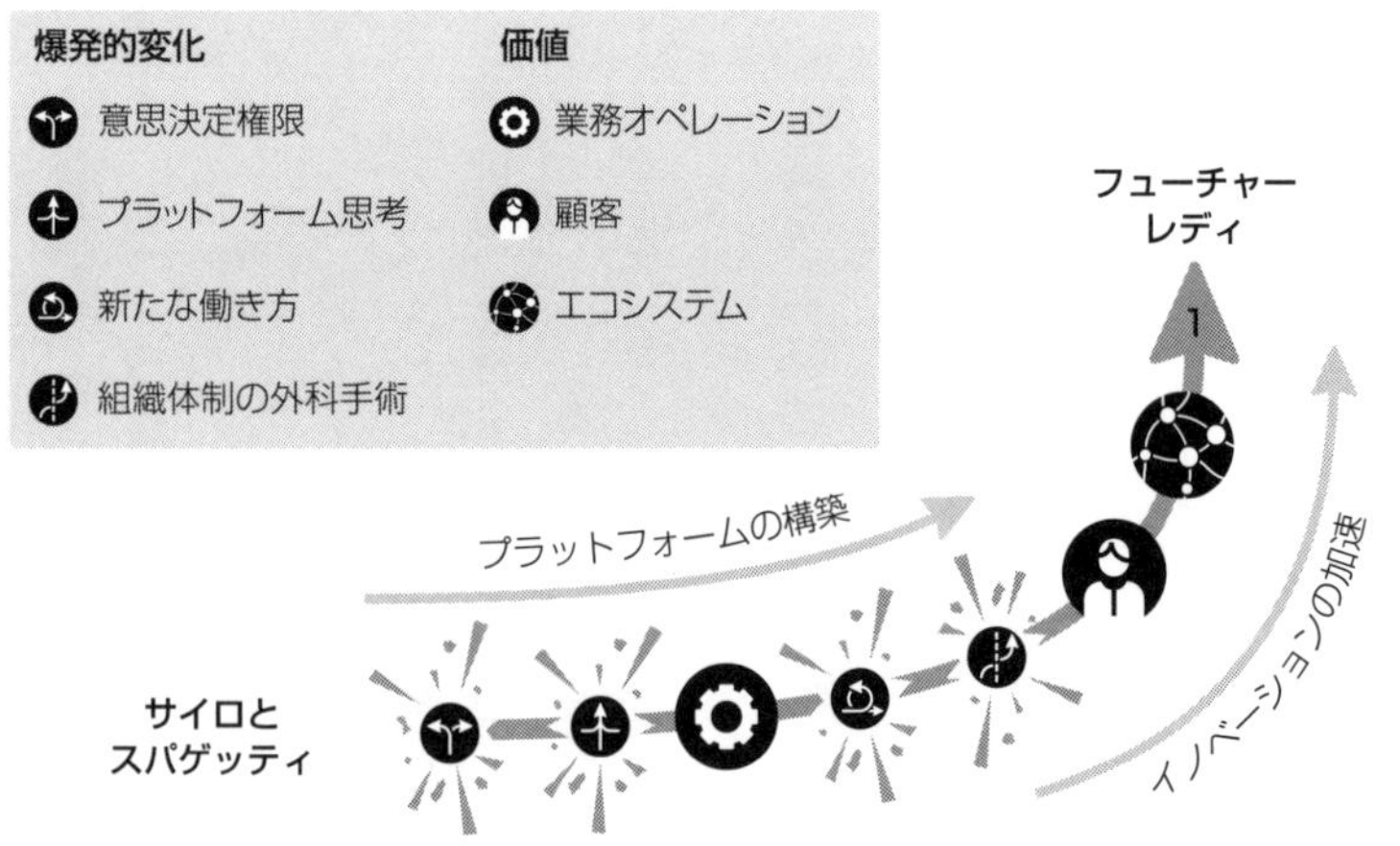

出典）順序は我々の定性調査から導き出した仮説である。最初に取り組むべき爆発的変化は意思決定権限であるという仮説を、MIT CISR 2019 Top Management Teams and Transformation Survey（N＝1,311）のデータを用いて階層型回帰分析で検証した。

る（これらはイノベーション加速段階でより多く得られる）。価値を測定し、成功事例を社内で共有することによって、プラットフォームを活用してどのように将来に向けた基盤を築いていくのかを説明することが、経路1におけるリーダーの重要な役割の1つである。

この段階の成功にはプラットフォーム思考の確立が鍵となる。一部の企業にとってプラットフォーム思考はごく自然なものである。例えば製造業にとって、デジタル視点でのプラットフォーム思考は、店舗やサプライチェーンで行ってきたことの延長線上にあるものと捉えていることが多い。しかし、他の業種の企業（銀行、保険会社、専門サービス、教育機関など）にとって、局所的なソリューションの構築から再利用可能なプラットフォームの構築に移行するというのは、企業文化が大きく変わることを意味する。特に局所的なソリューションを構築してきた企業は、まず意思決定権限の変更に取り組まなければならない。

変革経路1の初期に生じるデジタル化砂漠の期間をうまく切り抜けるためには、上級役員は意思決定権限のバランスを製品やカスタマーエクスペリエンスの担当者から業務オペレーション部門リーダーやプラットフォーム構築担当者へシフトさせ、バランスを調整する必要がある。例えば、プラットフォーム構築中にも、顧客により良いサービスを提供するための新しい機能を追加してほしいという要望が寄せられることが多い。これらの新機能を追加するかどうか、それはいつにするかを誰が決定するのか。デジタル化砂漠をうまく乗り越えた企業では、業務オペレーションとカスタマーエクスペリエンスのリーダーが共同で意思決定を行っていることが多い。ただし、プラットフォームの構築と提供に責任を持っている業務オペレーション側のリーダーの方に、若干重きが置かれているようである。こうした社内政治が絡む課題の調整は容易ではなく、透明性と適切な評価基準が必要となる。あなたが自分の会社ではどうすればよいかを考える際は、テトラパックがどのように爆発的変化に対処したかを振り返ってみることをお勧めする（図3－2参照）。

■イノベーションの加速

イノベーション加速段階に移るのは早いに越したことはない。デジタル化砂漠に留まる期間を短縮できるからだ。リーダーは変革経路1を経験することによって、プラットフォームの完成を待つのではなく、イノベーションに活用できるようにデジタルサービスを段階的にオンライン化しながら、プラットフォームを構築していくというやり方を学ぶだろう。例えば、銀行の住宅ローンのプラットフォームを構築する場合、「口座開設」と「本人確認」の2つが必須のサービスだとすれば、これらのサービスは全サービスのプラットフォーム化を待たずに利用できるようにすることだ。

イノベーション加速段階では、業務オペレーションからの価値の獲得は続くが、一方で顧客やエコシステムからの価値がより急速に増えていくため、リーダーはこれまで以上にそこを注視する必要がある。この段階では顧客からの価値とエコシステムからの価値を測定する指標を新たに策定しておくことが重要である。イノベーション加速段階に向けた意識改革を行うには、通常、爆発的変化の最後の2つ、新たな働き方と組織体制の外科手術に注力しなければならない。

テスト&ラーン手法やファクトに基づく意思決定といった新たな働き方は、イノベーションを加速させるのに役立つ。今日では、アマゾンなどのプラットフォーム企業のように、新しい戦略を試してみて、顧客に対してA／Bテストを実施すれば、すぐにフィードバックを得ることができる。

新たな働き方の導入などによって変化が起こると、往々にして組織体制の外科手術が必要になってくる。外科手術としては、イノベーションを加速させるために、顧客対応スキルを業務データやデジタルスキルと統合するための組織再編がしばしば行われる。我々はこうした組織再編についてこれが最善と言えるような事例に出会っていないが、多くの場合、顧客と接する垂直的に統合された各部門が迅速にイノベーションを実現するための、シェアードサービスや再利用可能なモジュールといった水平的な機能を提供する組織を作るための再編となる。

第7章では、2つのレンズ（どのような価値が生まれたか、組織能力によってどのように価値が生み出されたか）を使用して、業務オペレーション、顧客、エコシステムからの価値創出、測定、獲得に役立つダッシュボードを紹介する。あなたが変革経路1のリーダーなら、この3種類の価値それぞれを測定するための主要な指標と、価値を高めるために獲得すべき組織能力を特定し、準備しておいてほしい。

第3章のアクションアイテム

最初の3つのアクションはすべての変革経路で共通である。

❶ フューチャーレディ企業になるために、会社が経路1で変革を進めていることを今日(そして毎日)従業員に伝えよう。将来の働き方のイメージを描き、従業員が自分の役割を理解できるよう、経路1を進むためのステップを明確に示そう。

❷ 初期の成功事例を収集し、社内外に広めよう。初期の成功を示すことで、従業員のモチベーションを高く保ち、コミットメントと進歩を促し、懐疑派による悪影響を食い止めることができる。

❸ 爆発的変化にうまく対処するための計画を立てよう。

❹ 経路1の進め方を伝えるためのコミュニケーション計画を立て、経路1には2つの段階があることを説明しよう。プラットフォームを構築する段階と、そのプラットフォームを活用してイノベーションを加速させる段階だ。2つの段階では、何に焦点をあてるか、何を行うか、どこから価値が生まれるかが異なっている。プラットフォーム構築期には、自社の競争優位の源泉を見極め、それらを再利用可能なデジタルサービスに変換するために、デジタルプラットフォームを構築しなければならない。イノベーション加速段階では、大抵の場合、新たな働き方を導入し、プラットフォーム構築段階に開発したプラットフォームの機能を再利用することに注力することになる。それぞれの段階においてあなたの会社でどんなことが起こりそうかを詳しく説明しよう。

❺ できるだけ早く、イノベーション加速段階に移行しよう。理想としてはプラットフォーム構築が完了するよりかなり前が望ましい。そうすればデジタル化砂漠に留まる期間

を短縮し、価値創出を加速させることができる。

❻ 業務オペレーションからの価値を示す指標を見極め、それを継続的に測定しよう。

❼ カイザーパーマネンテとテトラパックの事例を参考にして、あなたの会社の文化に合わせて修正すれば使えるような良いアイデアを見つけよう。

第 4 章

変革経路2
——顧客志向先行アプローチ

変革経路2（顧客志向先行アプローチ）では顧客を感動させることを目指す。全社から様々な専門性をもつ人材を集めて組織横断チームを作り、デジタル技術、有用なデータ、新たな働き方を駆使して、顧客を惹きつけ感動させるようなイノベーションを起こすというものだ。大半の会社ではこの手法はとてもうまくいっており、ほとんどの顧客を満足させることができている。顧客は新しいサービスが大好きなので、顧客体験に関するスコアが上昇することになる。ネット・プロモーター・スコア（NPS）が20ポイント以上上昇し、それに伴い売上高成長率が向上することも珍しいことではない。フューチャーレディ・フレームワークの、統合された顧客体験の象限に移行した企業は、サイロとスパゲッティの象限にいる企業の平均値と比べ、売上高成長率で（業界平均と比較して）9・6ポイント高く非常に大きな差が出ている。[1]

組織横断チームはこれまでにないやり方でイノベーションを起こし、新規サービスを提供することで顧客を感動させる。しかし、このようなイノベーションは個別に行われているため、商品・サービスやシステムの複雑性の問題をまったく考慮しておらず、状況をさらに悪化させ、顧客対応コストを押し上げることになる。また、変革経路2では初めのうちは社内の各部門に負担をかけることになる。例えば、カスタマーサービス担当者は、複数のサービスやチャネル、システムにまたがる顧客体験を統合して提供しなければならず、いつも大変な目にあっている。組織横断チームは大抵の場合、イノベーションを個別に生み出していくものの、この種の問題を解決しようとはしないからである。そのためカスタマーサービス担当者は、よりよい顧客体験を提供するために、いくつものシステムを飛び回って、データや商品コードを記憶し、サイロとスパゲッティの状況にその場しのぎで対応することになる。また通常、IT部門もこれらの新サービスを統合し、安定的に運用するか、少なくともサービス間の互換性を確保しなければならないため、負荷がかかってしまう。そして財務部門はかかったコストを査定する役目を負っており（実際には行われないことが多いが）、経路2で変革する場合、その難しさに直面することになる。

変革がある程度進むと、上級役員層は変革の重点を業務効率化に移し、組織をフューチャーレディ・フレームワーク上で右方向に移動させる。この時点ですでに顧客を感動させるという目的を達成しているので、大抵の場合、業務オペレーションの効率化は変革経路1（産業化先行アプローチ）のデジタル化砂漠の時期よりも容易に進められる。

●●・変革経路2を選択する理由と期待できる成果・●●

我々の最新の調査では、全企業の約18％が変革経路2を第一に選択している。[2] 概してこれらの企業には、顧客体験を飛躍的に向上させたいという願望やニーズはあるものの、経路1に沿って、全社を挙げて新たなデジタルサービスを提供するための組織能力を構築する時間の余裕がない。こう考えるのは、多くの場合、今後5年間で収入の大半がデジタルディスラプションの脅威にさらされると認識しているからである。経路2を選んだ企業は、変革できなければ5

年後に収入の39％を失うと予測しているのに対し、経路1を選んだ企業は26％に過ぎないとみている。つまり、現在の顧客体験が他社に比べて劣っており、かつ脅威を強く感じている場合に、この経路を選ぶ傾向が強い。そして、経路2の変革を半分以上達成した企業の売上高成長率と利益率の平均値はともに、競合他社と比べて非常に高い。これは経路1（産業化先行アプローチ）や経路4（新組織創設アプローチ）を選んだ企業とほぼ同水準で、経路3（階段的アプローチ）を選んだ企業を上回っている。

変革経路2は、まず顧客を感動させる段階と、続いて商品・サービス・業務・システムなどの統合とプラットフォームの再構築を行う段階の2つに分かれる。第1段階は、企業の市場における競争優位性によって決まる戦略的対応である。一例として、多くの実店舗を展開するアパレル企業が新型コロナウイルス流行時にオンライン販売に切り替えるケースを考えよう。この場合、オムニチャネルでの顧客体験を改善させる必要があると考えられるため、経路2を採用することはとても理にかなっている。実際に多くのブランドがそうしているように、実店舗をまったく、あるいはほとんど持たずに新しい市場にオンラインストアを開設することができる。まず顧客を感動させ、次に統合化、簡素化を進め、再利用可能なコンポーネントの基盤を（通常は新しいプラットフォーム上に）構築することで、企業はフューチャーレディになることができる。

興味深いことに、変革経路2を選ぶ企業の割合は業種によって異なっている。例えば、消費財の29％、銀行の25％、保険業の22％の企業が経路2を選択しており、全業種平均の18％を大

き く上回っている。一方、重工業では９％、サービス業では６％、製造業では11％、医療機関では４％しか経路２を選択していない。

変革経路２の第１段階では、顧客の声を社内の隅々まで行き渡らせる方法を見つけ、顧客にとってより良いサービスを開発し、顧客を感動させることに重点を置く。そのためには、多くの場合「インサイド・アウト」から「アウトサイド・イン」という意識改革を要することになる。アウトサイド・インの視点を実現するために、多くの企業はカスタマージャーニーに着目し、いつ顧客と関わるべきか、顧客接点のどこで不満が生じているか、どうすれば顧客を感動させられるかについて理解を深めようとする。そして多くの場合、カスタマージャーニーが複数のチャネルや複数の商品にまたがることから、社内に存在するサイロをこれまで以上に大幅に統合させる必要があることに気付くのだ。これらのサイロを統合するための方法としては、顧客に接する各サイロの代表者からなる組織横断チームを設置するのが手っ取り早く実用的である。

変革経路２における課題の１つは、顧客対応に関わっているすべての部門が（それぞれの場面での）顧客体験を改善するためなら、局所的なイノベーションを優先してもよいと考えていることだ。こうした考えは、自分は創造性を発揮し、顧客に新しい価値を提供しているという高揚感を生む。顧客体験に注力すれば、ほとんどの場合、ネット・プロモーター・スコア（ＮＰＳ）が向上し、売上高が増加するため、このやり方には「中毒性」があると言える。経路２において企業は顧客からの価値を蓄積・測定している。さらに、多くの企業は、パートナーのデジタルサービスの中から必要なものを選んで、自社のチャネルに取り込むことで、早期にエコシステムから価値を引き出すことができる。そのため、これまでうまくいっていたことをさらに推し進め、局所的なイノベーションへの投資を加速させてしまいたくなる。そして、次もこのようなイノベーションをうまく進められれば、さらに顧客体験は向上し、収入は増加するだろう。

しかし、業務から価値を引き出すためのデジタル化に重点を移していかない限り、こうしたイノベーションプロセスを続けても成果は次第に減っていくことが明らかになっている。4回目のイノベーションで、1回目ほど良い成果が得られることはないだろう。これは、すでに複雑化している業務プロセスやテクノロジーの上に、さらに何層ものシステム、特に局所的なシステムを積み重ねた結果、コストが増加し、対応スピードが低下してしまうためである。さらに悪いことに、経路2は従業員体験という点では4つの経路の中で最悪である。なぜなら、顧客ニーズを満たすためにシステムからシステムへと飛び回らなければならないため、従業員の認知負荷が高まるからだ。[3] そして、新サービスは雪崩のように襲いかかり、カスタマーエクスペリエンスの担当者は次々と新しいことを学んで、今までの知識と統合しなければならないのである。経路2を選んだ企業では、カスタマーエクスペリエンス担当者の不満や、燃え尽き症候群に陥る割合が最も高いということが分かっている。

この時点で、財務担当者は売上が増加しても利益率が減少していることに気付き始めることが多い。大抵の企業は顧客にサービスを提供するためのコストを正確に把握していないが、もし測定したとすれば、経路2を進むにつれてそのコストが増加していることに気付くだろう。この経路は顧客体験を劇的に向上させる必要のある企業にとって最適な選択と言えるが、同時に提供コストの測定にも着手すべきである。そうすることで、新たに作ったシステムの統合やプラットフォームの再構築に重点を移して方向転換すべきタイミングを知ることができる。もし財務チームが提供コストを測定しなければ、局所的なイノベーションを減速させてでも、業務オペレーションからの価値創出に重点を移していこうという動きは生まれないだろう。

統合化とプラットフォーム再構築の段階は経路1のデジタル化砂漠の段階と似ている。しかし、経路2では何を目指せばいいのかはより明確であり、デジタル化が成功につながることはすでに分かっているため、関係者の期待値をコントロールしやすい。また、この段階では、必要性の高いデジタルサービスにターゲットを絞って取り組むこともできる。顧客を感動させる段階で、多くの試行を通じて、どのようなサービスが必要かが分かっているので、統合化と再構築の段階ではその結果を踏まえて大規模に発展させることが可能となる。顧客を感動させる段階が成功したとしても、次の統合化とプラットフォーム再構築の段階に移ると、既存のサイロやスパゲッティの状態に加えて、各部門で行われた局所的イノベーションによって増大した複雑性を解消し、統合しなければならないという難題に直面する。

変革経路2の事例：カーマックスとセメックス

ここからは、変革経路2でデジタル変革を進めた2つの企業について見ていこう。カーマックスの事例では、リアルの世界ですでに成功している企業がオムニチャネルビジネスモデルでも成功を成し遂げるために、新たな働き方を確立したという話をしよう。セメックスはリアルの世界で事業を展開しているが、デジタルチャネルを通じて、優れた顧客体験を提供するということに重点を置いて変革を進めている。

■カーマックス：シームレスなオムニチャネル体験の創出

カーマックスは1990年代に創業した際、当時の自動車の売買体験が統合されておらず面倒なものであることに気付いた。カーマックスは創業当初から、人々に敬意を払い、透明性のある運営を行うことを目標として、顧客体験を向上させてきた。[4] 同社は自社のパーパスについて次のように説明している。「カーマックスは、イノベーションを起こし、カーマックスならではの顧客体験の提供にコミットすることで、全米最大の中古車小売業者となりました。自動車小売業界のディスラプターの元祖として、当社は値引き交渉要らずの価格設定を導入しました。それにより、車の売買はそれまではストレスと不安に満ちた体験でしたが、すべての人にとって公正で分かりやすい体験に変わったのです」。[5]カーマックスは近年、経路2に沿ってオムニチャネル事業への変貌を遂げている。同社は直近の変革で、顧客が望めばいつでもどこでも取引を可能にするというビジョンを掲げて、2020年8月に、オムニチャネル・プラットフォームを稼働させ、経路2の第2段階（統合化とプラットフォーム再構築）を大きく進めた。[6]同社の成長は目覚ましく、41州に230店舗以上を出店し、2022年度の売上高は319億ドルを超え、全米最大の消費者向け中古車小売業者となった。また、カーマックスは長年にわたり、非常に働きやすい職場という評判や、従業員が優れた顧客体験を提供できるようにテクノロジーを活用するのがうまいという評判を得ている。[7]例えば、カーマックスは中古車の窓にQRコードのシールを貼ることによって、その車両の状態やその詳細を素早く識別できるようにした。リアルとデジタルの世界を結びつけ、従業員の仕事を簡便化したのである。2021年、カーマックスはもう1つのイノベーションである、買取価格を瞬時に査定できるオンラインツールを導入し、車を売却しようとする顧客に対して、2分以内に同社の買取価格を提示できるようにした。これは、店頭での査定と同じく無料で、提示価格の有効期間は7日間、新たに車を購入する義務はない。カーマックスのエグゼクティブ・バイスプレジデント兼最高情報・技術責任者のシャミム・モハマドは、次のように説明する。「買取価格の即時提示ツールは信じられないほどの成功を収めました。このツールに搭載された技術によって、消費者にとって本当に使いやすいツールとなり、その反響はものすごいものでした。2021年初頭のリリース以降、このツールを通じて買い取った車は70万7000台を超えており、同じ期間に買い取った車の過半数を占めています[8]」

カーマックスの事業におけるオムニチャネル化の成功には様々な側面があるが、ここでは2つの重要な爆発的変化を取り上げる。1つ目は、テスト&ラーン手法を活用する組織横断チームを設立し新たな働き方を確立したこと（第1段階で重要な点）である。2つ目は、顧客、エコシステム、業務オペレーションからもたらされた価値の大きさを測定するダッシュボードを構築し、誰でもそれを確認できるようにして、プラットフォーム思考を浸透させたことである（第2段階で重要な点）。詳しくは、MIT CISRの我々の同僚であるジニー・ロス、シンシア・ビース、ライアン・ネルソンによるケーススタディを参照いただきたい[9]。

組織横断チームによる新たな働き方

カーマックスは、真のオムニチャネル企業になるために、顧客体験を一新した。そのために、カスタマージャーニーを構成する5つの分野（車の買取、輸送、販促、販売、融資）で顧客対応プロダクトチームを立ち上げている。それぞれの組織横断チームは、デジタルプラットフォームとデータを活用して、優れた顧客体験のパーツを作るというミッションを持ち、自律的に活動していた。最高マーケティング責任者のジム・リスキーは、チームの編成方針について次のように説明している。

当社はまず、顧客体験を取り組みやすい大きさに切り分けることから着手します。例えば、デジタルチャネルによる販売促進はその1つと言えるでしょう。どうすればオンライン上で消費者を車に夢中にさせることができるのか。取り組みを進める中で、課題が少し大きすぎるようであれば分割します。そして2つのチームで2つのミッションを担当するようにします。[10]

チームはOKRs（目標と主要な成果指標）の手法に基づいて目標を設定し、2週間のスプリントに取り組み、オープンハウスという隔週の会議で進捗を報告する。オープンハウスは各チームが自分たちの成果を報告し、他のチームから意見を得る場であったが、同時にカーマックスの全社的な目標達成度を高めるためにチーム同士を連携させる場でもあった。

各チームが注力すべき任務は新しい事業機会と新たな働き方を見出すことだった。優れた新しいアイデアが見つかれば、すぐにそのイノベーションを収益化するために、規模拡大の検討に移る。シャミム・モハマドは、同社の組織横断チームの権限についてこう振り返る。「チームに権限を与え、目標を設定し、何を達成してほしいかを伝えます。そして、メンバーたちがその方法を見つけ、試行錯誤する間は一歩引いて見るのです。彼らはあなたの期待を何度も超えてくれることでしょう[11]」

▼ダッシュボードを使ったプラットフォーム思考▲

カーマックスは、成果を可視化し、リアルタイムでチームを連携させるため、ダッシュボードを作成した。各チームは２週間のスプリントでＯＫＲ達成に向け懸命に取り組む中で、顧客がもたらす価値についてより大きなイメージを持てるようになった。最高データ責任者兼事業戦略兼データ分析部門のトップであるゴータム・プラニクは以下のように説明する。

日々更新されるダッシュボードでは、ウェブサイトの訪問者数が表示され、前日に当社のウェブサイトやアプリを利用した人が何人いて、「おお、この車は良さそうだ」と言って次のステップに進んだ人、いわゆる見込み客が何人いるかを把握することができます。そして、すべてのチームはその全体状況を見ながら毎日、自分たちの担当範囲に注力することになる。これはミクロとマクロを融合させたような取り組みです。[12]

オムニチャネル化により、同社は小売、卸売、自動車ローンの分野で成長が見込めるようになると、より広い範囲をカバーする中古車エコシステムへと拡張しようとしていた。カーマックスはオムニチャネルの実績の推移を測定するため、業務オペレーションからの価値を含む創出価値の推移を四半期と年次で測定するための新たなＫＰＩ（重要業績評価指標）を導入した。[13]

- 中古車販売台数におけるオンラインの割合
- 売上高におけるオンライン取引の割合
- オンライン査定による買取額（即時査定でのカーマックスのオンライン買取）
- コスト：売上総利益に対する販売費および一般管理費の比率

変革経路2とはつまり、新たな方法で顧客を感動させることである。特にプラットフォーム、データ、分析に関する新しいデジタルツールと、組織横断チームが短期のスプリントで課題に取り組むテスト&ラーン手法などの新たな働き方を組み合わせることで、エキサイティングな可能性を生み出すことができる。次にカーマックスとは別の事例として建設業界に目を向けてみよう。建設業界は複雑で、かつ統合されておらず、景気循環に左右される業界であり、優れた顧客体験を提供しているとはみなされていない。このような業界でも経路2のアプローチを採用することで顧客体験を非常に大きく改善した事例がある。

■セメックス：セメックスゴーによる優れた顧客体験の提供

セメックスはメキシコのモンテレイを本拠とする建材会社である。セメックスは、50カ国以上でセメント、生コンクリート、骨材、都市化ソリューションの4つをコアビジネスとして注力している。[14] セメックスがいる建設業界は数多くの小規模な企業が存在するため、まとまりがなく、人間関係や書類作成、伝統的なビジネス手法に依存しており、しばしば顧客体験のばらつきや非効率性が生じていた。似た状況にある多くの業界と同じように、建設業界にも変革に取り組む時期が来ていたのだ。セメックスのCEOであるフェルナンド・A・ゴンザレスは、この状況を次のように総括している。「建設業界の未来は、製品やサービスの質だけでなく、顧客体験の質によって左右されるようになるでしょう。当社の顧客は法人間の取引においても消費者市場で得られるような体験を期待するようになっています」[15]

セメックスは2000年代の初め、セメックスウェイというプロセス標準化を通じてグローバルな業務効率化にかなりの時間を費やし、品質、安全性、材料の革新性の面で高い評価を得た。そして、デジタル技術を活用した優れた顧客体験の提供に注力することで、同社は強靭なインフラとエネルギー効率の高い建築ソリューションを実現するという目標達成に向け新たなフロンティアを開拓することになる。2014年、経営トップ層は2つの段階から成る新たなデジタル変革に着手した。

第1段階：顧客体験に注力する

セメックスは第1段階として、デジタルチャネルを構築し、それをさらにオムニチャネルにまで広げることを通じて、顧客体験を提供するための新たな組織能力の開発に注力した。ゴンザレスは、顧客が1つのデジタルプラットフォーム上ですべてのジャーニーを完結できるようにしたいと考え、また、顧客のジャーニーの出発点や注文がオンライン上であるか否かを問わず、シームレスな顧客体験を提供したいと考えていた。

その画期的な取り組みが、同社が2017年11月に立ち上げ、2019年初めにサービスを開始した「セメックスゴー」である。セメックスゴー・オンラインストアは、セメックスを知る、顧客になる、発注する、製品を受け取る、請求書を受け取る、サポートを受けるといったすべてのカスタマージャーニーをデジタルで提供している。例えば、同社が重要な顧客として位置付けていた工事現場監督の仕事は非常に困難なものだった。彼らは日々少ない情報の中で多くの意思決定を行わなければならず、発注品の納品タイミングや、遅れが生じる可能性について把握できないということが多々あった。セメックスは、デジタル技術によってより良い顧客体験を提供するという目的を果たすため、建設現場監督が求めるあらゆるものを1つの場所、つまり彼らのモバイル端末に組み込むことに力を注いだ。

デジタルチャネルやオムニチャネルにおいて新たな顧客体験を実現するため、第1段階で注力した点は、セメックスゴーと新しい受注管理システムやCRMシステムを統合し、顧客が見ている画面の裏で人手による作業が必要だった従来型のバックエンド業務と置き換えることであった。この統合により、オンラインで注文が確定するタイミングで、在庫や輸送、その他のカスタマージャーニーに関する要素の状況を自動的に表示する新たなデジタル確認機能が実現できた。

第1段階は2020年までに素晴らしい成果を上げ、2018年に44、2019年に50だったネット・プロモーター・スコア（NPS）は67に上昇する[16]とともに、世界全体の売上高の52％がセメックスゴーを通じたものになり、利用客の約90％が継続して利用していた。[17]新型コロナウイルスのパンデミックの間、顧客はセメックスゴーのおかげで、人と人との接触が制限される状況下でも滞りなく業務を行うことができた。さらにセメックスは、セメックスゴーのプラットフォームをライセンス化して建設業界の企業に広め、エコシステムから価値を生み出せるようになった。[18]

第2段階：供給コストに注力する

第2段階で、セメックスは引き続き顧客体験の向上に取り組みながら、業務効率化と供給コストの削減に注力している。

同社は受注から配送までのプロセスの自動化をさらに進め、供給コストの削減につなげている。2022年までに、セメックスは取扱品目の1つであるセメントの受注処理を自動化することができた。しかし、もう1つの品目である生コンクリートに関するプロセスの自動化はさらに複雑だった。セメックスはこの課題に取り組むために、人工知能（AI）と機械学習（ML）の活用能力を高めることになる。社内の生コンクリート管理システム（RMS）に、キャンセルの可能性を予測する新たな機能を追加し、続いて、時期や時間に応じて価格を変動させるシステムを稼働させた。これら新機能は、セメックスの生コンクリート向けの自動デジタル確認機能に組み込まれる予定である。

セメックスは、顧客と業務オペレーションそれぞれから価値を生み出すことに引き続き注力している。さらに、顧客体験の向上のためのデジタル化を継続しながら、エコシステムから新しい価値を生み出すことにより重点を置いている。デジタル・組織開発担当エグゼクティブ・バイスプレジデントのルイス・エルナンデスによると、同社のデジタル革新の取り組みの中から非常に有望なエコシステム施策がいくつか生まれているという。以下にその事例を挙げる。

- セメックスはアーキクという新会社を設立し、生コンクリート製品顧客である独立企業向けに、彼らの業務を高度化するとともに、セメックスゴーの受注管理システムにアクセスできるRMSをSaaS型でサービス化した。計画では、セメックスが販売した製品の管理、調整を可能とするプラットフォームを構築し、それによって顧客とリソースを共有したり、顧客の販売網を最適化したりできるようにするという。
- セメックスの建材販売店ネットワークであるコンストラマは、セメックスが進出しているメキシコやラテンアメリカ諸国で最大の建材小売店である。2018年、セメックスは建設業界を変革する取り組みを進めるため、コンストラマ・オンラインストアを立ち上げた。同社のメキシコにおける販売店担当バイスプレジデントのセルヒオ・メネンデスは、「これから当社のお客様は、より幅広い製品カタログを簡単に閲覧できるようになり、オンライン上で商品を選んで購入し、そのアフターサービスも受けられるようになります。そして、小売店、建設業者、最終顧客を含むコンストラマネットワークによって生産性は著しく向上するでしょう」と述べている。[19]

●2019年4月に立ち上げたセメックスゴー・デベロッパーセンターは、セメックスの業務プロセスと顧客をつなげるプラットフォームを開設した。[20]顧客は、アプリケーション・プログラミング・インターフェース（API）を介して、顧客情報、セメックスゴー発注アプリ、受注情報管理アプリ、請求書類アプリ、建設業ソリューションアプリ、セメックス工場アプリなどにアクセスできる。例えば、顧客は自社の統合基幹業務システム（ERP）とセメックスゴーを連携させて建材を発注することができるようになった。ゴンザレスは2019年のプレスリリースで次のように説明した。「当社は事業を行っているすべての国で自社のデジタルプラットフォームを展開し、3万を超える顧客を獲得しました。デジタルプラットフォームの発展に向けた次のステップとして、セメックスゴー・デベロッパーセンターを設立するというのは自然な流れです。デジタルエコシステムにより、企業が市場で重視してきた旧来の競争変数は変わりつつあります。セメックスゴーが新たなステージに入ったことで、当社は世界の建材業界のデジタル変革を主導し続けられるでしょう[21]」

●セメックス・ベンチャーズ（2017年に発足したセメックスのベンチャーキャピタルおよびオープンイノベーション部門）は、建設業界のエコシステム全体に寄与する新たな価値提案を作り上げるための投資を行った。同社は、「建設業界の革命をリードし、将来の価値値を生み出すエコシステムを形成するためのオープンな共同プラットフォーム」を築いている。[22] 2022年、セメックス・ベンチャーズは建設業界のエコシステムの長期的な発展のため、スタートアップ企業20社に投資し連携を図っている。そして2021年には、セメックスはオープンビルトという業界の取り組みに参加し、世界の建築業界の企業群をつなぐプラットフォームを共同開発した。[23]

ではここで、セメックスが主な爆発的変化にどのように対処したのかを見ていこう。第1段階で、セメックスは、デジタル変革に取り組むためのプロセスの策定とともに、ITと事業を連携させることに注力した。

CEOは最初に、セメックス全体における資金調達とプロジェクト承認に関する意思決定権限の変更に取り掛かった。CEOはデジタル変革の取り組みに全面的に関わっていたが、1人だけで主導していたわけではない。まず、「事業開発」「業務プロセスとIT」「人事」の3つの分野で責任を委譲した。そして変革の重要性が高まると、エグゼクティブコミッティのメンバーが連帯責任を負う方式に変更した。同時にエグゼクティブコミッティは、真の顧客体験の向上には、新たな働き方に関する大きな改革と併せ、デジタル開発チームの自律性を高めることが必要であると判断した。具体的には、セメックスはアジャイル手法を導入し、プラットフォームサービスを開発するためのスクラムチームを編成した。そして、「必要最小限の機能を備えた製品（MVP）」というコンセプトを取り入れることによって、プラットフォームの構築において、チームの学習が促進され、業務部門など他部門と連携が進むことになる。プラットフォームは現在、バージョン5・0までアップデートされている。

変革において従業員の積極的な関与は不可欠であることから、セメックスの新戦略の方向性とその実行に必要なコンセプト、実践方法、ツールは社内に周知された。また、対面研修とオンライン学習プラットフォームを組み合わせたブレンド型の人材開発プログラムによって、セメックスのデジタルビジネス変革の土台が築かれることになる。特に「デジタルマインドセット」の確立が重要であり、それは次の5つの要素から構成される。

1. 顧客中心主義とカスタマージャーニーの重視
2. 反復的な作業プロセス（アジャイル開発特有の時間管理手法であるタイムボックス型プロセス）
3. サイロや上下関係を超えた協業の習慣
4. 実験を促すテスト&ラーン環境
5. 継続的な変化の積極的な受け入れ

セメックスは、プラットフォームの導入を進めるためには顧客をより深く理解する必要があると考えていた。これまでIT部門は事業部門の責任者の意見を重視してきたが、今ではすべての新規開発において顧客とのコミュニケーションを組織的に続けている。新たな発見を得るプロセスの1つとして、従業員が172回に及ぶ顧客インタビュー、パネルディスカッション、顧客アンケートを実施してカスタマージャーニーを描き、顧客がセメックスとの取引において苦痛だと感じている点（ペインポイント）を見極めるといった活動をしている。この結果、建築業界では意思決定、生産性、業務効率を改善するためのリアルタイムの情報と透明性が不足しているという、満たされていないニーズがあるということが明らかになった。他方、セメックスの従業員は顧客対応改善のため、新たに実験的な取り組みを行い、技術パートナーの協力の下、新しいアプリケーションを独自開発している。また、経営層向けの教育プログラムやデジタルビジネス変革に関するワークショップを通じて、セメックスの上級役員層は、統合プラットフォームであるセメックスゴーの開発に向けた、顧客対応に関する同社の取り組みをリードし、整合させるため「共通言語」を作り上げた。

新たな働き方の導入に続いて、同社は顧客とのやりとりをシンプルにして、無駄をなくすことを重視するプラットフォーム思考を社内に浸透させようとした。セメックスゴーは、注文、発注計画、注文内容の変更、注文状況の即時通知など、様々なことを実現できるプラットフォームで、顧客からは「ワンストップ型店舗」と呼ばれている。同プラットフォームでは、トラックがセメックスの物流拠点を出発した瞬間から荷物をリアルタイムで追跡でき、さらには複数のデバイス（パソコン、スマートフォン、タブレット、スマートウォッチなど）による注文の請求と支払いの管理などもできる。同社は全事業部門が関与するバリューチェーン全体にわたって顧客エンゲージメントを統括する「コマーシャルデベロップメント」という新組織を立ち上げた。

セメックスは顧客向けプラットフォームを短期間で開発、世界中へ展開し、そして顧客はこのプラットフォームを気に入り、顧客からの価値を高めることに成功した。しかしセメックスは注力対象をすぐに業務効率化へと切り替えて投資を振り向けねばならなかった。変革経路2の第2段階のスタートである。ITを統括するバイスプレジデントのファウスト・ソーサは次のように語った。「当社はブレーキを踏まなければなりませんでした。いくつかのバグやバックエンドの問題が許容しがたい水準にまで深刻化していたので、それらに対処することなしに進化を続けることはできませんでした。もしこれらの問題を解決しなかったなら、このプラットフォームを利用する企業は減り始めたことでしょう」[24]。セメックスは、生産と管理業務の課題を変革対象のリストに加え、セメックスゴーの機能を補完するために2つの新プラットフォームを構築した。それが生産業務向けの「スマートオプス」と、管理業務のプロセス(記録から報告、調達から支払い、採用から退職など)を最適化する「ワーキングスマーター」である。

セメックスゴーのグローバル展開にあたって、同社は多くの業務プロセス、ソリューション、古くから存在するシャドーITの標準化をさらに進めなければならなかったが、この標準化の取り組みは、組織体制の外科手術によって進められた。セメックスは従来のIT部門を「デジタルイネーブルメント」部門(顧客対応プロジェクト、分析、デジタル化能力の向上、プラットフォームの開発を担当)と「グローバルITオペレーション」部門(データセンター、ソーシング/パートナーシップ、IT基幹業務を担当)に分割した。そして、これらの部門に新たな役割(高度なグローバル分析、顧客体験とそのデザイン)を与え、地域ごとの顧客にとっての優先事項を一元管理するため、各地域に顧客体験を管轄するオフィスを設置した。

2019年、セメックスはCEO直轄の2つの組織領域を新設した。この組織体制の外科手術は、セメックスゴー、スマートオプス、ワーキングスマーターという3つのプラットフォームを統合し、サイロをさらに減らしていこうとするものであった。その組織領域は(1)「持続可能性、事業と業務開発」、(2)「デジタルと組織開発（DoD）」の2つである。1つ目の領域は、事業開発、サプライチェーン管理、業務オペレーションを、2つ目はデジタル化推進、IT、人事、セメックス・ベンチャーズと傘下の変革コンサルティング会社ネオリスを含んでいる。[25] セメックス・ベンチャーズは、新規市場の開拓活動と顧客ニーズ対応ソリューションをより強く結びつけるために、DoD組織の一部に統合された。この組織体制の外科手術は、新たな働き方を目指すいくつかの取り組みに支えられている。例えば、グローバル経営会議のメンバーや各地域会社の社長を含む社内の全階層に対するデジタル化対応能力学習プログラムや、社内のデジタルカルチャーの浸透を加速させることを目的とした、100人を超えるデジタルネイティブの有能な新卒生の採用といった取り組みである。

図4－1では、セメックスが4つの爆発的変化にどのように対処したかを示す。これについてCEOのフェルナンド・ゴンザレスは以下のように語っている。

どの変革経路を進むかを決めることは、当社のビジネス変革の道のりの最初の一歩にすぎませんでした。CEOとしてのより大きな課題は、真のデジタル企業を構築するために

■ 図4-1　セメックスは爆発的変化にいかに対処したか

意思決定権限

- CEOが全面的に関与し、顧客体験向上のための集中投資を主導
- 変革をコントロールする責任をエグゼクティブコミッティに移管
- デジタル開発チームに、より高い自律性を付与

新たな働き方

- 顧客中心主義に基づいた活動にも、効率的な業務オペレーションと安全性に関する既存の規律を適用
- よりアジャイルで、協調的で、仮説検証を繰り返し、上下関係にとらわれないというデジタル思考を全社に浸透させるための研修を実施
- 変革の足並みを全社で揃えるため、上級役員向けのエグゼクティブ教育プログラムや経営層主催のワークショップを実施

プラットフォーム思考

- エンド・ツー・エンドのカスタマージャーニーをカバーするマルチデバイス対応の統合デジタルプラットフォームを開発
- 業務プロセスとソリューションを標準化し、シャドーITを排除
- 「セメックスゴー」の外部開発者向けプラットフォームの立ち上げに続き、APIを利用したオープンなエコシステムを模索

組織体制の外科手術

- IT部門をデジタル化推進部門（顧客向け）とグローバルITオペレーション部門（社内向け）の2つに分割
- 各地域に顧客体験を統括するオフィスを設置し、デジタルに特化した機能（顧客体験とデザイン、デジタルアーキテクチャーなど）を新設
- 「持続可能性と事業と業務オペレーション開発」、「デジタル・組織開発」の2つの部門を新設

出典）同社役員へのインタビューと社内資料

必要な組織改革（MIT CISRでは爆発的変化と呼んでいる）を注意深く進めることでした。技術的な面だけでなく、チェンジマネジメントの舵取りをCEOの最優先課題に位置付ける必要があります。[26]

あなたの会社のリーダーに図4－1と同様の図を作ってもらうと、彼らにとって素晴らしいトレーニングとなるだろう。自社が爆発的変化にどの程度うまく対処できているかが明らかになるからだ。

●●・リーダーが重視すべきこと・●●

変革経路2を進みフューチャーレディになるために、リーダーが果たすべき最も重要な役割は、経路1と同じく、従業員などの利害関係者に対して自社が進んでいる経路について明確に、かつ何度も説明することである。経路2には、顧客を感動させる段階と、その後の統合化とプラットフォーム再構築という2つの段階があることを、従業員は理解しておかなければならない。価値の創出や組織に起こる爆発的変化への対処にあたって、注力すべき点は2つの段階で異なっている（図4－2参照）。

■ 図4-2　変革経路2——リーダーが重視すべきこと

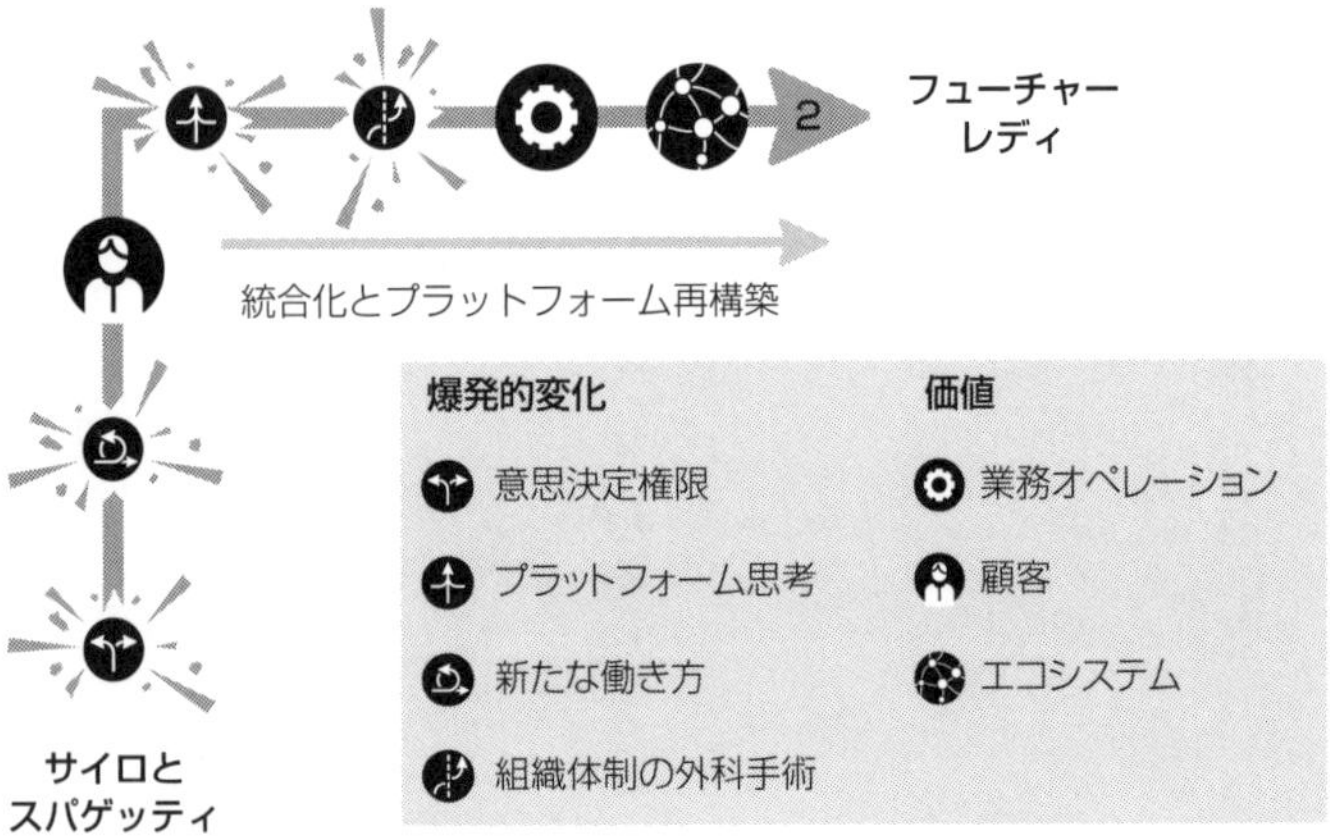

出典）順序は我々の定性調査から導き出した仮説である。最初に取り組むべき爆発的変化は意思決定権限であるという仮説を、MIT CISR 2019 Top Management Teams and Transformation Survey（N＝1,311）のデータを用いて階層型回帰分析で検証した。

■顧客を感動させる

変革経路2の顧客を感動させる段階は、大抵の場合、組織横断チームが新たな顧客サービスをつくったり、既存サービスを再び活性化させたりするので、興奮と熱狂に包まれるものだろう。新たな働き方は、刺激的で一度味わうと止められなくなる。ほとんどの企業では、これまでにないデジタルイノベーション能力を存分に発揮し、顧客体験の向上効果が数値としても表れるだろう。その結果、ネット・プロモーター・スコア（NPS）や類似の指標が向上し、各現場での局所的なイノベーションを継続しようという熱意が激しく高まるのである。

このイノベーションプロセスでは、早

い段階で成功事例を見つけて、それを社内に広めることが重要である。従業員はイノベーションが起こっていることを知っているものだが、顧客、投資家、パートナーにも知ってもらわなければならない。初期の試みが成功すると、大抵それを土台としてさらなる成功が積み重ねられる。そして、より優れた、よりスケールの大きなアイデアが生まれ、将来に対してより希望的な見方が広がるだろう。

この時点で重要なことは、ダッシュボードなど、イノベーションの成果を測定する手段を構築することだ。成功事例を共有するとともに、顧客、業務オペレーション、エコシステムの3種類の価値を測定できるようにするのだ。図4－2が示す通り、最初に測定すべき最も重要な価値は顧客からの価値であり、次に業務オペレーション、そしてエコシステムの順となる。

すべての変革経路について言えることだが、最初に手を着けるべき最も重要な爆発的変化は意思決定権限である。一般的には、これは各組織のチームに顧客サービスを開発、改善できる権限を与えること、そして障害を取り除くことを意味する。ここでいう障害とは、ガバナンスの問題や、時間がかかる予算プロセス、必要な承認を後回しにするリスク管理部門、技術部門、人事部門、財務部門、あるいは物事を遅らせるあらゆる横やりを指す。我々の調査に協力してくれたある銀行は、リスク管理グループの仕事の遅さに非常に不満を感じていた。そのため各アジャイルチームにリスク管理担当者を置き、各チームで承認できる範囲を設定することによって、全社を管轄するリスク管理チームに相談することなく進められるようにした。これは非常にうまく機能したと言える。

意思決定権限の課題に取り組んだ後、企業はすぐに新たな働き方の課題に取り掛からなければならない。変革経路2を迅速に進めるため、新たな働き方を定着させることはとても重要である。新たな働き方をより早く実現するためには、カーマックスの事例で見たように、研修やツール、経験の共有などが必要である。ダッシュボードがあると、イノベーションのスピードが十分でない場合、どこを軌道修正すればスピードが上がるかを見極められたり、サービス提供コストを管理できたりする。統合化とプラットフォーム再構築の段階へと方針転換するタイミングを決定する上で、提供コストの増加速度を把握することは重要である。

■統合化とプラットフォーム再構築

統合化とプラットフォーム再構築の段階は、変革経路1のデジタル化砂漠の段階と非常に似ている。しかし、第1段階での成功という土台があるため、大抵の場合、経路1に比べて乗り切るのはたやすい。通常は、チームがさらに顧客を感動させるためには技術面でどのような新しい組織能力が必要なのかをすでに見極めているため、必要なプラットフォームの仕様はすでに決まっている。その中で、プラットフォーム思考という爆発的変化を経て、業務オペレーションからの価値の創出に重きが置かれる。また、セメックスの事例で見たように、この段階では新たな優先順位に沿って取り組みが円滑に進むように、いくつかの組織に対して外科手術を行うことが多い。そして、経路2の統合化とプラットフォーム再構築の段階は、経路1と違って顧客接点のイノベーションを継続しながら、それを新しいプラットフォームに繰り返し反映させていく。これを繰り返すことによって、企業はフューチャーレディに向けて加速していく。

第4章のアクションアイテム

最初の3つのアクションはすべての変革経路で共通である。

❶ フューチャーレディ企業になるために、会社が経路2で変革を進めていることを、今日から（そして毎日）従業員に伝えよう。将来の働き方のイメージを描き、従業員が自分の役割を理解できるよう、経路2を進むためのステップを明確に示そう。

❷ 初期の成功事例を収集し、社内外に広めよう。初期の成功を示すことで、従業員のモチベーションを高く保ち、コミットメントと進歩を促し、懐疑派による悪影響を食い止めることができる。

❸ 爆発的変化にうまく対処するための計画を立てよう。

❹ コミュニケーション計画を立て、経路2には顧客を感動させる段階と統合化とプラットフォーム再構築の段階があり、注力点、活動内容、価値の生み出し方が異なっていることを説明するタスクを書き入れよう。顧客を感動させる段階では、通常、顧客の声を

組織内の隅々まで行き渡らせ、それを理解した上で新たなサービスを生み出す。統合化とプラットフォーム再構築の段階では、自社の競争優位の源泉を見極めて、それらを再利用可能なデジタルサービスにするためにデジタルプラットフォームを構築しなければならない。この段階では、顧客を感動させる段階を通じて、どのようなデジタルサービスが必要であるかが分かっているので、それらのサービスを中心に開発することになる。2つの段階においてあなたの会社でどんなことが起こりそうかを詳細に書き出しておこう。

❺ 統合化とプラットフォーム再構築の段階に移行すべき時期を見極めるため、必ずサービス提供コストを測定しよう。一般的には財務部門のチームが担当することになるが、社内の交通整理をする警官役となるチームを決めておこう。

❻ 顧客からの価値を測る指標を設定し、その推移を把握しておこう。

❼ カーマックスとセメックスのアプローチをもう一度振り返って、あなたの会社の文化に合わせて修正すれば使えるような良いアイデアを見つけよう。

第5章

変革経路3
——階段的アプローチ

本章では、第3の変革経路である階段的アプローチを取り上げる。これは、変革の重点を顧客体験と業務効率の間で、統制をとりつつ交互に切り替えるやり方で、最も人気がある。というのも、まず顧客体験の向上に取り組み、その後業務効率の改善に移り、また顧客体験に戻るというように、小刻みに目に見える成果を出しながら、変革をバランスよく進められるので、多くの企業にとって非常に合理的な方法だからである。しかしながら、経路3は一段ずつ変革を進めていけそうだが、財務パフォーマンスは平均を若干下回るというように、意外にもリスクは高い。様々なタイプの活動をすべて同期させることが難しいからである。経路3を上手に進むには、各取り組みの期間を短めに（例えば6〜12カ月間に）設定し、1つの取り組みを完了させたら、そこで得た価値を持続させるとともに、変革の成果を次の取り組みで活かせるようにすることが必要だ。

本章では、変革経路3での階段の上り方について説明し、成功の鍵となる実践方法として、同期化（シンクロナイゼーション）を中心に解説する。我々は、経路3を選択した企業が、多くの実践を重ねて階段状のプロセスを駆け上がり、フレームワークの左下から右上のフューチャーレディへと斜めに進む様子を見てきた。これらの企業は、デジタル変革の取り組みを相互に連携・協調させることによって、顧客体験と業務効率を同時に向上させることに成功していた。

変革経路3を選択する理由と期待できる成果

変革経路３は最も一般的であり、我々の調査対象企業の26％が選択している。業界別の割合で見ても、変革経路３は、他の経路よりも業界間のばらつきが少ない。経路３を選択した企業の割合が最も多い業界は消費財業界であり、最も少ない業界は鉱業および石油・ガス業界となっている。[1]経路３を選択する企業は一般的に、顧客体験と業務効率の両方をほぼ同時に改善する必要性に迫られている。これは、今後５年のうちにその企業の収入がデジタルディスラプションによって脅かされる可能性が高いと考えられていることも一因である。経路３を選択している企業は、このままでは５年後に37％の収入を失うと予測している。ちなみに、経路１（産業化先行アプローチ）を選択した企業では最も少なく26％を失うと予測し、経路２（顧客志向先行アプローチ）では39％となっている。経路２と経路３の減収の程度はほぼ変わらないが、企業のリーダーはリスクをもたらしている要因が何かを特定した上で、進む経路を決めなくてはならない。主に顧客接点での競争が課題となっている企業は、経路２を選択するべきである。自社が直面している脅威が、顧客からの期待に関連する外的要因なのか、システムの複雑性やコスト面などの内的要因なのかを判別できない場合は、経路３による変革が最善と言える。経路３で変革をうまく進めるためには、脅威に対処するために必要なプロジェクトを洗い出し、それらを相互に連携させ、十分にコントロールできるようにして、例えば半年から1年単位で交互に実行していく必要がある。経路3を選んだ企業は、経路1および経路2のように顧客体験の向上か業務効率化に何年もかけるのではなく、顧客体験と業務効率の両面でより短い周期で小刻みに改善を進めながら、フューチャーレディへの階段を一歩ずつ上っていけると考えている。最も重要なことは、変革を比較的小さなステップに分けて取り組みの重点を切り替えることで、うまく同期をとることが可能であり、リスクも少ないと（ややもすると単純に）信じてしまっているということである。

経路3では、顧客からの価値を生み出す取り組みと業務オペレーションからの価値を生み出す取り組みを切り替えながら実施することになる。経路1や経路2の場合よりも短い周期で両方の価値を交互に獲得し続けるためには、取り組み全体が連動するように調整する作業が別途必要である。まず、どちらを先に取り組むかは、デジタル変革ジャーニーを開始する時点で、その企業が最も重要だと考えている方にすれば良い。例えば、金融サービス企業で、顧客体験の向上が喫緊の課題になっていて、それを大きく向上させられる取り組みだと分かっているなら、新たなバンキングアプリの開発から始めてもよいだろう。その後で業務効率化に軸足を移し、将来のイノベーションを加速させるために、アプリケーション・プログラミング・インターフェース（ＡＰＩ）レイヤーを構築する。そして再び重点を顧客に戻し、ＡＰＩを利用してカスタマイズされたリアルタイムサービスを作り上げる。さらに業務効率化を進めるため、業務とシステムの簡素化を進め、システムをクラウドに移行する。フューチャーレディに向けて着実に進むためには、このように取り組みを同期させること、すなわち、優先順位を踏まえて適切なステップを考え、各ステップで価値を創出・獲得し、そして獲得した能力を次のステップで活用することが重要である。

経路3における成功に不可欠なのは、同期化である。我々は、相互に結び付いたデジタル変革の取り組みステップを同期させるためには、以下の4つの要素（順番は必ずしもこの通りである必要はない）が鍵となることを見出した。

- **動機付け**：自社がどのように変革しようとしているのかをビジョンとして明らかにし、従業員がどのように行動すれば変革の成功につながるのかを示す
- **優先順位付け**：多くの要望の中から重要なデジタル変革の取り組みを選び、価値を段階的に積み上げていけるようなステップを決める
- **イノベーション**：企業のデジタルイノベーションを促進し、重要なデジタル変革の取り組みを成功させる
- **連携**：各ステップで創出された価値が次のステップに確実に受け継がれるようにする。そのためには、ファクトに基づいて判断を行い、ダッシュボードを作って変革の進捗を把握するとともに、コミュニケーションを促進する

変革経路3を進む企業は、早い段階から業務オペレーションからの価値と顧客からの価値の

両方を獲得することができる。取り組み間の同期がうまくとれていないと、各ステップは他と分断され、デジタル施策はつながっていかない。その結果、各ステップで生まれた価値はそこに閉じたものになって次に受け継がれず、フューチャーレディに向けて前に進めなくなるだろう。

第3章と第4章で述べた業務オペレーションと顧客からの価値を生み出すための教訓は、変革経路3をたどる企業にもあてはまる。しかし、この経路におけるデジタル施策は、経路1や経路2に比べ、規模が小さく、スピードは速く、取り組み間の結び付きが強く、そして学習にかけられる時間は少ない。

●・・変革経路3の事例：DBSとKPN・・●

ここからは、変革経路3で変革に成功した2つの企業、シンガポールの金融機関DBSとオランダの通信大手KPNの事例を紹介する。DBSが経路3を選択した理由の1つには、同社が業務効率化と顧客体験向上の取り組みの切り替えを自在にコントロールできると確信していたことが挙げられる。DBSの事例では、主要な組織変革（または爆発的変化）であるプラットフォーム思考を中心に説明する。DBSは、プラットフォームの再編を通じて経路3における多様な活動の多くを同期させるとともに、他の爆発的変化にも対処した。一方、危機に陥っていたKPNは、顧客体験と業務効率を同時に改善する必要があったため、経路3を選択した。KPNの事例では、同社が4つの爆発的変化にどのように対処し、取り組み間の同期をなしえたかについて詳しく述べる。

DBS――プラットフォームを通じて同期を実現し、「世界最高の銀行」を構築

企業が取り組み間の同期を成功させる方法として、プラットフォームの構築と再利用がある。つまり、全社の資産を相互に接続できるように構築することによって、新たな価値を作り出すというアプローチである。DBSは、経路3に従って優れた財務パフォーマンスを達成した素晴らしい例である。

DBSはシンガポールに本社を置く商業銀行である。リテール、中小企業向け、コーポレートバンキングの各分野で幅広いサービスを提供し、18の国と地域で事業を展開している。2009年から2021年の間に、DBSはシンガポールでは「顧客をとてつもなく待たせるひどい銀行」とも評される存在から、金融専門誌「ユーロマネー」[2]や「グローバル・ファイナンス」[3]などのメディアにおいて「世界最高の銀行」と評されるほどに変貌を遂げた。DBSは我々の調査において最も顕著な改善例の1つであり、そこには誰もが学ぶべき多くの教訓がある。詳細については、シンガポールのナンヤンビジネススクール（NBS）のシャ・シューキエンと共に作成したDBSのケーススタディを参照されたい[4]。

DBSはデジタル変革に成功したことで、純利益は増加し、高い評判を獲得し、グループ全体の収入は2014年の76億ドルから、2021年には124億ドルに増加した。[5] 株価は2016年から2018年の間に2倍となり、伸び率は国内の主要な競合企業を上回ることになる。そしてDBSは2016年と2018年に、「ユーロマネー」から「世界最高のデジタルバンク」賞を受賞した。さらに2018年8月には、「グローバル・ファイナンス」から「世界最高の銀行」に選ばれ、「デジタル変革により、業界全体に未来の方向性を示した」と評されている。[6]

フィンテックというディスラプションがもたらす脅威は激烈なものだった。同時にDBSは、同社が事業を展開している市場、特に東南アジアおよび南アジアの成長市場において、オーガニックな事業拡大や買収による成長に対する制度面での制約が増えていることに頭を悩ませていた。結果的にDBSはこれらの成長市場では、従来の手法で企業を成長させるのではなく、テクノロジーを活用することに成長機会を見出した。

DBSは2009年、当時新CEOに就任したピユシュ・グプタのリーダーシップの下、デジタル戦略を開始し、2009年から2014年にかけてテクノロジーに対して重点的に投資し、会社全体をデジタル変革に適した組織に再編成するため、抜本的な組織変革を実行した。経営陣は、全従業員をデジタルによる価値創出活動に巻き込むべく、覚えやすいスローガンを打ち出す。具体的には、「デジタルを中核に据える」（つまり業務オペレーションから価値を生み出す）と「顧客の生活を重視し、銀行は黒子になる」（顧客から価値を生み出す）といったフレーズである。同社はデジタル変革のステップとして、拡張可能なデジタルプラットフォームの構築、テクノロジーおよび業務オペレーション組織の改革、テクノロジーを活用した顧客体験の再設計、社内外でのデジタルイノベーションの促進などを重視した。

「デジタルを中核に据える」：業務オペレーションから価値を生む

DBSの最優先事項は、中核となるテクノロジープラットフォームを合理化および標準化することだった。同行はテクノロジー部門と業務オペレーション部門を統合し、新たにテクノロジー・業務オペレーション部門を設置した。元CIOのデビッド・グレッドヒルは、DBSの経営陣の方針について次のように説明する。

我々の信念は、目詰まりした配管がどこなのかを探り当てるために、裏側の隅々まで手を入れることとです。このためには、バックエンドのITインフラ、システム連携レイヤー、メッセージングなど、アーキテクチャーを俊敏にするための変革に、膨大な労力をかける必要があります。このように中核部分をあるべき姿に正すため、大規模な投資を行い、その結果、フロントエンド業務をスピードアップできました。そして、当行のワールドクラスのシステムはこうした取り組みの上に構築されています。[7]

DBSは、自社の技術力とITインフラ、そして先端テクノロジーのトレンドについて総合的なアセスメントを行った。あるチームは世界最先端のテクノロジーを誇る複数の企業を訪問して貴重な知見を収集し、業界の先進的なベストプラクティスを同行に取り入れる方法を習得した。グレッドヒルは次のように述べている。

> 当行は最先端のテクノロジー組織の運営方法やシステムの設計方法、顧客体験および実験に関しての考え方、活動を素早く進める方法について学ぶところから始めました。（中略）また、そうした企業の文化を学び、どういった要素が取り入れられるかを研究しました。（中略）私にとって最大の気づきは、こうした企業はいずれも、本来あるべきエンジニアリングの姿を最初から実現していたわけではないということでした。ただの1社もです。実際は、こうした企業のスタート時は当行の状況とかなり似ていたのです。彼らの企業にも大きなレガシーシステムやモノリス構造（密結合されて俊敏ではないシステム構造）が残っており、スケーラブル（拡張可能）ではありませんでした。当時は彼らも迅速な対応ができなかったため、変革を迫られたのです。レガシーシステムが負債化している状況も同じでした。彼らにできたのなら、ＤＢＳにも可能なはずだと思いました。[8]

ハイテク企業と肩を並べるべく、ＤＢＳはスケーラビリティを高め、市場投入時間を短縮し、イノベーションを継続できるように、システム開発パイプラインを構築した。また、仮想化を強力に進め、サーバーを捨て去り、データセンターを縮小した。そしてＤＢＳは「完全クラウド化」という方針を打ち出し、アプリケーションを「クラウドに対応できる」状態から「クラウドに最適化されている」状態へ、そして最終的には「クラウドネイティブ」へと計画的に移行していくことになる。他方、最大限の自動化を実現するために、自動化ツールの活用に加えて、テストからリリースまでのスピードを速くするためにＤｅｖＯｐｓ（開発と運用担当者が緊密に連携する仕組み）パイプラインの最適化を実施した。市場投入のスピードアップと組織のサイロ化の打破を図るための新たな協調プロセスを導入したのである。

この過程においてはＩＴインフラのエンジニアリングを、よりサービス志向の強いものになるよう見直し、従来の開発部門と運用部門の壁を取り除き、ビジネス部門とテクノロジー部門の連携を強化することで、ＤｅｖＯｐｓ統合を推進した。そして最終的に、プロジェクト型からプラットフォーム型に軸足を移したことが最も重要だと思われる。すなわち、いくつもの承認や委員会のレビューを経た上でひとつひとつのプロジェクトへの投資を決めるというやり方を変え、重要なテクノロジープラットフォームを共同で運用・管理するビジネス担当とテクノロジー担当のグループに対してまとめて投資するようにしたのである。

また、ＤＢＳの技術インフラチームを内製化し、外部委託率85%から内製化率85%に転換するという戦略的な決定も行った。グレッドヒルはこのことについて、「技術的な部分も自社内で運営管理する必要に迫られていたのです。そうしなければ、自社に技術的なＤＮＡを持つことは決してできないからです[9]」と述べている。

具体的には、技術インフラをインドの１０００人規模の開発センター内で内製化することに成功し、アプリケーションの100％をDevOps化、80％をクラウド化（その後95％程度に拡大）、システムの95％を仮想化した。結果として、DBSは2017年末までにアプリケーション運用コストの80％削減を達成した。さらに、アプリケーション開発のパイプラインを自動化したおかげで、新たなアプリケーションのリリースサイクルを10倍高速化できた。[10]

「顧客の生活を重視し、銀行は黒子になる」：顧客からの価値創出

DBSが掲げたビジョンの「顧客の生活を重視し、銀行は黒子になる」にも表れているように、同行は銀行との取引にかかる作業を見えないようにすることで、カスタマージャーニーはどうあるべきかという哲学を深化させ、次のレベルへと発展させた。DBSの人事部門のトップ、リー・ヤンホンは「時間は貴重なものです。私たちはそれをお客様に返そうと思ったのです。銀行との取引に関するニーズをスマートフォンで満たせるようになったことで、銀行は見えないものになり、カスタマージャーニーは快適なものになりました。その結果、お客様は年中無休24時間営業の銀行を手のひらに持つことができたというわけです。銀行取引の際にお客様が面倒だと思う作業を排除すること、それがすべての狙いです[11]」と語っている。

DBSは、カスタマージャーニーに銀行取引の手続きを組み込むことを促進するために、以下の5つの分野で新たにKPI（重要業績評価指標）を設け、価値創出の状況を追跡した。

● **獲得**――オンラインサービスの幅広い展開によって顧客が増えているか（例：支店や営業

担当者による顧客獲得からデジタルマーケティングへのシフト、人事部門のソーシャルメディアを通じた新たな人材へのアクセスなど)。

- **取引**──ペーパーレス化し、瞬時に手続きが完了するようになっているか(例:統合取引明細書などを紙の書類から電子書類へ転換、人手による口座開設や取引処理をワンクリックでのストレート・スルー・プロセッシングや取引の自動化に変更)。
- **エンゲージメント**──コンテクストマーケティングによって顧客の定着化、クロスセルが進んでいるか(デジタル活用によるパーソナライズした調査リポートの作成、従業員間の連携を可能にし、「いつどこでも情報収集、業務、連携」を実現する多目的アプリを人事部門が作成など)。[12]
- **エコシステム**──サービスがカスタマージャーニーに組み込まれているか。多くの場合、APIを介してパートナーと連携し、幅広いサービスを揃えて、新しい価値を顧客に提案できるようにする。2017年11月、DBSはオープンAPIプラットフォーム(1つの銀行がホスティングするものとしては世界最大級のAPI接続可能なプラットフォーム)を構築し、資金移動や即時決済など20以上のサービスカテゴリーにわたって150以上のAPIを設けた。[13] このプラットフォームを通じてDBSは各パートナーが提供するサービスの開発企業とDBSがお互いのアプリケーションにシームレスにアクセスできるようになっている。ほとんどのAPIは、クレジットカードの管理やローン限度額の算定、ロイヤリティプログラムのポイント還元、外国為替レートの計算などのビジネスサービスの提供を容易にするものである。

●データ——顧客対応や業務に関する知見獲得のためにデータが活用できているか。例えば、DBSの現金自動預払機（ATM）チームはデータサイエンティストと協力し、予防的メンテナンスと現金回収作業最適化のための予測モデルを作成した。これにより、ATMのダウンタイム率は従来の20％からほぼ無視できる水準まで下がり、2000万ドルのコスト削減につながった。同様に同行の監査チームは、支店のリスクプロファイリングや不正取引分析、信用リスク評価などのプロセスの自動化にデータ解析と機械学習を導入することにより、生産性を大幅に改善した。人事部門も採用や離職防止、生産性評価を行うための分析モデルを開発した（例えば、高い業績を達成している従業員の特性を特定する、離職率を予測する、適切にキャリア問題などに早期介入する、プログラムの設計時に分析モデルを組み込むなど）。

▼同期▲

DBSは、前述の4つの要素（動機付け、優先順位付け、イノベーション、調整）を取り入れることによって、「デジタルを中核に据える」（つまり業務オペレーションから価値を生み出す）ための取り組みと「顧客の生活を重視し、銀行は黒子になる」（つまり顧客から価値を生み出す）ための取り組みを同期させることに成功している。

《動機付け》

ＤＢＳにとって、人材は差別化のための鍵である。そのため、同行は顧客を第一に考え、データを活用し、リスクを取り、アジャイルに行動し、常に学び続けるという行動特性を従業員の間に浸透させるために、従業員教育や起業家資質の醸成を行い、「２万６０００人のスタートアップ[14]を作り上げる」ことを目指した。ＤＢＳは比較対象を銀行業界以外のトップ企業に広げており、「デジタルを中核に据える」企業になるという野心的な目標を達成しようという意思はさらに強まっている。競争力強化のために、ＤＢＳは、グーグル、アマゾン、ネットフリックス、アップル、リンクトイン、フェイスブックといったハイテク大手のようになるべきだと考え、これら6社に自行のＤを加えて「ＧＡＮＤＡＬＦ」と呼ばれるような存在になることを目指している。グレッドヒルは次のように振り返る。

> 「ＧＡＮＤＡＬＦ」は当行の従業員を結集させるための素晴らしいスローガンでした。これまで行ってきたどの施策よりも大きな影響を従業員に与えました。このスローガンによって、従業員は何ができるかを考えるようになったからです。企業文化は瞬く間に変わり、従業員の思考様式はまるで雷に打たれたかのように変わったのです。それまで私たちの多くは従来通りに物事を進めることで自身のキャリアを築いてきました。しかし、すべては変わったと突然言い渡されたのです。私たちにとって、「ＧＡＮＤＡＬＦ」はまさに、思考の殻を破り、過去のやり方にとらわれない、これまでとは異なる経営方針を表現するスロ

ーガンだったのです。[15]

DBSは従業員のリスキリングにかなりの資金を投じた。さらに、革新的なアイデアに取り組む新チームに、従業員がパートタイムで参画することを許すなど、より柔軟な働き方を導入した。リー・ヤンホンはこの取り組みについて次のように述べている。

組織はデジタル変革を進める際、ビジョンおよびデータに基づくプロセスによって「主導権」を勝ち取ることに意識を集中させがちですが、それを上回ることはないとしても、「心」を勝ち取ることもまた重要です。私たちは、従業員の仕事ぶりを把握、評価するだけでなく、能力を発揮する機会を与えて、変革ジャーニーにおいて従業員が同じ方向を向いているようにする必要があります。（中略）すべてが中央集権的なままであれば、デジタル文化を持つ巨大なスタートアップになることは望めません。私たちは組織全体で従業員への権限移譲に取り組んできました。そして企業文化の変革においては、些細なことでも大きな力になるということを実感しています。[16]

《調整》

デジタル変革のジャーニーが勢いを増すにつれて、DBSはビジネス戦略とテクノロジー戦略が不可分なものになりつつあると判断した。同行は、技術プラットフォームを軸とした組織再編によって、ビジネスとテクノロジーの融合をさらに進めることが必要であった。

DBSにとってプラットフォームとは、テクノロジー資産と、保守や管理およびテクノロジーの方向性を検討する人々、テクノロジー資産への投資の組み合わせである。同行には次の4種類のプラットフォームがある。

- **ビジネスプラットフォーム**は、顧客対応ビジネス（個人向け銀行事業、法人向け銀行事業、資金調達・運用事業など）に特化する。
- **全社共有プラットフォーム**は、顧客データや決済、顧客サービス、API開発、新技術（人工知能、ブロックチェーン、チャットボットなど）といった共通サービスを様々な事業に提供する。
- **全社支援プラットフォーム**は、ファイナンス、人事、コアバンキングなど、全事業・業務に対するサポート機能を提供する。
- **全社技術支援プラットフォーム**は、技術インフラやサイバーセキュリティ、アクセス管理、エンタープライズアーキテクチャー、システム展開機能を提供する。

図5－1は、DBSで最初に構築された14のプラットフォームを示している。プラットフォームの数は2021年までに33に拡大した。[17]

この変革を推進するためには、インセンティブや意思決定プロセスについて再調整が必要だ

■ 図5-1　DBSのプラットフォームを軸とした組織再編

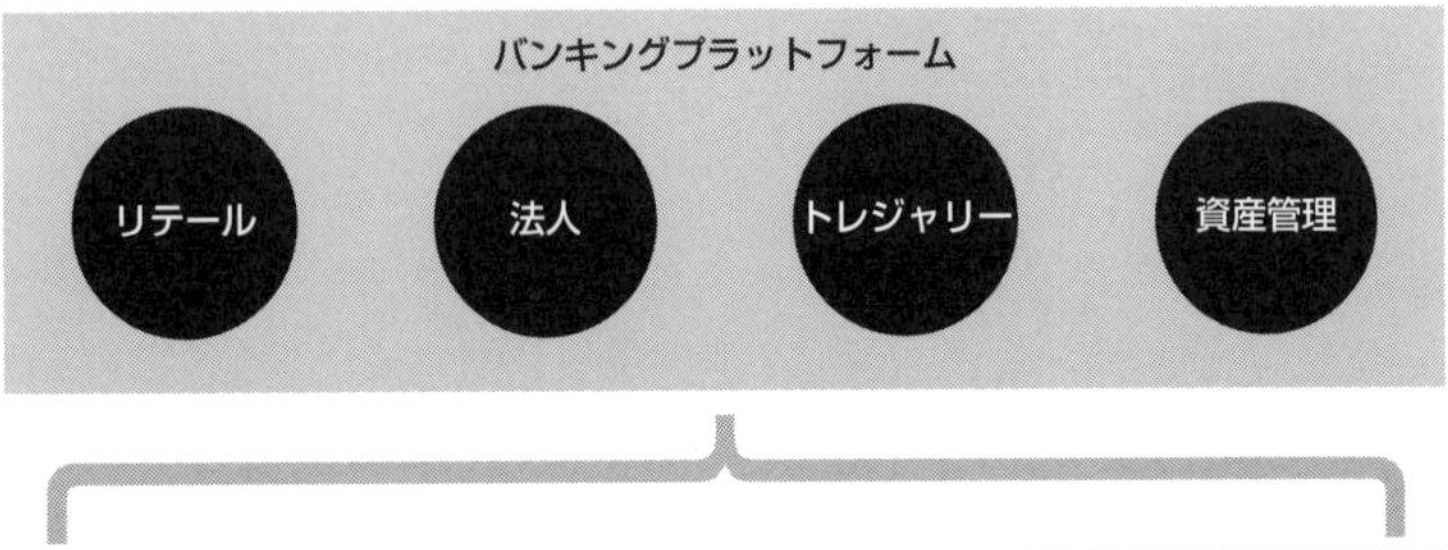

全社共有プラットフォーム	全社支援プラットフォーム	全社技術支援プラットフォーム
顧客データ	中核バンキング業務	システム展開機能
顧客サービス	人事	技術インフラ
決済	ファイナンス	アクセス管理
API開発	他	サイバーセキュリティ
新技術		他
他		

出典）S. K. Sia、P. Weill、M. Xu Nanyang Technological University（The Asian Business Case Centre） および the MIT Center for Information Systems Research, "DBS: From the 'World's Best Bank' to Building the Future-Ready Enterprise," Case Ref No. ABCC-2019-001, December 2018.

った。DBSはプラットフォームを管理するために「2人のリーダーによる協調体制」を導入した[18]。イノベーション担当トップのビジュト・ドゥムラは次のように述べている。

　ガバナンスの観点から、私たちは「2人のリーダーによる協調体制」アプローチを追求しました。これは、DBSをスタートアップのように運営したいというコンセプト全体に関わるものです。スタートアップでの主要人物はCEOとCTOの2名であり、ビジネスとテクノロジーは融合されています。デジタルビジネスでは、この2人が歩みをそろえて協調する必要があります。そのため、どのプラットフォームにも、ビジネス部門担当のリーダーとテクノロジー担当のリーダーがいます。この2人が、そのプラットフォーム全体についてのあらゆる決定を行います。2人はKPIを共有し、それによって1つの夢を追求するのです。[19]

《優先順位付け》

2人のリーダーによる協調体制というガバナンスモデルを適用した新たなプラットフォーム組織では、テクノロジーリーダーもビジネスの損益に対して連帯責任を負う。一方、ビジネスリーダーはテクノロジー面でのKPIおよび、事業費用として計上される技術サポートの予算に関して連帯責任を負う。このようなプラットフォームを軸とした組織再編は、事業部門と技術部門の融合を新たな水準に押し上げるものであり、このような組織では、テクノロジーとビジネスを区別しない単一のバックログ（積み残し課題）優先順位付けモデルで運営される。DBSのイノベーション担当トップのビジュト・ドゥムラは次のように述べている。

我々は、ビジネス面のバックログとテクノロジー面のバックログを一体のものとして扱います。例えば人事部門がビジネス側として人材探索プロセスと受入・定着のプロセスの自動化したいと考えている場合、これはビジネス面のバックログです。テクノロジー側からは「PeopleSoft（人事管理パッケージソフト）」やハードウェアのアップグレードが必要といったバックログが上がってくるかもしれません。2つは別々のバックログと捉えることもできますが、、私たちはこれらを一体的と捉え、同じグループで取り組みます。（中略）これらのバックログを統合した結果、ビジネスとテクノロジーの関係は変化しました。すなわち、両部門の相互支援の関係や対話は、「ビジネス＝テクノロジー」そして「テクノロジー＝ビジネス」と言えるレベルにまで変化するのです。[20]

《イノベーション》

ＤＢＳは業務オペレーションと顧客から価値を創出する取り組み（デジタルを中核に据え、銀行機能をカスタマージャーニーの中に埋め込むこと）を行い、従業員に対するリスキリング施策の効果も相まって、実験とビジネスイノベーションが次々と行われる豊かな土壌を作った。２０１７年には２０００件を超える実験とイノベーションプロジェクトが立ち上がっている。特に、２０１６年4月にＤＢＳがインドで立ち上げたモバイル専用銀行「デジバンク」は、同社の新たなバンキング・コンセプトを試す大きな一歩となったと言える。デジバンクは紙の書類もサインも不要で、支店も存在しない。顧客の身元は、生体認証国民ＩＤを利用して確認する。ＡＩによるバーチャルアシスタントが顧客サービスを提供し、人手を介さずに顧客の要望の80％を処理することが可能である。[21] 必要なリソースは従来型銀行の設立のわずか5分の1で済むため、顧客に対してより高い利率と低い手数料を提供でき、競争力も大幅に高まる。支店もATMも担当者も存在しない銀行として、インドのデジバンクは初年度に顧客100万人を達成した[22]。

DBSはまた、多様な顧客ニーズに応えるためのデジタルエコシステムを構築する中で、エコシステムから価値を引き出すと同時に、外部との連携能力を高める方法も学んだ。例を挙げると、インド最大の中小企業向けERPベンダーのタリーとの連携である。タリーのERPとのAPI連携によって、DBSは、健全な取引が行われているが現金が少なくなった中小企業に対し、ローンを始めとする金融商品を直ちに提供できるようになった。

CEOのピユシュ・グプタは、DBSの変革を次のようにまとめている。

正直なところ、常に将来を予見できるとは断言できない、と言わざるを得ません。しかし明らかに言えることは、将来への視点を持つことはできるはずだということです。将来の変化に対する順応性と対応力を高められる方策のアイデアを、十分に検討したかどうかを確認したいと思うはずです。今後10年から12年にわたって勝ち残るのは、働き方に機動性と柔軟性、適応性、対応力を兼ね備えた企業となることでしょう[23]。

KPN——爆発的変化に対処しつつ、変革を繰り返す

ここからはKPNの事例について述べる。KPNはオランダ最大の通信事業者[24]で、2014

年当時、激しい競争にさらされていた。KPNは変革経路3をとり、2018年以降、大きな改善を成し遂げてきた。この事例では、同社がどのように顧客からの価値と業務オペレーションからの価値を交互に生み出し続け、4つの爆発的変化にいかに対処して変革を成功させたかについて述べる。

KPNはオランダのICTサービスプロバイダーとして、一般消費者市場および法人市場向けに、モバイルやブロードバンドの接続サービス、クラウドサービスなど幅広い商品を提供している。現在のKPNの目標は「オランダを世界一のコネクテッドカントリーにする。この国のデジタル化をリードし、デジタルライフにおいて選ばれるパートナーを目指す」[25]ということだ。2020年の年次報告書において、KPNは変革ジャーニーを振り返り、次のように述べている。「2019年の最新の戦略プログラムの開始以来、当社はよりスリムでスピーディ、かつシンプルな企業になりました。今後数年間を見据えた強固な基礎を築き上げることができたのです」[26]

しかし、7年前まで、KPNは財務的に深刻な状態に陥っていた。市場が飽和する中で、競争激化によりサービス価格が低下し、規制により解約手数料とローミング料金には上限が設けられ、ワッツアップ、スカイプ、スポティファイ、ネットフリックスといったオーバー・ザ・トップ・メディアサービス（コンテンツ配信サービス）を手掛ける企業[27]が、（音声通話とメールからの）従来の収入源を侵食し、同社の通信網のキャパシティに重い負荷をかけていたのである。[28]

KPNが競争力を維持するには、業務効率性と顧客体験をほぼ同時に改善する必要があったため、変革経路3が最善であった。変革の開始にあたって行った顧客体験向上施策（複数のデジタルサービスの顧客ID一元化、受注獲得システムの改善など）は、大きな成果が見込める、有望なものに思われた。あいにく、KPNではIT機能が分散（ほとんどがアウトソース）していたため、これらの施策を直ちに実行することができなかった。「私たちの組織能力は酷いものでした。アウトソースとオフショア化を進めすぎていたのです。デジタル通信会社になるという夢を実現したいと真剣に望むのであれば、IT能力を社内に構築する必要があったのです」とKPNの元CIO、ボーク・ホービングは語っている。[29]

KPNが顧客体験の向上という目標を追求するためには、その前に業務基盤を改善する必要があった。つまり、フューチャーレディ・フレームワークにおいて最初に右方向に進んで（業務効率性を向上させて）から、上昇する（顧客体験を向上させる）ということだ。

DBSは、意思決定権限を変更するところから始めた。CIOはCEOから委任を受け、「シンプリフィケーション&イノベーション（S&I）」という変革のための部門を新設している。そこではCIOがすべてのビジネスプロセスの再設計、ITアーキテクチャー、IT開発機能を一元管理できるようにした。その結果、法人ビジネス部門長たちはこれらに対する変更権限の多くを手放さざるを得なくなった。またCIOは（ほとんどアウトソースしていた）バックエンドプロセスやインフラを各現場が個別に変更できないようにした。これにより、かなりの予算を確保できるようになり、新たな働き方の導入を推し進め、顧客向けの新たなソリューションを開発するための体制を整えた。

開発者と設計者を社内に抱えることによって、イノベーションを活性化し、システム開発とビジネスの距離を縮めることができた。S&Iは、KPNで働いてくれる「磁力を持つ人材」（社外の有能な人材を同社に呼び込む力を持つ最高のデジタル人材）の採用を外部の専門企業に委託した。また、S&Iは拠点をハーグの本社から世界中にいる採用候補者にとってより魅力的なアムステルダムに移転し、デジタル人材向けの斬新で刺激的な職場環境を作り上げている。この結果生まれたものは物理的なものだけにとどまらなかった。新たに採用した人材は、従来の業務システムをオープンソースとクラウドベースの環境へと移行させ、アジャイルチームとして活動できるようにした。社内で「デジタルクラフトマンシップ（デジタル的職人気質）」と呼ばれる、こうした新たな働き方により、より協働的な仕事の進め方と多くの実験が可能となり、チームの専門スキルを高めることができた。

一方で、アジャイルな仕事の進め方をこれまでのコーポレートガバナンスの枠組みにあてはめることは、困難を伴った。S&Iの新たな働き方はKPNの従来の指揮命令系統やマネジメントの仕組みにマッチするものではなかったからである。「最も大きかった爆発的変化は、従業員が仕事をする上で重大な阻害要因となっているものがあれば何であれすべて廃止するというS&I内の目標でした。その対象は、すべてのエグゼクティブコミッティやKPI管理表、内部決裁文書、マネジメント階層、さらには社内の評価制度などでした」とボーク・ホービングは説明する。S&Iの部門長は、社内の別部門と緊密にコミュニケーションをとることができる人材を部門間の橋渡し役として指名した。彼らはS&IがKPNの標準的な指揮命令系統から外れないように社内調整を行う[30]。これらの取り組みにより、アジャイルチームは不毛なコミュニケーションや不要な心配事を避けることができ、アジャイル開発プロセスで発生した失敗から安心して（業務上のマイナス評価を恐れることなく）学習することが可能になった。

KPNへ新たに入社した人材が起こした変化は、同社のプラットフォーム思考と利益底上げにプラスの影響を及ぼした。KPNはシステムの25％を廃棄して、すべてのレガシープラットフォームを一新し、今まで使用していたソフトウェアを徐々に減らして、オープンソースかつクラウドベースの環境に移行させた。また、変革の早い時期に、S&Iのアジャイルチームは、KPNのバックエンドから300を超えるレガシーサービスへのAPIアクセスを可能にするデジタルエンジンを開発し、開発者が顧客志向の新たな取り組みを迅速に立ち上げられるようにした。例えば、最初のデジタルエンジン・プロジェクトの1つは、クアッドプレイ（音声、インターネット接続、映像、モバイル）という人気の統合サービスに関する業務プロセス再設計である。その結果、店舗でこのサービスを注文したときの待ち時間が30分から3分に短縮された。これは顧客体験についての大きなブレークスルーである。

S&Iは早期に数多くの成果を示すことを目標とした。それにより変革の力強さを示すことができるからだ。S&Iは、顧客体験に関する初期改善施策を行った後で初めて、KPNの基幹業務支援システムをゼロから再構築することに目標を定めた。次世代の業務支援システムが導入されると、APIの改善はさらに進められ、顧客体験向上の第2波が実現することになる。

一方でS&Iは、新たな基幹業務支援システムに顧客データを移行する前に、法人顧客担当部門と緊密に連携して商品構成の合理化を支援し、2年間商品の新規開発停止を始めとする組織の抜本改革に着手した。この間、彼らは商品ラインアップの80%をカットし、残した商品に関するプロセスを整合させた。大規模な簡素化を進めた結果、社内にあったサイロを打破して、商品重視から顧客重視への変革に向けて社内を結束させることができた。

2014年から2018年にかけて、KPNのデジタルビジネス変革を通じて、業務オペレーションから非常に大きな価値を引き出すことに成功した。サービス停止時間を90%短縮し、5億7000万ユーロ(約6億2200万ドル)のコスト削減を達成したのである(当初目標比で90%増)。それより重要なのは、顧客体験を大幅に改善した結果、ネット・プロモーター・スコア(NPS)が20ポイントも向上したことだ。このことが、新規顧客獲得と既存顧客維持という、より大きな顧客価値を生み出すことにつながった。2018年の半ばまでには、KPNはすでに5G時代の変革をリードする準備が整っていたのだ。

図5-2は、KPNが4つの爆発的変化にどのように対処したか(変革経路3において活動をいかに同期させることができたかを中心に)についての分析結果を整理したものである。あなたの企業が4つの爆発的変化に対処する際の参考にしていただきたい。

KPNの未来

すべての企業と同様に、KPNも2020年の新型コロナウイルス感染症の流行による影響

■ 図5-2　KPNは爆発的変化にいかに対処したか

意思決定権限

- 変革に関する権限をCEOから委譲
- すべてのビジネスプロセスの再設計、ITアーキテクチャー、システム開発機能を事業部門からデジタル部門に一元化

新たな働き方

- フロントエンド人材の内部化を進め、250もの「最高にアジャイルな」（自律的、機能横断的、かつ権限を持った）チームを設置
- 従業員がクラフトマンシップ（職人気質）を持ち、学び続けることを重視。顧客志向かつデータに基づく行動特性の浸透
- ほぼすべての公式な報告・承認制度を廃止

プラットフォーム思考

- API接続を可能にするデジタルエンジンを開発し、レガシーサービス機能をすべての開発者に開放
- KPNにおけるIT環境のオープンソース化と独自のクラウドソリューションへの移行を担当するインフラおよびプラットフォームチームを設置。開発者に対してできるだけ自動化するよう奨励
- スパゲッティ構造のITを新たな（簡素化された）バックエンドシステムに置き換え

組織体制の外科手術

- 商品の80%を廃止し、プロセスを整合させることによって、サイロを破壊
- デジタル部門の管理職を9割削減

出典）同社役員へのインタビュー、社内文書

を受けた。幸運にも、同社は変革を通じて、この数々の予想外の課題に対処する態勢が整っていた。CEO兼会長であるジョスト・ファーヴェルグは2020年の年次報告書で将来の展望について次のように記している。

私たちは、当社の働き方をよりハイブリッドなモデルに移行させました。オフィスへの出社を減らす一方で、リモートワークとコラボレーションの両立、ブレーンストーミングの実践、発想を刺激するオフィス環境での従業員の交流などを進めました。一貫したデジタル化と簡素化を続けることによって、より効果的で柔軟な組織づくりができたと考えています。当社のコアバリューやミッションに基づいた行動スタイルおよびデジタルサビーな（デジタルの技術やその活用法に精通した）従業員たちは、私たちが進めている取り組みの鍵となるものです。[31]

●●・リーダーが重視すべきこと・●●

経路3で変革を成功させるためには、自社にとってフューチャーレディ企業とはどういったものか、また顧客体験と業務効率をほぼ同時に改善するための活動に従業員全員をどのように参加させようとしているのかを、リーダーはビジョンという形で明確にする必要がある。さらに重要なことは、経路3を進むにつれて刻々と変化するすべての活動をリーダーが同期させることだ。そして最も困難な仕事は、変革のステップごとに適切なプロジェクトを選択し、そこから価値を創出し、全体の調和を図ることである。適切なプロジェクトを選択するというのは、必ずしも投資に対する短期的リターンを最大化することでもなければ、最高の営業担当者によってプレゼンされたものを選ぶことでもない。むしろ、顧客と業務オペレーションから価値を交互に生み出し、将来に向けた基礎を築くためにプロジェクトを積み上げていくことだ。すなわち過去のプロジェクトで得た価値を次のプロジェクトに受け継がせながら、フューチャーレディに向けて変革を続けていくのだ。

大企業において業務効率と顧客体験の間で重点を交互に変えながら、全体の活動を調整することは、経路3における大きな課題であり、最大の失敗要因となりうるものでもある。DBSはプラットフォームの構築と再利用を進めることで、変革におけるあらゆる活動を調和させようとした。また自社の組織をプラットフォーム別に再編し、2人のリーダーの協調体制というガバナンスアプローチを採用した。企業によっては、4つの爆発的変化に応じてアプローチを変えている場合もあるが、KPNでは新たな働き方を効果的に機能させることと、変革の取り組み同士を調和させられるように意思決定権限を変更することに全力を注いだ。

図5－3は、変革経路3を選んだリーダーが、どういう順序で価値の創出と爆発的変化に着目していけばいいかを示したものである。他の経路と同じく、リーダーは意思決定権限をその経路に合わせて再配置するところから始めるべきである。経路3では、どのプロジェクトから

■ 図5-3　変革経路3 ── リーダーが重視すべきこと

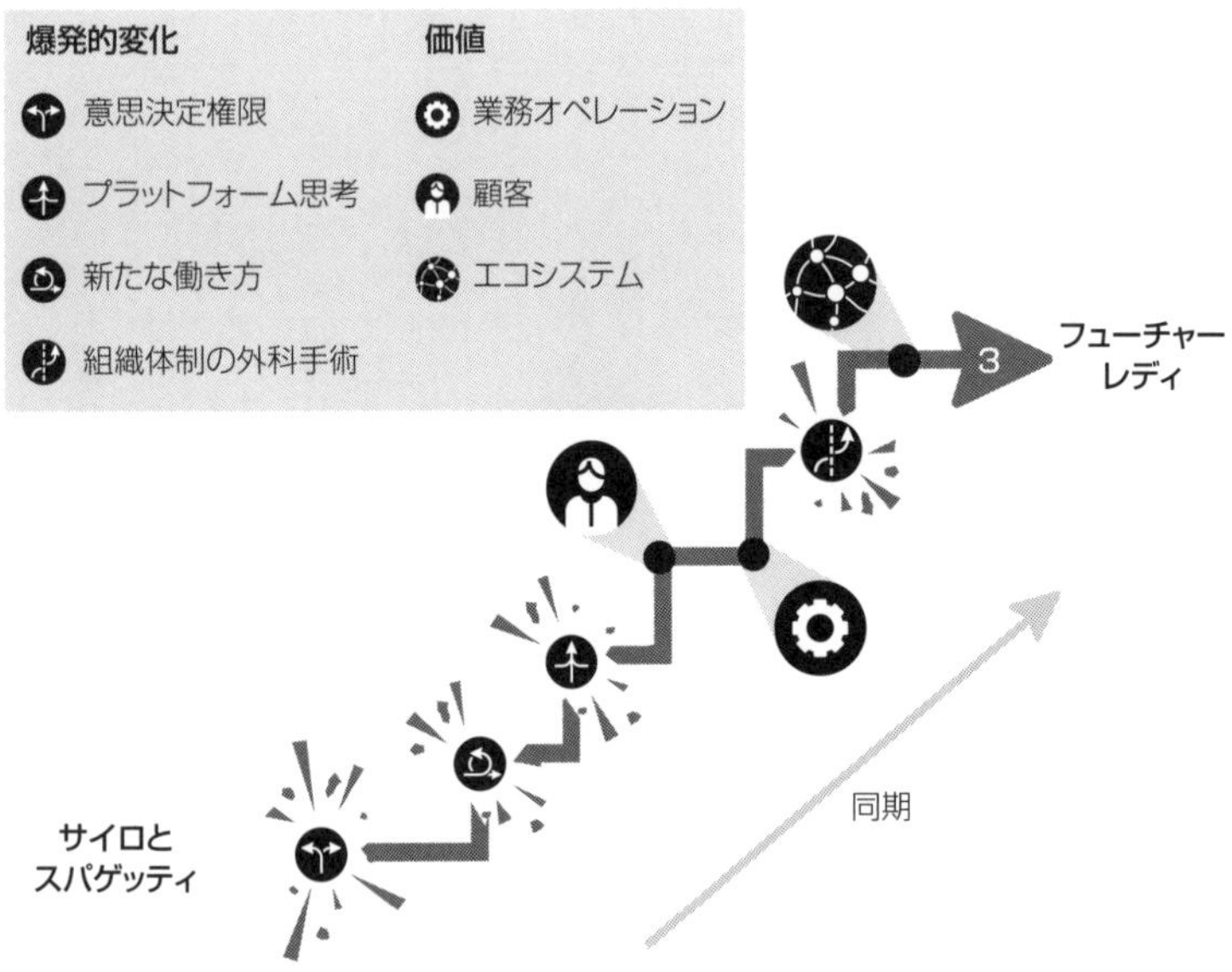

出典）順序は我々の定性調査から導き出した仮説である。最初に取り組むべき爆発的変化は意思決定権限であるという仮説を、MIT CISR 2019 Top Management Teams and Transformation Survey（N＝1,311）のデータを用いて階層型回帰分析で検証した。

始め、どのプロジェクトに引き継がせ、どれを後回しにするのかについて優先順位を決められるリーダーに権限を与えるべきである。この経路では、リーダーが初年度から業務オペレーションと顧客の両方から価値を生み出そうとする点が特徴的である。そのために多くの企業では、ビジョンを打ち出し、重要なプロジェクトを選定し、ダッシュボードを構築して価値を測定し、得たい価値に適したインセンティブに変更している。

顧客体験の向上を目指して、早期にフューチャーレディ・フレームワーク上を垂直に上昇しようする企業は、顧客からの価値を速やかに生み出せるように、新たな働き方に重点を置く必要がある。これはKPNとDBSの例からも明らかである。一方、企業が業務効率化を目指して水平方向に進もうとする場合、まずプラットフォームの構築に重点を置くべきである。すなわちプラットフォームに自社の競争優位の源泉を組み入れて、次の段階でそれらを再利用できるようにすることである。一般的には、多くの段階を経て、企業の組織再編が進み、フューチャーレディに向けて変革は加速し、エコシステムからもより多くの価値がもたらされるようになる。新たな目標を設定するたびに、ダッシュボードやインセンティブの内容を修正する必要がある。

第5章のアクションアイテム

最初の3つのアクションはすべての変革経路で共通である。

❶ フューチャーレディ企業になるために、会社が経路3で変革を進めていることを、今日から（そして毎日）従業員に伝えよう。将来の働き方のイメージを描き、従業員が自分の役割を理解できるよう、経路3を進むためのステップを明確に示そう。

❷ 初期の成功事例を収集し、社内外に広めよう。初期の成功を示すことで、従業員のモ

チベーションを高く保ち、コミットメントと進歩を促し、懐疑派による悪影響を食い止めることができる。

❸ 爆発的変化にうまく対処するための計画を立てよう。

❹ コミュニケーション計画を立て、変革がどのようなものになるのかを伝えよう。比較的短い周期（6～12カ月間）で顧客体験と業務効率を改善する取り組みを交互に集中して行うこととその内容について説明しよう。従業員はこのロードマップを指針として、自身の意識をどこに向け、どのように行動するかを決めることになるだろう。

❺ 階段を上るように変革ステップを進めながら、プロジェクト間の同期をとることに重点を置いてみよう。そのためには、どのプロジェクトを実施すれば比較的短期間に本当に価値があるものを生み出せるか見極めることや、得た価値を積み上げること、各ステップで獲得した知見を次のプロジェクトに受け継がせて学習と進歩の成果を積み重ねていくことなどを行う必要がある。

❻ 短い周期でプロジェクトを繰り返しながら変革を進めていく経路3特有の障害に注意しよう。変革の重点を切り替える際には、あなたの企業が変革のどの段階にいるかによっては、強力なコミュニケーション力とガバナンスが求められることがある。

❼ 業務オペレーションからの価値と顧客からの価値、エコシステムからの価値を把握するための指標を設定し、測定しよう。これは経路3で変革を正しく進める上で難しいタスクの1つである。できれば、業務オペレーションと顧客（または3つすべて）からの

価値の獲得度合いを測れる1つの指標を見つけよう。

❽ DBSとKPNの事例を参考にして、あなたの会社の文化に合わせて修正すれば使えるような良いアイデアを見つけよう。

第 6 章

変革経路4
——新組織創設アプローチ

あなたの会社が、新たなデジタルビジネスの機会を活かしたい、もしくは深刻なデジタルの脅威に対処したいが、変革に時間をかけている余裕がない場合、どうすれば良いのだろうか。そのときは、最初からデジタルネイティブの組織をつくってしまうのが良い。デジタルビジネスの成功に必要な、適切な人材や新たなビジネスモデル、前向きな文化、最適なパートナー、プラットフォームを備えるのである。このような新組織創設アプローチが、フューチャーレディへの変革経路4である。この経路で行われる、新たなビジネスモデルを開発する取り組みは、複数の経路を（願わくは）うまく連携させた変革プログラムの中に組み込まれていることが多い。例えば保険会社であれば、経路1で中核事業の自動化・最適化を進め、請求業務の自動化や顧客体験の向上ができるだろう。同時に、経路4でデジタル部門を新設して新たなエコシステムのビジネスモデルを追求し、ホームセキュリティ分野で顧客の目的地となることも可能だ。自社の保険商品とパートナーの商品やサービス（警報装置、フェンス、照明装置など）を統合し、ミレニアル世代をターゲットにした新ブランド立ち上げて、アプリ限定で販売することもできる。

以下に、変革経路4の成功例をいくつか紹介する。

- **バイエルのクライメート・フィールドビュー**：ドイツの製薬会社であるバイエルの子会社のクライメートLLCは、農家が単位面積当たりの収穫量を管理できる「フィールドビュー」というプラットフォームを提供しており、ここが農家にとっての「目的地」となっている。このプラットフォームは、農家が（除草剤の散布や種子の植え付けなどの管理だけでなく）本来の目的に注力できるよう支援するものである。[1] そして、「世界中の農家が、相互接続された幅広いツールやサービス、データに簡単にアクセスして、農地に関するあらゆることについて最適な意思決定が行えるデジタル農業エコシステム」を提供するというパーパスを掲げている。[2] クライメートでは、衛星画像やセンサー、ドローン、気象情報、作付け最適化処方ソフトウェア、保険などの70以上のパートナーのサービスを、サブスクリプション方式のサービスに統合している。[3] このデジタル農業ビジネスは2015年にスタートしたが、このサービスを利用している農地は2020年には全世界で1億8000万エーカー（約72万8千平方キロメートル）以上へと拡大している。[4] 組織の設立は、バイエルのクロップサイエンス部門の組織目標である、成果報酬型デジタルソリューションを実現するための中核的な施策である。2021年11月、バイエルはマイクロソフトアジュールとの提携を発表した。フィールドビューのプラットフォームを拡大するとともに、食品業を含めたより広範なエコシステムにおける農業のサステナビリティ促進に向けたデジタルプラットフォームの構築に乗り出したのである。[5]

● **平安医好生（平安グッドドクター）**：中国最大手の保険会社である平安保険は、医好生（グッドドクター）というプラットフォームを開発した。このサービスは24時間年中無休のヘルスケアサービスとして、この分野における患者の「目的地」となっている。サービスを提供するエコシステムは現在も拡大中で、18万9000の薬局、4000の病院、

1700の健診センター、1800超の医療機関（2021年9月30日現在）、そして2000名が所属する内部メディカルチームから構成される。AIの医療アシストアプリにより、サービス間の調整を図っている点も特徴的である。2021年時点で、このプラットフォームは4億人超の登録ユーザー（2020年から5500万人増）と、企業の従業員向けのヘルスケアサービスとして74万の有料会員を擁している。[6] 同社の収入は38億1800万人民元（約6億5000万米ドル）となり、[7] 前年比で39％増となった。[8] 2021年には新成長戦略を発表した。この戦略には新たな顧客サービス、例えばオンラインのヘルスケアユーザー、医療従事者、従業員向けヘルスケアサービス利用者を対象とした、かかりつけ医会員制度の導入や新たなビジネスモデルなどが含まれる。[9]

●**ブラジルのバンコ・ブラデスコのネクスト**：ネクストは人々の生活をより便利にし、人生の目標達成をサポートするためのデジタルプラットフォームである。このサービスは2017年にブラデスコのデジタルバンクとして誕生した。2022年現在、ブラデスコを主要出資者とするデジタルプラットフォームとして運営されており、顧客数は1000万人を超える。その成長力は、顧客重視の姿勢、顧客ニーズの丁寧なヒアリング、データによるトレンドや行動の分析などによって支えられている。ネクストは、金融サービス（当座預金口座、給与口座、デビットカードやクレジットカード、保険オプション、投資、ローン）に加え、金融以外のソリューションも提供している。例えば、「ネクストショップ」（割引価格やオンラインキャッシュバックのある小売マーケット）や、ディズニーとの提携による20歳未満を対象にした「ネクストジョイ」口座、オンラインストリーミングサービス、デジタルウォレットとの統合サービスなどが提供されている。[10]

●ネキ[11]：バンコロンビアによる変革経路4の取り組みであり、コロンビア初のデジタルバンクである。ネキは2014年に、バンコロンビアのイノベーションラボで次の2つの目的のもとに立ち上げられた。(1)銀行口座を持たない層をバンコロンビアに招き入れ、金銭管理のサポートを行う（例えば利用者が安心感を持てるよう、分かりやすい言葉や「ポケット」、「タンス預金」などの比喩を用いるなど）、(2)バンコロンビアの従来型銀行事業の実験ラボとなる。例えば、バンコロンビアは、エコシステム戦略の一環として、APIによってパートナー連携を形成する実験を行っている。このような実験から学んだことはバンコロンビアの業務オペレーションに取り入れられている。ネキを将来的にどうするか、すなわち一事業部門のままにしておくか、独立企業とすべきかについては新型コロナウイルス禍が発生するまではっきりとしていなかった。しかし、感染症対策のための政府支援金の支給を契機に、ネキの顧客基盤は変容し、2021年末時点で、ネキは1000万人以上の、かつて想定していたよりも多様な顧客を有することになる。そして2021年12月、バンコロンビアの取締役会は、ネキがバンコロンビアから独立した企業体として、独自の金融事業免許を有する完全なデジタル金融会社として事業を展開することを承認した。

変革経路4を選択する理由と期待できる成果

我々の調査対象企業の約1割は、変革経路4をフューチャーレディとなるための主要なアプローチとして採用している。また、複数の経路を採用している22％の企業の多くは、その1つとして経路4の取り組みを行っている。経路4は、消費財、金融サービス、製造、重工業といった業界の企業で採用されていることが多く、鉱業、石油、ガス、教育、電気通信／メディアなどの業界で採用される割合は最も少ない。

市場へのサービス投入スピードを速める必要に迫られている場合は、変革経路4を選択する企業は多くなる。今後5年間において収入の大部分が脅威にさらされていると経営陣が判断すれば、この傾向はさらに高まる。経路4を選んだ企業は、もし変革に取り組まなければ5年間で収入の43％を失うだろうと試算している。これに対し、経路1では26％、経路2では39％、経路3では37％という結果であった。経路4を選んだ企業は、魅力的な新しいビジネスモデルの機会があると考えており、その機会を活かすには既存の中核事業とは別のアプローチが必要になると考えていることが多い。

経路4での変革とは、デジタルネイティブのフューチャーレディ組織を新設することに他ならない。既存の中核事業ではなかなかできないような実験を、確立されたプレイブックなしで試行錯誤しながら学習していくことになるため、経路4での変革はエキサイティングなものになる。今回の調査からは、経路4を選んだ企業の経営陣が答えなくてはならない4つの問いがあることが明らかになった。しかし、多くの企業経営陣がこれらの問いに答えられていない。

■それはどのようなビジネスモデルなのか

「どのようなビジネスモデルを提案するのか」。これが、いかなるデジタル関連施策においても、そして何よりも経路4において問いかけるべき重要な問いである。『デジタル・ビジネスモデル：次世代企業になるための6つの問い』（2018年刊、日経ビジネス人文庫収録）では、デジタル時代に企業が収入を得るための4つの方法を紹介した。[12] 上級役員層にとって最も重要であるデジタル変革をテーマに行ったワークショップでは、大企業の多くが4つのビジネスモデルを追い求めていることが明らかになった。4つのモデルは、最終顧客に関する理解の深さと企業のビジネスデザインの違いの2軸で4象限に分類される（図6-1参照）。大企業の大半は、複数のビジネスモデルから収入を得ている。4つのビジネスモデルはリスクやリターンの性質が異なるものの、平均すればどのモデルでも利益が上がっている。そして、企業は複数のモデルを運用することが多い。以下に、業界における相対的な平均成長率が高い順に、4つのモデルを示す。

▩ 図6-1　4つのデジタルビジネスモデル

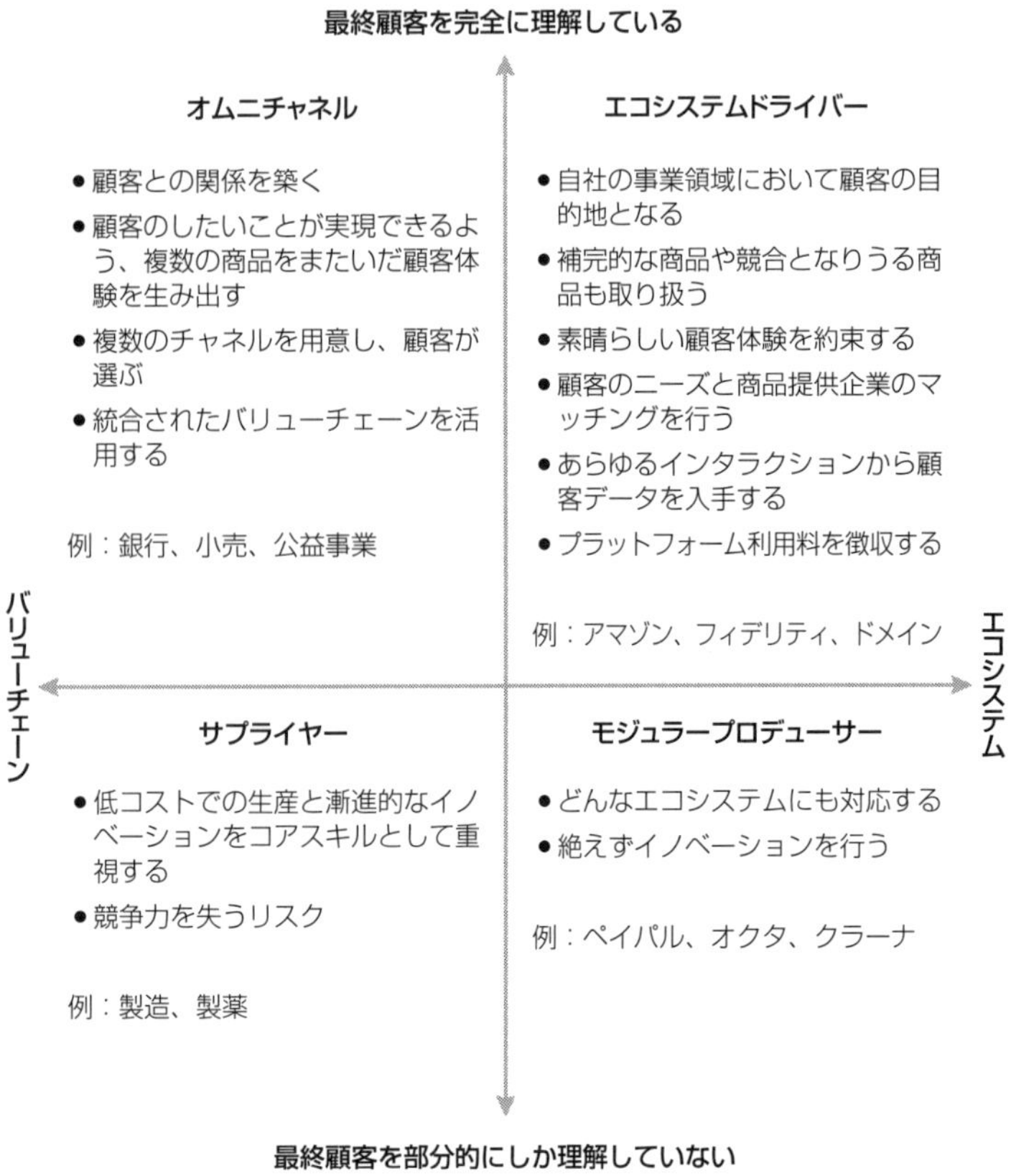
最終顧客を完全に理解している
オムニチャネル
●顧客との関係を築く
●顧客のしたいことが実現できるよう、複数の商品をまたいだ顧客体験を生み出す
●複数のチャネルを用意し、顧客が選ぶ
●統合されたバリューチェーンを活用する
例：銀行、小売、公益事業
エコシステムドライバー
●自社の事業領域において顧客の目的地となる
●補完的な商品や競合となりうる商品も取り扱う
●素晴らしい顧客体験を約束する
●顧客のニーズと商品提供企業のマッチングを行う
●あらゆるインタラクションから顧客データを入手する
●プラットフォーム利用料を徴収する
例：アマゾン、フィデリティ、ドメイン
バリューチェーン
エコシステム
サプライヤー
●低コストでの生産と漸進的なイノベーションをコアスキルとして重視する
●競争力を失うリスク
例：製造、製薬
モジュラープロデューサー
●どんなエコシステムにも対応する
●絶えずイノベーションを行う
例：ペイパル、オクタ、クラーナ
最終顧客を部分的にしか理解していない

出典）『デジタル・ビジネスモデル: 次世代企業になるための6つの問い』（日経ビジネス人文庫）

●**エコシステムドライバー**：自社のサービスとパートナーの補完的なサービスを組み合わせて提供する、顧客の目的地となる企業。アマゾン、トレードレンズ、クライメートフィールドビュー、ドメインなど。
●**モジュラープロデューサー**：幅広いエコシステムに対応するプラグ・アンド・プレイのサービスを提供する企業。通常はAPI対応サービスを備えたデジタル基盤をベースにしていることが多く、特定プラットフォームサービスに依存しない。ペイパル、キャベッジ、フィデリティの一部、オクタなど。
●**オムニチャネル**：複数のチャネルから自社のサービスにアクセスできるようにしている企業。実店舗での体験とデジタルの体験をシームレスに繋ぐことを目指す。大多数の小売業大手や銀行大手など。
●**サプライヤー**：自社商品を他社のバリューチェーンで販売する企業。サプライヤーは最終顧客と強固な関係を築いていないことが多く、クロスセルに苦心する。多くのメーカーや製薬会社、一部の保険会社や銀行、投資商品を扱う企業など。

近年では、エコシステムドライバーとモジュラープロデューサーのビジネスモデルのみが、業界平均を超える成長と利益率を達成している。[13] 残りの2つのモデルは、依然として黒字であるものの、その成長と利益率は業界平均以下である。我々は、この傾向は今後10年でさらに進むと見ている。サプライヤーやオムニチャネルのビジネスモデルで変革経路4に取り組む事例

（新たな国への事業進出など）も見られるものの、我々のこれまでの調査研究では、経路４を採用している企業のビジネスモデルは、エコシステムドライバーやモジュラープロデューサーが大半である。

■どのような顧客ドメインをターゲットとするか

エコシステムドライバーのビジネスモデルを検討するにあたっては、「自社は誰の、何のための目的地になりたいのか」を自らに問いかけることが重要である。アマゾンやトレードレンズ、ドメインのように、エコシステムが成功すればするほど、その答えは野心的なものになるだろう。何十年もの間、企業は、銀行、小売、運輸、自動車、エネルギーといった業界の中で事業を行っていると考えてきたが、一方ほとんどの顧客が解決したい問題は、複数の業界にまたがっているものが多い。例えば、法人顧客は自社のエネルギー消費を管理したいと考え、一般消費者は教育を受けたい、家を買いたい、日常生活を管理したいと考えている。我々はこのような顧客が抱えるニーズや問題を顧客の「問題ドメイン（領域）」と呼んでいる。[14] 企業と顧客の考えのミスマッチが原因で、顧客体験がサービスやチャネルごとに分断されてしまっていることも多い。エコシステムのビジネスモデルを検討するというのは、自社にとって重要な問題ドメインでどうしたら顧客のニーズを満たせるかを改めて考えることである。

フランスのシュナイダーエレクトリックの場合、Ｂ２Ｂの法人顧客に対し、個別の商品販売から様々なサービスを組み合わせたエネルギーソリューションの提供へとシフトすることによって、エネルギー消費を管理したいという顧客の問題ドメインに対応している。その結果、同社の収入の5割以上が、IoTを用いたデジタルソリューションによるものとなった。[15]平均的な法人顧客のエネルギー効率の水準が30％なのに対して、同社の主要顧客は65％に達している。[16]フィデリティの事例では、顧客に関する深い知見に基づき、唯一無二の価値を顧客に提供するために、自社商品を補完するパートナー商品を選んで、品揃えを拡充している。例えば、子どもを大学に入れるというライフイベントに対して、フィデリティは投資信託などの自社商品と、「クレディブル（訳注：フィデリティが運営する、学生ローン返済のための金融商品マッチングプラットフォーム）」を通じ、学生ローン借り換えのパートナー商品を組み合わせている。[17]

業界ではなく顧客の問題ドメインで考えるという発想に立ってもらうために、住宅関連の顧客の問題ドメインに参入している企業の業界ごとの構成比を図6－2に示した。最も重要なことは、顧客の問題ドメインにうまく対応するには、多様な業界のサービスを統合する必要があるということである。現在参入しているどの業界からも成功企業が生まれる可能性はあるし、あるいは顧客の問題ドメインでのサービスに特化したデジタルネイティブ企業が成功するかもしれない。

ショッピファイは、業界ではなく顧客の問題ドメインを軸として生まれた企業の好例である。[18]CEOのトビ・リュトケはスノーボードのオンラインショップの開設に際し、その基盤となるeコマースソフトウェアを開発した。その過程で彼は、eコマースソフトウェア自体の方

■ 図6-2　顧客の問題ドメインには多くの業界が関わる

住宅に関する問題領域
業界ごとの企業の割合（%）

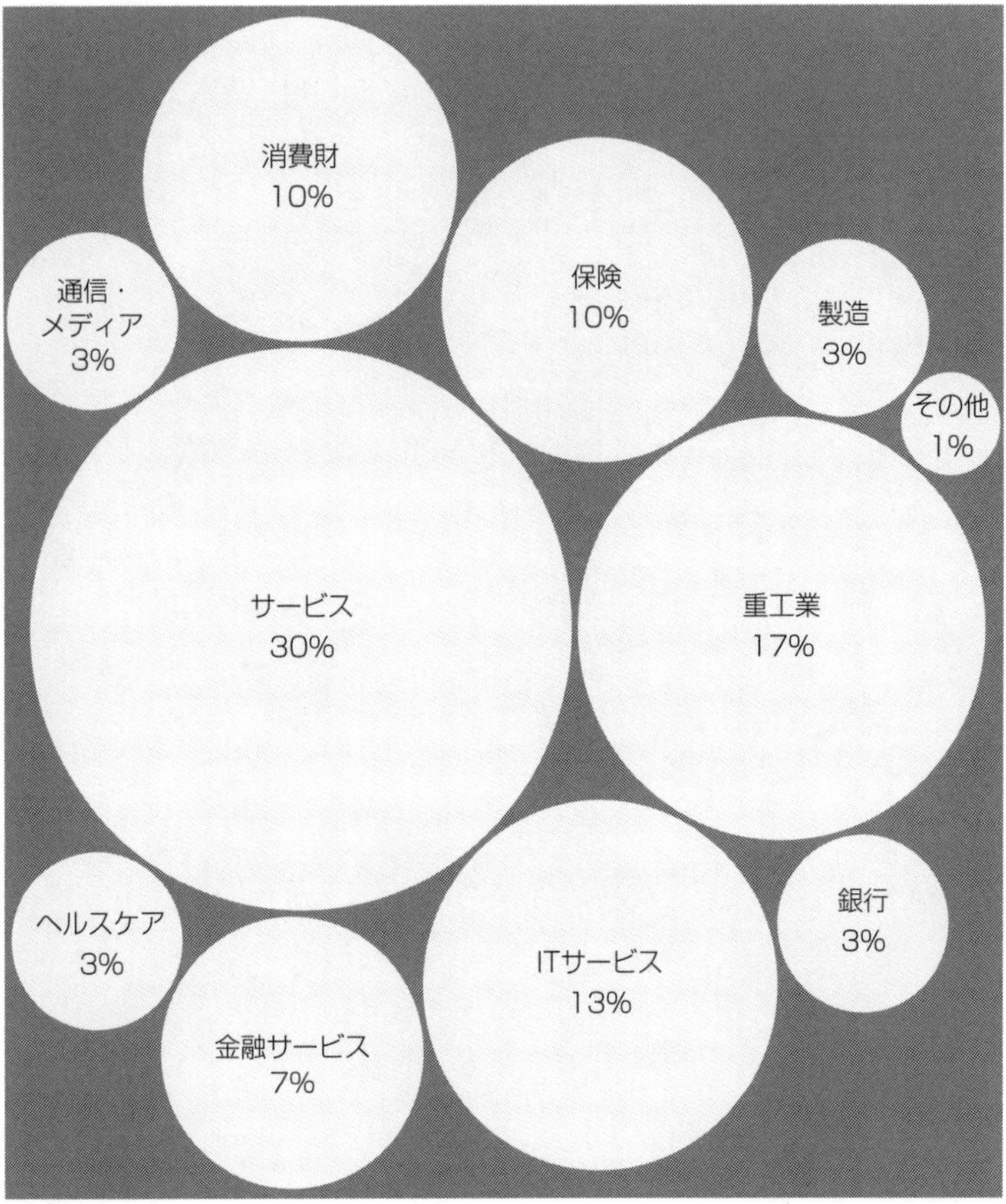

出典）MIT CISR 2019 Top Management Teams and Transformation Survey（N=1,311）。回答者に自社の主要な事業領域を1つ選択してもらった。事業領域は、MIT CISR 2017 Ecosystem Survey（N=158）で収集したデータと、『Competing in a World of Sectors without Borders』（Venkat Atluri、Miklós Dietz、Nicolaus Henke著、McKinsey Quarterly、2017年7月12日）に記載の12個のマッキンゼーの分類の10個に基づく（デジタルコンテンツと公共サービスは省略）。業界はNAICS分類に基づく。

が有望な新事業となる可能性に気付いたのだ。ショッピファイのビジョンは、「オンライン通販業者の開業から運営までの全体を支援する」という驚くほどシンプルなものである。これには、ブランドの構築、オンラインでのPR、ショップの開設、販売、マーケティング、管理が含まれる。さらには、ショッピファイ・エキスパート・マーケットプレイスを通じて、スモールビジネスの運営方法や、認定済のフリーランサーや代理店からサポートを受ける方法に関する教育も行っている。ショッピファイは、通販業者などにとっての目的地として成長するため、システム開発者やデザイナー、販売会社、倉庫業者、決済会社などと提携している。ショッピファイのプラットフォームに新たな機能が追加され、eコマースサービスにおける同社のシェアが高まるにつれ、売買など取引に関するデータをより多く入手できるようになり、このデータを分析してさらなる顧客ニーズを見つけられる。ショッピファイの売上は今や米国の消費者向けeコマース市場の10・3%を占め、アマゾンに次いで第2位である。ウォルマートやハインツ、ハイネケンを始め100万以上の販売業者がショッピファイを利用しており、同社の41%に上る年平均成長率を支えている。[19]

■新組織をいかに運営するか

変革経路4で成功するには、組織の設立当初から、顧客、業務オペレーション、エコシステムからの価値を重視する必要がある。つまり経路4では、新たな取り組みに全力で取り組んで、早い段階から多くの価値を創出することが必須なのである。

素早く成功を収めるためには、デジタル変革のリーダーは新組織の運営方法について数多くの意思決定を迫られる。「新組織のブランドの構築、経営資源の割り当て、事業の運営・管理をどのように行うべきか」、「新組織では親会社が提供する人事、法務、IT、マーケティングなどの機能、さらには既存の商品などを利用すべきか」、「既存顧客をターゲットとするか、あるいはミレニアル世代や中小企業などの新しい顧客層をターゲットとすべきか」、「事業の核としてどのような組織能力を新たに構築すべきか」、そして最後に、「新組織は独立した事業体とするか、会社の一事業部門とするか、合弁事業とするか、あるいはその他の形態にするか」といった意思決定である。これらの意思決定が次に示す最後の問いに関わってくる。

新組織が成功したらどうするか

変革経路4では、顧客体験と業務効率の両方を、既存組織が行うより早く改善できるように組織を設計する。新組織が親会社の事業部門より、顧客体験や業務効率を飛躍的に向上させた場合、この2つの事業（および組織文化や各種システム）を将来どうやって一本化していくべきかという大きな悩みを抱えることになる。経路4で成功を収めた場合、新事業が次第に既存の中核事業の売上を侵食していくかもしれない。そういった場合、新組織を独立して運営させ続けるべきだろうか、既存事業の顧客を新たな組織に移行すべきだろうか、あるいは、新事業部門が単独でやっていけるよう分離独立させるべきか、という問いにリーダーは答えを出さなくてはならない。この問いは、組織の設立前に行うべき意思決定の中でも難易度が高いものだが、検討する価値は十分にある。我々が目にしてきた選択肢を以下に紹介する。

- 時間をかけて、顧客を既存事業から新組織へ、またはその逆方向へ移す（例：1997年にINGが立ち上げて大成功を収めたINGダイレクトは、2017年にブランドをINGに変更して中核事業に統合された）
- 新組織を独立した事業体として運営する（例：クライメートフィールドビュー、トレードレンズ、ネキ）
- 売却や新規株式公開による新組織のスピンオフを行う（例：ドメイン）

変革経路4は単なる変革プロジェクトにとどまらない。会社の将来の収益獲得手段に対する大きな投資でもあるのだ。

●●・変革経路4の事例：トレードレンズとドメイン・●●

ではここで、変革経路4の2つの事例を詳しく見てみよう。世界有数の運送・物流企業であるデンマークのA・P・モラー・マースク（以下「マースク」）は、情報共有の促進や非効率性の排除によって国際輸送領域で価値を生み出すために、戦略パートナーのIBMと共同でトレードレンズという優れたプラットフォームを開発した。またオーストラリアのフェアファックス・メディアは、ドメインという事業体を設立し、不動産に関するカスタマージャーニー全体を支援できるようにした。ドメインは最終的に新規株式公開され、フェアファックスなどにかなりの新たな価値をもたらし、現在では上場企業として運営されている。

■トレードレンズ：国際輸送におけるデータ共有を変革

マースクは130カ国で事業を展開するグローバルな運送・物流企業である。同社は新型コロナウイルスのパンデミック下で大きく成長し、2021年の収入は620億ドルに達している。[20] マースクは、かつては港と港を結ぶ海運会社だったが、2017年に総合物流企業になるべくデジタル変革に着手した。国際貿易のデジタル化（GTD）施策の目的は、ブロックチェーンを用いてサプライチェーン上で発生するイベント情報や貿易書類を顧客と共有することによって業務を効率化し、海運会社やその顧客（荷主や運送業者など）に価値をもたらすことであった。海運業界は非常に細分化されており、高コストで複雑、非効率、遅延、不正リスク、不確定要素が多く、またデータの安全性に関する懸念、紛争といったリスクもある。小規模な事業者にとっては特に厳しい環境と言える。[21]

こういった難しい環境をもたらす要因として、この業界には関係者が非常に多い点、個別の相対取引が無数にある点が挙げられる。ただ、このように複雑な業界であるからこそ、顧客のためにすべてのコンテナやその他の情報を管理できれば、顧客の目的地となるエコシステムのソリューションの創出という大きな事業機会となる。[22] マースクとIBMは、エコシステムの参加者向けにAPIを備えたブロックチェーン技術をベースとするプラットフォームを開発した。このプラットフォームは、誰もが同じ情報を迅速に参照できるだけでなく、同じデータを有するシステムが複数存在することから生じる不公正やエラーのリスクを回避できるため、この業界の問題に対する素晴らしい技術的な解決策になる。

目的地を構築するには、大きな変革と実験が必要である。変革経路4で大成功した事例を見ると、意思決定権限の変更と組織体制の外科手術という2つの爆発的変化が、成功の鍵となっている。マースクと戦略パートナーのIBMはプラットフォームを共同開発し、2018年12月にトレードレンズという名の商用ソリューションの提供を開始した。しかし、このプラットフォームに参加するにあたり、貴重なデータが競合相手に渡ることを懸念する企業もあった。この懸念を解消すべく、マースクは新組織としてGTDソリューションという子会社を設立し、ブロックチェーン・ソリューション（例：認証の信頼を担保する基点であるトラストアンカーやデータなどの共有範囲制御機能であるチャネルアーキテクチャーを備えるなど）を推進している。

GTDソリューションは、トレードレンズのコラボレーションチームを通じてIBMとの戦略パートナーシップを継続しており、2社はプラットフォームやエコシステムの構築について共同で意思決定を行っている。現在もトレードレンズは中立的なプラットフォームとして急成長を続けている。2021年3月の時点でエコシステムに参加するパートナー企業は300に達し（2020年の175からの増加）、国際輸送コンテナ量の5割超を扱っている。[23]そして、2022年3月時点では、1000を超えるパートナーがプラットフォームに加わっており、同社のプラットフォームの取扱量は国際輸送業界全体の3分の2を上回る。[24]

トレードレンズのプラットフォームでは、当初から3つの価値すべてを創出することに重点を置いたが、価値創出の優先順位を決めた。最優先としたのは、サプライチェーン上のイベント情報や貿易関連書類のデジタル化により、業務オペレーションからの価値を生み出すことである。つまり、エコシステムに参加するパートナーに訴求できる価値は業務効率化となる。具体的には、イベント情報の見える化に加えて、トレードレンズの電子船荷証券（ｅＢＬ）ソリューションで船荷証券情報をデジタル化することによるコスト削減という価値がもたらされる。同社は、直接的、間接的なメリット（必要な運転資金の削減、コンプライアンスの改善など）を含めた正味の獲得価値を測定している。主な成果指標である正味価値は、現時点で1発行船荷証券当たり120ドルにのぼると算定されている。なお、この金額にはコンテナ情報を入手しやすくしたことによる直接的、間接的な価値も含まれている。

優先順位の2番目は、パートナーシップによって顧客からより多くの価値を得ることである。トレードレンズの顧客数と利用件数は拡大の一途を辿っている。2020年11月時点では、メインサービスと、船荷証券に関連した2つのアプリケーション（eBLと貿易金融を取り扱う金融機関向けのもの）の3つのデジタルサービスの提供を通じて、100社もの顧客を抱えていた。2020年12月、マースクのCEOであるセーレン・スコウは次のように述べている。「トレードレンズ事業については、来年の売上増を見込んでいます。（中略）（このベンチャー事業は）我々が対価を得るに値するものを本当に持つという新たなフェーズに移りつつあると言えます」[25]。このプラットフォームにより、新規顧客、とりわけ中小企業が国際貿易ビジネスに参入できるようになったのである。[26]

荷主のための目的地となることは大きな事業機会である。トレードレンズは2020年、大きな節目を迎えた。海上運送業者最大手のうち5社がプラットフォームに加わったのである。[27]これら強力なパートナーは自身の海運ネットワークにプラットフォームを展開し、エコシステムを成長させることができる。同時に、GTDソリューションは、陸上輸送にも対応するために、複数のソフトウェア会社との提携を進めている。この子会社の次なる目標は、トレードレンズのエコシステムにおいて貿易金融や通関の領域での競争優位を確立し、サードパーティ物流のマーケットプレイスを発展させることである。

トレードレンズで価値創出を図るため、GTDソリューションはプロダクト、プラットフォーム、エコシステムの3つの階層を定義し相互に結び付けることによって、重要な差別化要素であるプラットフォーム思考を確立した。

●**プロダクト**：このベンチャー事業を開始するにあたり最も重要な要件は、採算が取れるサービスの事業計画書を作ることだった。トレードレンズは、ターゲットを絞った少数のアプリケーションから始め、イベント情報や貿易書類をデジタル化し、そこへのアクセス機能を販売することでマースクおよびその顧客にとっての価値を創出した。GTDソリューションは、主要な機能の開発とイノベーションの実現に注力した。

●**プラットフォーム**：トレードレンズは、最良のテクノロジー、データ、サポートの提供に努めた。オープンAPI（EDIではなく）、セキュリティや透明性確保のためのブロックチェーンおよびアクセス管理体系、レガシーシステムとの統合サポートなどである。

●**エコシステム**：トレードレンズのエコシステムの成否は、ネットワークを拡大できるかどうかにかかっていた。他のプラットフォームは対象範囲が限定的であるのに対し、GTDソリューションは、対象範囲をエンド・ツー・エンドに広げ、新たな業界モデルの提供に注力している。また、（海運会社として）ネットワーク拡大につながる強力なパートナーの加入促進や、顧客アドバイザリーボードの設置、業界標準の策定への協力といった活動も行っている。

トレードレンズはごく短期間で目覚ましい成果を上げることができた。現在、国際輸送コンテナの約半数がこのプラットフォームで追跡可能となっているが、貿易金融などの重要な補完的サービスを徐々に提供サービスのラインアップに加えている。トレードレンズのエコシステムの規模が一定の水準に到達し競争優位を確立すれば、エコシステムから得られる価値も増大する可能性が高まる。

■ドメイン：住宅カスタマージャーニーの目的地になる

ドメイングループは、様々なブランドを有するオーストラリアの不動産情報メディアおよびテクノロジーサービス事業を展開している。[28] ドメインは、ドメイングループの最初の企業（現在はブランド名にもなっている）として、1990年代後半にフェアファックス・メディア（メディアコングロマリット）の印刷およびオンライン不動産物件広告を扱う子会社として設立された。以来、住宅ローンや保険、電気・ガスといったパートナーの住宅向けサービスもあわせて、不動産のライフサイクル全体にわたるサービスを展開している。同社は、消費者と不動産仲介業者に対して情報を提供し、取引を促し、両者を結び付けるための目的地となっている。

ドメインは、買い手と仲介者双方にとっての目的地として設立された。変革経路4を採用した同社は、住宅関連のカスタマージャーニーを、構想、探索、購入、決済、入居後という5つの段階に分け、これらを顧客の問題ドメイン（領域）と定義して各段階向けにサービスを提供している。例えば購入段階では、住宅ローンのワンストップ店舗となるべく、35もの住宅ローン会社と提携し、家財保険や家主保険のサービスも提供している。ドメインは大成功を収めており、オーストラリアではひと月のサービス利用者数は、総人口2500万人のうち960万人に上っている。[29]

ドメイングループは、2017年11月にオーストラリア証券取引所に上場し、取引初日に主要株主であるフェアファックス・メディアに7億5000万豪ドル（5億米ドル）の新たな価値をもたらした。このような事業分離は、変革経路4を順調に進んでいる親会社にとって魅力的な戦略だ。しかし、フェアファックス・メディアにとって、これは当初の目標ではなかった。フェアファックス・メディアの元CIOであるロビン・エリオットは次のように説明する。「（ドメインを）事業分離することをすぐに決断した訳ではありません。我々が予め決めていたことは、事業分離できるようにしておくべきということでした。このような戦略的な選択肢を持ちたいのであれば、テクノロジーが戦略の足かせにならないようにしておく、ということです」[30]

ドメインは2012年にデジタル変革を開始した。ドメインはフェアファックス・メディアの数多くの子会社の1つとして、フェアファックスの出版事業の一部である3行広告市場向けサービスの延長とみなされていた。当時のドメインは、減収局面を迎えていたメディア業界で生き残るために、事業拡大ではなく、他の事業と同様に業務効率化やコスト削減を迫られていたのである。

ドメインは顧客基盤を徐々に拡大させ、出版事業の減収の埋め合わせに一役買ったものの、業界トップのリアルエステート・オーストラリア（REA）には後れを取っていた。このような状況で競争力を維持するためには、とりわけ技術基盤への莫大な投資が必要である。経営委員会は、ドメインを事業体として独立させ、開発のスピードと柔軟性を向上させるべきという決定を下した。ドメインの売上や顧客を重視する文化は親会社の編集文化とは根本的に異なっていたため、ドメインを別組織にすることは最も理にかなっていた。

ドメインの変革ジャーニーでは、その開始とともに意思決定権限、組織体制の外科手術、新たな働き方という3種類の爆発的変化がほぼ同時に起きている（ドメインが行った爆発的変化の概要を図6－3に示す）。

事業再編によってドメインは、オーストラリアン・パブリッシング・メディア、デジタルベンチャーズ、フェアファックス・ラジオなどと並び、フェアファックス・メディア内の独立事業部門となった。そしてこの新事業部門は、新たに雇用された起業家出身のCEOや最高技術責任者などで構成され独自の経営体制を敷いた。同時にドメインは親会社と交渉し、意思決定権限を勝ち取った。中でも技術基盤に対する意思決定権限を獲得できたのは大きかった。ドメインは、事業規模の拡大によって親会社に恩恵を与えつつ、一方では親会社の集中化された様々な組織能力を活用しながら、独自の戦略を推進しようとしていた。

フェアファックス・メディアはクラウドベースのアーキテクチャーを採用しているため、コストが変動費化されており、テクノロジーを柔軟に更新できるようになっている。ドメインは、外部コンサルタントを使うのではなく、親会社の人事や内部監査などのバックオフィスに関する知見を活用した。新たな働き方の導入にあたっては、ドメインの営業重視の文化がおおいに役立っている。そして設立から数カ月のうちに、200名規模の同部門は、デジタル製品開発

■ 図6-3　ドメインは爆発的変化にいかに対処したか

意思決定権限

- 新しく雇用したCEOやCTOを含む独立した経営チームを設置
- 親会社から戦略や技術、事業拡大についての意思決定権限を勝ち取った

新たな働き方

- 親会社の出版・コンテンツを重視する伝統とは異なる、売上を重視する文化を醸成
- ライフサイクルが短いデジタル製品をサポートするため、テスト&ラーン手法を導入
- 消費者の商品・サービス利用時のデータを戦略的資産として活用

プラットフォーム思考

- 不動産に関するカスタマージャーニー全体をカバーする幅広いエコシステムの構築に注力
- 組織のコスト削減とプラグ・アンド・プレイでつながるパートナーシップを推進するために、マイクロサービスを用いてモバイル中心のソリューションを提供できるプラットフォームに再構築

組織体制の外科手術

- 親会社のバックオフィスシステムを利用しその業務上の知見を活用できるようにしつつも、開発のスピードアップのため独立事業組織として設立
- 親会社から必ずしも事業分離する必要はないが分離可能なように組織を設計
- 最終的には親会社から分離独立し、オーストラリア証券取引所に上場

出典）同社役員へのインタビュー、会社文書

の高速なライフサイクルに適応し、テスト&ラーン手法を用いて新機能を市場に投入した。同社の「従業員体験向上」担当役員は、革新と進歩を促進するような働き方を従業員の間に浸透させることを重視した。その後5年間にわたってこのような新たな働き方を推進したことにより、ドメインは売上やプロダクト開発の面で急速な成長を遂げ、技術チームの従業員は850名ほどに拡大した。

適切な戦略、組織構造、社内合意、資金調達、業務プロセス、そして働き方を整えることで、ドメインは重要な差別化要因であるプラットフォーム思考に注力できるようになった。当初の目的は、住宅購入を検討している人と不動産仲介業者の両方の目的地となるような、モバイル中心の革新的な顧客ソリューションを開発することだった。ところが、顧客(つまり消費者と代理店)への理解が深まるにつれ、ドメインは住宅に関する顧客の問題ドメイン(住宅について思い描くところから、決済や入居後に至るまでの不動産全般のカスタマージャーニー)を対象とする幅広いエコシステムの構築に重点を置くようになる。そのため、マイクロサービス活用による軽量化された専用技術を採用し、プラットフォームを再構築した。これによって事業コストの削減と柔軟性の向上を実現する。その結果、エコシステム・パートナーがドメインのプラットフォームにプラグ・アンド・プレイで、自社サービスを提供できるようになり、開発チームがパートナーや顧客と協力して、新しいソリューションを実験しようという気運が高まった。ドメインはいくつかの買収を行い、エコシステムのパートナーシップの形態を拡張しつつ、常に新たなエコシステムのパートナー候補を探索していた。そして、ドメインは約7年後、

3行広告の子会社から、住宅関連の顧客の問題ドメインにおける1000万人近くの顧客の目的地へと変貌を遂げたのである。

■リーダーが重視すべきこと

経路4で変革を巧みにリードするには、バランスをうまく取らなくてはならない。スタートアップのような情熱と意欲を持ち、旧来の業界視点ではなく顧客の問題ドメインに重点を置いたソリューションを提供する必要がある。サービスを迅速に開発し、顧客から認められ、徐々にソリューションを構築し、パートナーを迎え入れて補完的な商品やサービスを提供する。これらは旧来の感覚では、破壊的行為とも言える。親会社には通常、新たなビジネスを立ち上げるにあたっての制約があり、ガバナンスに関する制約や物事の進行を遅らせる何重もの承認や調整という制約を課してくるものである。反面、大企業の傘下にいることで、顧客にアクセスできたり、データや様々なリソース、人事やテクノロジーなどのサービスを利用できたりするなど、数多くのメリットを受けられる。

この変革経路で成功するには、リーダーは、新たな働き方、組織体制の外科手術（再設計）、意思決定権限の明確化という3つの爆発的変化に最初から取り組まなければならない（図6－4参照）。その後、リーダーは先端技術を活用して成功したエコシステム企業に学び、プラットフォーム思考を養う必要がある。プラットフォームは最初は完璧なものにはならないだろう

■ **図6-4　変革経路4――リーダーが重視すべきこと**

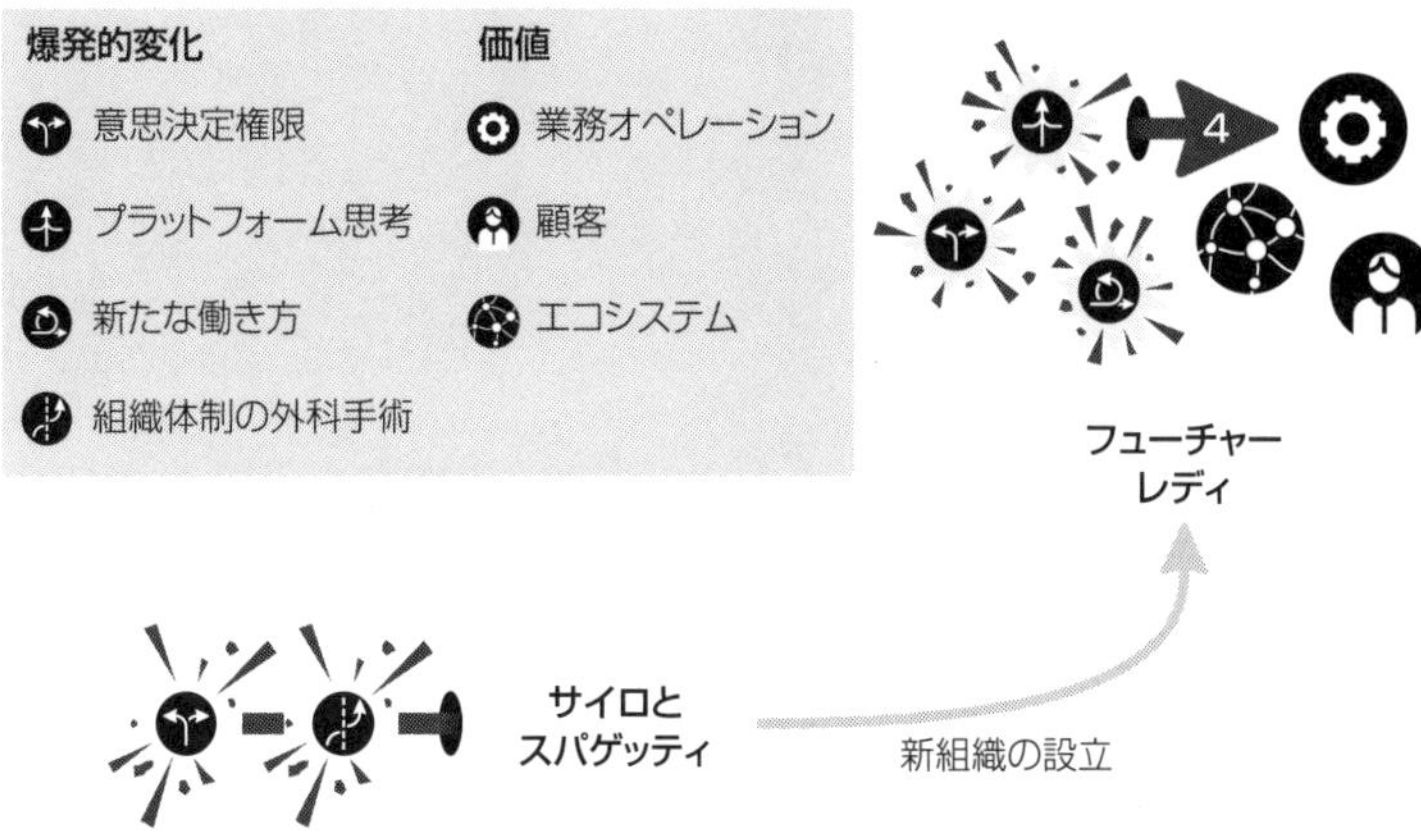

出典）順序は我々の定性調査から導き出した仮説である。最初に取り組むべき爆発的変化は意思決定権限であるという仮説を、MIT CISR 2019 Top Management Teams and Transformation Survey（N＝1,311）のデータを用いて階層型回帰分析で検証した。

から、再構築する必要が出てくるだろう。その際、プラットフォーム思考があるのとないのとでは大きく違ってくる。経路4で成功した企業は、現在の経営陣にこだわらず、新部門のCEOを任命することが非常に多い。この種の事業立ち上げの経験があり、それをもう一度繰り返すことに意欲的で、新しくて純粋なフューチャーレディ文化を築き上げてくれるような人材が必要なのだ。親会社とのやり取りは、経営陣の他のメンバーに任せることもできる。

変革経路4では、業務オペレーション、顧客、エコシステムの3つの源泉からどのように価値を引き出すのかを早いうちから検討することが重要である。複数の源泉から同時に価値を獲得することと、それを実行する能力を持つことが必要であるという点が、デジタル新組織と既存企業を隔てる大きな違いである。経路4ではダッシュボードの構築が特に重要となる。なぜなら、価値の創出と獲得にあたっては軌道修正が発生することが多いからである。チームもそのような変更に迅速に対応できるよう少人数にすることが多い。

本章と先の3つの章を通じて、フューチャーレディに向けた4つの変革経路をいかに進めるべきかについて述べてきた。第7章では、取締役会や経営陣の巻き込みや、複数の経路の調整や管理についての議論の進め方など、すべての経路に共通する、デジタル変革を成功させるために必要なリーダーシップの問題に焦点を当てる。

第6章のアクションアイテム

最初の3つのアクションはすべての変革経路に共通するものである。

❶ フューチャーレディ企業になるために、会社が経路4で変革を進めていることを、今日から（そして毎日）従業員に伝えよう。将来の働き方のイメージを描き、従業員が自分の役割を理解できるよう、経路4を進むためのステップを明確に示そう。

❷ 初期の成功事例を収集し、社内外に広めよう。初期の成功を示すことで、従業員のモチベーションを高く保ち、コミットメントと進歩を促し、懐疑派による悪影響を食い止めることができる。

❸ 爆発的変化にうまく対処するための計画を立てよう。
❹ 典型的な顧客のエンド・ツー・エンドのカスタマージャーニーを見極めよう。そして、いかに顧客の不満をなくせるか、あるいはトレードレンズとドメインの事例のように、顧客のためのワンストップの目的地をあなたの会社が構築できるかを検討しよう。
❺ 経路4を進めるにあたり、コミュニケーション計画の一環として、新組織が顧客のために解決する問題や、そのソリューションを生み出すために業務や技術の面でどのような変革が必要かを明らかにしよう。
❻ 新組織のリーダーを決めよう。新組織の立ち上げに必要なスタートアップについての知見を得るため、外部に人材を求める必要があるかもしれない。
❼ デジタルパートナーシップを進め、市場投入までの時間を短縮し、早い段階で売上を成長させよう[31]。
❽ 新組織と既存企業の間の対立を解消できるようにしておこう。新組織への投資は既存企業よりも大きくなる場合がある。また、フューチャーレディ組織では新たな働き方が求められるため、従業員と組織の摩擦の種になる恐れがある。
❾ 経路4で設置した新組織の出口戦略を検討しよう。
❿ エコシステムからの価値の蓄積度合いについて、指標を決めて測定しよう。
⓫ トレードレンズとドメインの事例を参考にして、あなたの会社の文化に合わせて修正すれば使えるような良いアイデアを見つけよう。

第 7 章

変革を主導する

本書のテーマは、企業のフューチャーレディへの進化である。フューチャーレディ企業は、どのような環境に置かれても適応力を発揮することで成功を収め、成長性でも利益率でも競合他社を上回る。これまでの事例で見てきたとおり、最高のパフォーマンスは4つの変革経路の1つ、もしくは複数の経路をたどり、10のフューチャーレディ能力を構築することから生まれる。本章ではその要点を整理する。財務上の成果に加え、フューチャーレディ企業は変革経路を進む過程で、顧客、業務、エコシステムから3種類の価値を引き出し、積み上げていく。最終章にあたり、フューチャーレディ企業になるためのリーダーシップの役割を中心に説明する。リーダーは、変革の目標を設定し、メッセージを伝え、従業員や顧客、投資家、規制当局などすべての利害関係者に、変革は達成可能であり、誰もがその成功の果実を享受できるということを信じさせる必要がある。これこそが、変革の成功に欠かせないのである。

●・・トップマネジメントチーム・・●

まずは、デジタルエコノミーにおいて競争優位を確立するためにトップマネジメントチームが身に付けるべき共通言語と、理解すべきことについて考えてみよう。今後のビジネスがデジタル化していくことは間違いない。したがって、デジタルが会社の成功に果たす役割について理解しているトップマネジメントチームがいるかどうかで、大きく違ってくることになる。

我々ＭＩＴ ＣＩＳＲの調査研究によると、トップマネジメントチームがこのことを理解している（我々は「デジタルサビー」と呼んでいる）大企業は、売上高成長率と株式時価総額において48％以上他社を上回ることが分かっている。[1] さらに、トップマネジメントチームのデジタルサビー度が上位４分の１の企業は、変革の進捗率が69％と、下位４分の１の企業の30％と比べて大幅に高かった。デジタルサビー度を高めるためには、トップマネジメントチームは自らの時間をデジタル変革に捧げなければならない。変革の成功には、トップマネジメントチーム全体（そして企業全体）の忍耐力が求められる。例えば、変革が残り４分の１にまで進んだ企業のトップマネジメントチームは、自らの時間の６割を変革に割いている。これは大変なコミットメントと言える。エネルギーマネジメントや産業用オートメーションといったサービスを提供しているシュナイダーエレクトリックの会長兼ＣＥＯであるジャン＝パスカル・トリコワは、我々に次のように語っている。「あらゆるビジネスがデジタル化されていくと、すべての役員は自分事としてデジタル変革に取り組まなければならなくなります。デジタルは他の誰かの問題だというような考え方は、チームにとって最も不要なものなのです[2]」

変革を成功させ、このデジタル時代に最高のパフォーマンスを上げるプレーヤーになりたいと考えるあらゆる企業のトップマネジメントチームに対して、我々は以下のようなアクションアイテムを提案したい。

1．トップマネジメントチームは、自分たちの何パーセントがデジタルサビーであるのかについて率直に話し合おう。[3] これは、ＣＥＯ、人事担当役員、ＣＩＯが協力してトップマネジメントチームへの啓発を行う絶好の機会である。

2. デジタル変革をトップマネジメントチームの最優先事項とし、選択した変革経路に時間とリソースを配分することでその実現をサポートしよう。トップマネジメントチームはデジタル変革が最優先事項であることを従業員に対して伝え、模範になろう。

3. デジタル化に向けた、エキサイティングなこのジャーニーに従業員を巻き込もう。従業員に教育や新しい分野での業務、新しいパートナーシップなどの機会を与える。うまくいった取り組みから成果や教訓を引き出し、共有できるようにしておく。

取締役会の役割

取締役会は企業のデジタル変革を成功に導く上で中心的な役割を果たす。取締役は年齢が高く、経験豊富だが、デジタルには精通していないことが多い。しかし、習得は早く、デジタルのリスクと機会を把握する必要性を理解していることも多い。取締役会は変革を直接主導する立場ではないかもしれないが、特に経験豊富な取締役会は変革に不可欠な存在である。取締役会は変化を促し、トップマネジメントチームに的確な問いを投げかけ、皆を励まし、リソースを与え、変革全体を監督する。ここで、デジタル変革の成功に取締役会が果たす役割について、これまでに見てきた内容をまとめてみよう。[4]

■機会を見過ごすリスクと変化がもたらすリスクを比較する

デジタルはあらゆるものを変える。そのため、デジタルビジネスの経験があるメンバーが取締役会にいること自体、企業の財務パフォーマンスを向上させる新たな差別化要因となる。しかし大抵の取締役会にはそのような経験を持つ者がいない。では、デジタル分野での取締役会の機能を高めるために、経営陣や取締役会会長はどのようなサポートができるだろうか。

取締役会は、フューチャーレディとなるための変革が正しい方向に進むよう監督する必要がある。また、会社がいつ行動方針を決定し、多くの選択肢の中から何に挑戦するかを決め、重要なリソースや知見を得るためにどのパートナーと組むかを判断する必要がある。さらに、全社で行われるデジタル化の取り組みを観察し、成功や課題の兆候を早期に把握しておくことも必要である。取締役会にはトップマネジメントチームが変革を提案し実行する際に適切な問いを投げかけるという重要な役割があるため、このようなスキルはデジタル変革において、なくてはならないものである。

デジタルを理解している取締役が1名いればよいわけではない。我々の調査によると、デジタルに理解のある取締役が3名以上いる企業だけが、高い業績を上げている。

我々は、取締役会がデジタル化や変革について議論し、課題に取り組む際に役立つように、戦略、監督、防御という、彼らが対処すべき主要な領域に関するフレームワークを作成した。

- **戦略**：自社のビジネスモデルにデジタルがもたらす事業機会と脅威を把握した上で、今後成功を収めるためにどうすれば良いかを明らかにする
- **監督**：主要なデジタル変革、プロジェクト、テクノロジーにかかっている費用が妥当か、そして順調に進んでいるかを確認する
- **防御**：サイバー攻撃などのリスクやシステム障害から会社を守り、データの機密性やコンプライアンスを遵守させる

各領域の取り組みの効果を高めるためには、取締役会（多くの場合取締役会の議長）は、それぞれの取り組みに必要な時間やリソースを割り当てるために、対処すべき優先事項とその任にあたる取締役会メンバーを決定しなければならない。

▼プリンシパル・ファイナンシャル・グループ：デジタル重視の思考を取締役会で育む▲

プリンシパル・ファイナンシャル・グループは、年金、保険、資産運用などの金融サービスを通じて、世界中の個人や企業、団体が将来に備えて「十分に稼ぎ、十分に貯蓄し、十分に資産を守る」ことができるようサポートしている。プリンシパルは3400万を超える顧客を擁し、運用資産は8070億ドルを超えている。[5]

10年近く前、プリンシパルの取締役会でデジタルビジネス戦略が定期的に議題として挙がるようになり、CEOと取締役会はCIOに対して、テクノロジー活用を事業戦略に組み込むという会社全体の戦略を主導するよう指示した。

取締役会がデジタルに精通している（変革における問題点を理解し適切に監督を行える）状態を作るには、検討課題の設定、共通言語、教育、問題への対処、正式な組織体制などを組み合わせながら進めていく必要がある。

《検討課題設定と共通言語》

プリンシパルの取締役会がデジタル事業戦略を推進し始めてから、取締役会の検討課題にテクノロジーに関するトピックが盛り込まれるようになり、戦略、監督、防御に関する報告や議論が行われるようになった。プリンシパルの元CIOであるゲーリー・ショルテンの推定では、テクノロジー関連トピックのうち、戦略に関するものが50％余り、監督が約15％、防御が約35％であった。

戦略に関するトピックでは、テクノロジーの事業戦略への影響、テクノロジー関連のデモ、取締役メンバーの教育、資金調達が取り上げられた。監督に関するトピックでは、予算配分の見直しや変革プロジェクトの進捗管理などが、防御のトピックではサイバーセキュリティの最新情報（管理指標、モニタリング、トレンドなど）が挙がった。

テクノロジー関連の議題に関する検討時間の半分以上を戦略に関する議論にあてていること

から、プリンシパルの取締役会がどこに焦点を当てているかは明白であった。次の10年、プリンシパルはいかにデジタルを活用して、より優れた業績を上げるべきか、ということである。デジタル戦略を議論し、優先順位付けを行う際に、共通のフレームワークや言語を整えることは、取締役同士の議論がかみ合わなくなる事態を避けるために極めて重要と言える。

プリンシパルは、議論を大いに生産的かつ効率的に進めることができるフレームワークを主要なもので数種類、導入して繰り返し用いている。これまで使ってきたフレームワークに縛られることなく、現在の会社にとって適切であると同時に、将来にわたっても、意思決定や事後点検に使い続けられるものを採用することが重要である。

《教育および問題への取り組み》

取締会や経営会議のメンバー向けのデジタル教育は、強制的にやらせるのではなく自ら参加しようという気にさせる方法を考えることが重要である。この教育は、デジタルの経験に乏しい人を基礎レベルまで引き上げるだけではなく、デジタル技術をどのようにビジネスに適用し、変革を監督するかについて、メンバーが共通認識を持てるようになるという効果も期待できる。

プリンシパルは、研修を行うにあたっては、外部の専門家やフィンテック起業家、社内のテクノロジーやデータの専門家を活用している。CEOとCIOは、デジタルネイティブ企業がどのように競争しているかについて共通理解を深めるため、経営会議メンバー向けにデジタル強化合宿を企画した。合宿には、経営会議メンバーが一同に集まりデジタル戦略を議論できたこと自体価値があったが、加えて合宿の成果を取締役会に報告した会議において、デジタル変革が業界にもたらす劇的な変化に対応できる態勢が整ったことと、全員が確信できたことが大きい。

《正式な組織体制および意思決定》

2015年、プリンシパルは、デジタル戦略委員会を立ち上げた。全社を管轄するCIOが委員長となり、各事業部門の担当役員とそれぞれの事業部門のCIO、CMOがメンバーとして参加した。同委員会はデジタル事業戦略の策定に向けた共通のフレームワークを作り、各事業部門と全社横断組織のどこで戦略を進めるべきかを決定する。

デジタル時代に急速に向かっていく中で、取締役会は自分たちが会社にどのように貢献するかという重要な責務のあり方を見直さなければならない。取締役会は、様々な形でデジタル変革の成功に貢献している。例えば、トップマネジメントチームを支援すること、環境変化に対して受け身であればビジネスモデルが脅威にさらされることを前提に検討するよう要請すること、変革の進捗状況を監督することなどである。既存の取締役の大半はデジタル変革の経験がないものの、我々が面会したほとんどの取締役たちは、学習し、変わることへの意欲が非常に高かった。このような取締役をサポートすることは、会長やCEOだけでなく全員の責務であり、そうすれば成果は後からついてくるだろう。

●●・リーダーが理解すべきこと・●●

トップマネジメントチームが、デジタルが新たな競争機会を生み出すことを理解し、変革に時間を割くことに全員でコミットメントすると合意すれば、変革は動き出す。フューチャーレディへのジャーニーを進めるにあたって、やるべきことの優先順位をリーダーが付けられるよう、リーダーが理解すべきことを第1章で整理した（図7－1参照）。第2章から第6章では4つの変革経路と爆発的変化について説明を行った。本章では、価値の創出と獲得、リーダーシップの役割について取り上げる。

フューチャーレディへのジャーニーを確実に成功させるためにリーダーが行うべきことを以下に示す。

- 力強い組織の「パーパス（存在意義）」を掲げ意識を高める
- 変革経路にコミットする
- 爆発的変化に備える
- 組織能力を構築する
- 価値を積み上げる

■ 図7-1　フューチャーレディへのジャーニー

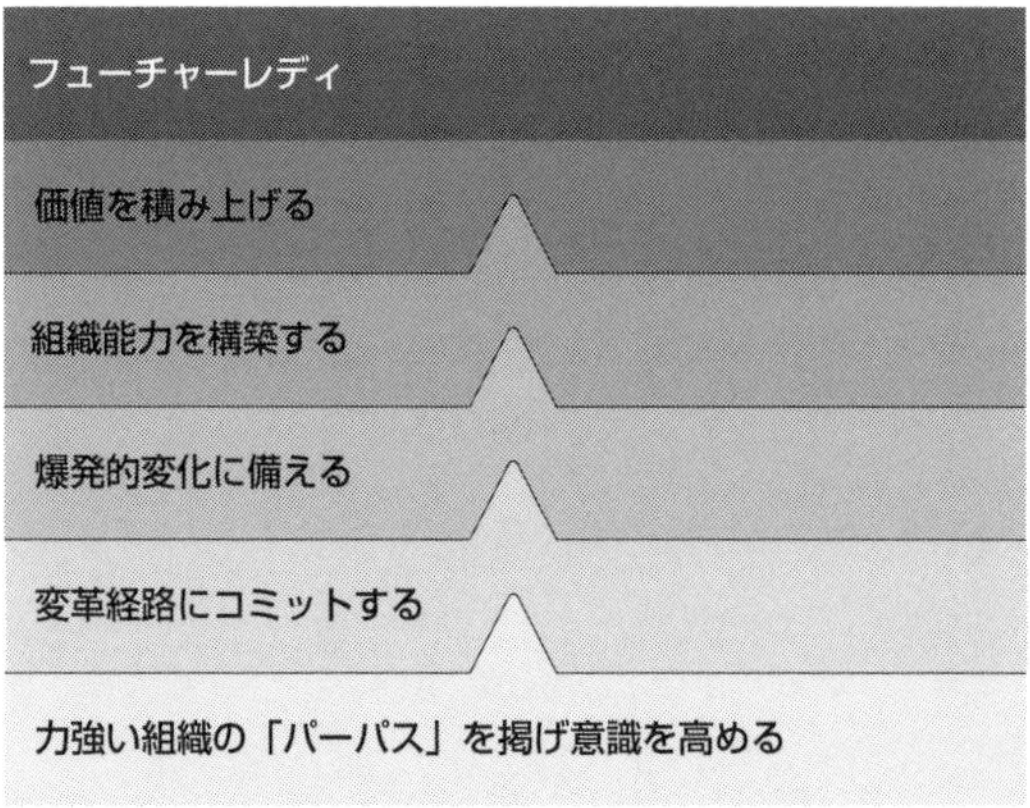

では、ひとつひとつ詳しく見てみよう。

■力強い組織のパーパス（存在意義）を掲げ意識を高める

企業のパーパスは、利害関係者にとって意義があり共感を呼ぶものとするため、変革の推進力となるものでなければならない。またパーパスがあると、会社がどのようなフューチャーレディの形を目指そうとしているのかを示せるだけでなく、従業員が変革を進めるにあたって判断を下したり取捨選択を行ったりする際に役立つ。「今下そうとしている判断はパーパスに沿うものだろうか」。これは、不確実性が高い時代においてリーダーが自らに投げかけるべき重要な問いである。以下に、我々が高く評価しているパーパスを掲げる会社をいくつか紹介しよう。

●**スタンダードバンクグループ**（アフリカ最大の銀行）：「アフリカは我が家であり、我々はその成長に貢献する」。[6] 従業員はアフリカ大陸の20カ国に散らばっているが、このパーパスの下に一致団結している。従業員はワークショップなどの場に、過去に下された意思決定を題材として、それが会社のパーパスを実現することにどう貢献していたかについて問われることが多い。このパーパスは、健康、貿易、商社、住宅、教育といったターゲット分野において「エコシステムの銀行になる」、「エコシステムドライバーになる」というスタンダードバンクの現在のビジョンにつながっている。

●**コクレア**（人工内耳のグローバル大手）：「人々の聴こえをサポートし、彼らの声が届くようにする」。[7] コクレアはこのパーパスの実現に向けて、新たな価値創出に意欲的に取り組んでいる。同社は装用者との直接的な関係を強化し、聴こえに問題を抱えている人たち、装用者、臨床医、紹介者、その他関係者からなるエコシステムの形成や運営に尽力している。

●**シュナイダーエレクトリック**（持続可能性と効率化に注力する、エネルギーおよびオートメーションに関するデジタルソリューション企業）：「あらゆる人がエネルギーやリソースを最大限活用できるようにする」。[8] 同社ではこれを「ライフ・イズ・オン」と呼んでいる。このパーパスを掲げ、電力供給の持続可能性やデジタル化による効率性を強みとする新たなビジネスモデルを推進している。これによって同社は、２０２１年に世界で最も持続可能な企業ランキングの1位に選ばれた。[9]

●**テトラパック**（食品加工処理とパッケージングのグローバル企業）：「どこでも、安全な食品を入手できるようにする」。[10] このパーパスが同社の変革の原動力となっている。まず業務オペレーションからの価値の創出を重点的に行い、その次は顧客、最近はエコシステムへと重点を移している。

- **DBS**（シンガポールを拠点にアジア地域で事業を展開する銀行）：「銀行取引を楽しくする」。[11] DBSはこのパーパスのもと、10年先を目標に「世界をリードする銀行」となり顧客体験で最も遅れた企業から最も進んだ企業になるべく変革を推進している。
- **トレードレンズ**（海運のグローバルプラットフォーム開発を行うマースクの事業）：「グローバルなサプライチェーンをデジタル化する」。[12] このパーパスがトレードレンズの変革の推進力であり、情報共有、透明性、業務プロセスの簡素化、自動化などの改善を通じて、あらゆる関係者の取引体験の質を向上させている。
- **プリンシパル・ファイナンシャル・グループ**（年金、保険、資産運用などのソリューションを提供する米国の金融サービス機関）：「お客様が最高の人生を送るために必要な金融ツール、リソース、情報を提供する」。[13] プリンシパルはこのパーパスを指針とし、個人や企業、組織の金融資産管理をサポートする戦略にデジタルを組み込んでいる。
- **カーマックス**（米国最大の中古車販売業者であり自動車業界の破壊的革新者）：「あらゆる場面で公正で透明性のある対応を取り誠実さを貫く」。[14] 同社はこのパーパスのもとに、中古車購入体験の変革に全力で取り組んでいる。

あなたの企業には、同じくらい説得力のある、意思決定の指針となるパーパスが存在するだろうか。

■変革経路にコミットする

サイロとスパゲッティからフューチャーレディへと移行するには、どの企業も自社なりの変革経路を選択する必要がある。そして、どの経路を進むかを明確にしなければ、非常に残念な結果を招くことになる。我々がこれまでに実施したワークショップのうち、ある巨大上場企業と行ったものが特に印象に残っている。我々はフレームワークをCEOと12名のトップマネジメントチームに理解してもらった上で、会社が進んでいるのはどの変革経路で、ゴールに向けてどの程度進んでいるかを全参加者に質問した。回答結果がスクリーンに表示された途端、参加者からため息が漏れた。参加者13名の回答が、なんと7つにも分かれていたのである。参加者は、会社が進めている取り組みとして変革経路のほぼすべての組み合わせを挙げており、進捗率の回答もバラバラだった。これを受けて、事業ごとに異なる経路が選択されており、相互の連携が取れていないことについて、非常に有意義で率直な議論が交わされた。その後、会社が進むべき経路を聞いたところ、皆の回答は先ほどよりかなり揃うようになった。全員が一致していたわけではないが、結果は絞り込まれていた。さらに議論を進めた結果、会社としては経路3を選択した上で、独立組織として運営するエコシステムプレーヤーを目指す経路4を加える形で合意に至った。

変革経路を選択し、コミットメントすることの重要性を再確認するため、第2章の図2－2の結果を振り返ってみよう。複数の経路を選びうまく連携させている企業は、取締役会に約束した目標に対する変革の進捗率は平均59％だった。一方で、複数の変革経路を選んだものの相互の連携がとれていない企業の場合、進捗率はわずか30％だった。その理由は明らかで、複数の変革経路の連携が取れていない企業では異なる目的のもとバラバラに取り組んでいて、常に無駄な労力をかけて一からやり直してばかりいるからだ。そして、それぞれの取り組みで得た学びを別の取り組みにうまく活用できず、作り上げたものを再利用することもしていない。さらに、最も重要な点は、数々の（統合されていない）サービスが頻繁に顧客を混乱に陥れており、従業員もこの複雑な状況に十分対処することが難しくなっていることである。どの変革経路を選ぶかについて合意を得るのも簡単ではないのだが、複数の経路を選ぶとなると、変革達成の難易度はさらに上がる。

あなたの企業が複数の経路を組み合わせて変革を推進する必要があるなら、本書で紹介したケーススタディを思い返してみてほしい。どのケースに関心を持っただろうか。そのケースでは何が行われたのかを読み返し、そこから何を学び取れるかを考えてみてほしい。

▩爆発的変化に備える

「どのように企業文化を変え、フューチャーレディへの変革を支えられるようにしたらよいか」

という質問をよく受ける。組織文化の変革についてはたくさんの素晴らしい文献があり、我々も組織論を学ぶ者として興味深く読んでいる。しかし、自社の文化について検討しようとしている企業に対しては、我々は「企業文化の変革をあからさまな形でやろうとするな」という現実的なアドバイスをしている。これは重層的かつ政治的で、長期にわたる入り組んだ活動だからだ。トップマネジメントチームが、現状の企業文化がどのようなものであるかについて意見を一致させ、将来の企業文化をデザインすることは素晴らしいことであるが、文化変革そのものを目的に掲げて実施することは難しい。代わりに我々は、4つの爆発的変化への対応に注力することを提案している。文化変革は、従業員の考え方や働き方が変わったとき、つまり彼らの業務習慣が変わったとき初めて実現するのだ。4つの爆発的変化にうまく対処できれば、変革の対象領域で企業文化を変えることができる。そして企業文化が変われば変革もより強固なものになるだろう。

以下に4つの爆発的変化を簡単にまとめる。これまで見てきたように、まずは爆発的変化に対して現在どの程度うまく対処できているかを考えるところから始めよう。第2章に自己診断ツールとベンチマークを掲載しているので、あなたの会社が爆発的変化にどれだけうまく対処できているかを判断できるだろう。

● **意思決定権限**：この爆発的変化は、適切な人材に重要な意思決定を担わせることである。重要な意思決定には、何を行うかを誰が決定するのか、どのように行うかを誰が決定するのかを明確にすることや、デジタル投資の優先順位付けが含まれる。そして、社内で新たなデジタルサービスを顧客に提供するチームをどこにするかを決定することや、そのチームの意思決定範囲（例えば、チームにどの程度のリスクを負わせるべきか）を決定することも含まれる。

- **新たな働き方**：デジタル化に伴い、アジャイル手法の採用、ファクトに基づく意思決定、テスト&ラーン手法による顧客向けの「実用最小限の製品」の開発など、新たな働き方が可能になる。新たな働き方は、組織における業務習慣を変え、企業文化の変革につながる。
- **プラットフォーム思考**：プラットフォーム思考を有する企業は、プラットフォームを構築して再利用することができる。プラットフォームは競争優位の源泉（その企業の強み）を見極め、それをデジタルサービスに変え、組織のサイロをつなぎ、データを共有し、プロセスの標準化を行う。
- **組織体制の外科手術**：大抵の変革では、組織のあり様が会社の目指す方向性に対して最適ではないと経営陣が気付く時期がある。その時点で会社は通常、組織に対して何らかの外科手術を行う。その目的は多くの場合、サイロを統合して社内連携を強化することによって、顧客体験を高め、業務効率化を進めることである。

ぜひ、第3章から第6章に紹介したテトラパック、セメックス、KPN、ドメインの事例を振り返ってほしい。爆発的変化への対処方法に関する素晴らしいアイデアや、うまくいった取り組みなどを読むと、モチベーションが高まるだろう。

■組織能力を構築する

重要かつ最終的な目標は、10のフューチャーレディ組織能力を全社（取締役会、トップマネジメントチームを含む全員）にわたって備えることである。このような組織能力によって企業はフューチャーレディとなり、競争優位の維持が可能となる。これは一度やれば終わりというものではなく、そうあり続けるためには継続的な努力が必要であり、リーダーシップやパーパス、目標、管理指標、予算、革新的なアプローチ、忍耐力が求められる。

第1章ではフューチャーレディ組織能力を紹介した。変革の実現や新たなデジタル価値の積み上げを可能にする組織能力であり、我々は、企業が価値を創出するための手段だと考えている。10のフューチャーレディ組織能力の構築に努めることこそが、我々の知る限り、フューチャーレディ企業へと進化し業績を高めるための最善かつ最も単純な方策と言える。[15] 我々は10の組織能力を3つの価値に関わる能力と、すべてに共通する基盤能力の4つに整理した。

▼業務オペレーションからの価値を創出するためのフューチャーレディ組織能力▲

《モジュール志向、オープン、アジャイルになる》

フューチャーレディ企業は、デジタルサービスをモジュールとして開発することによって業務オペレーションの最適化と新サービスの設計・開発の両方を実現している。低コストでイノベーションを起こし続けるためには、その企業にとって宝とも言えるもの、すなわち競争優位の源泉を見極め、それをモジュール型のデジタルサービスに変換しなければならない。さらにこれらのサービスをレゴブロックのように組み立てて様々なデジタルサービスを開発し、自社のダイレクトチャネルやパートナー経由で販売、提供できるようにすることが必要である。

《両利きになることを追求する》

企業が今後数十年にわたる成功を手にするには、イノベーションによって顧客を引き付け、感動させると同時に、今すぐ利用できるテクノロジー（例えば、クラウドコンピューティングやAPIとアジャイル手法で用いるテスト&ラーン手法を組み合わせるなど）を活用してコスト削減を行う必要がある。一方の手でコスト削減をし続け、もう一方の手で常にイノベーションを生み出し、あらゆることに対してより優れた新しい方法を見つけようとする。フューチャーレディ企業はコスト削減とイノベーションのサイクルを回し続けることで、トップパフォーマーへと駆け上がっていくのである。

▼顧客から価値を創出するためのフューチャーレディ能力▲

《複数商品・サービスをまたいで素晴らしい顧客体験を提供する》

フューチャーレディ企業は、顧客を感動させ続けるため、典型的なカスタマージャーニーを想定し、複数の商品やチャネルごとの顧客体験をシームレスにつなげて提供する。企業は商品を売り込むことよりも顧客のニーズを満たすことを目指して努力するので、顧客はどのチャネルを選んだとしても素晴らしい体験を得ることができる。そのためには、社内に残っている、商品や地域ごとのサイロを解消する、あるいは少なくとも顧客からは見えなくする必要がある。

《パーパス志向になる》

リーダーや顧客、従業員、投資家、パートナーは、企業に対して株主価値の最大化を超えた強いパーパス（存在意義）を持つことを求めつつある。パーパスが企業に与えるパワーの例として、スタンダードバンクグループが「アフリカは我が家であり、我々はその成長に貢献する」を共通のパーパスとして銀行の内外に広めていく事例を見てきた。人々を団結させるような企業のパーパスを設定すると、組織の存在理由や、理想に向けて成長しなくてはならない理由がはっきりする。パーパスはまさに、フューチャーレディへの旅路を照らす北極星（目指すべき目標）となるのだ。

▼エコシステムから価値を創出するためのフューチャーレディ能力▲

《エコシステムのリーダーまたは参加者になる》

フューチャーレディ企業は、エコシステムのリーダーであるか参加者であるか（あるいはその両方）にかかわらず、エコシステムに対する準備ができており、多様なパートナーとデジタルで連携する。エコシステムのリーダーである企業（エコシステムドライバー）は、選び抜かれた幅広い商品を提供する企業とともに、顧客やパートナーにとっての「目的地」を作り出す。エコシステムの参加者となる企業（モジュラープロデューサー）は、そのエコシステムに簡単にプラグ・アンド・プレイで接続可能なデジタル商品・サービスを提供する。エコシステムに参加している企業は成長性が高く、利益率も高いことが判明している。[16]

《ダイナミックな（かつデジタルの）パートナーシップを推進する》

デジタル時代では、特に急成長している企業はデジタルパートナーシップを結ぶことで顧客へのリーチと取扱商品の双方を拡大している。新規顧客へのリーチを高めるためにパートナーと組む企業もあれば、既存顧客向けの商品ラインアップを広げるためにパートナーを活用する企業もある。ここでのパートナーシップは、1つの業務プロセス中に強固に統合された従来型の戦略的で排他的なものではない。デジタルパートナーシップの大部分は自動化され、ＡＰＩを通じてシームレスにつながっており、パートナーとのデータのやり取りや取引、知見の共有は通常コンピュータ間で行われている。[17] アマゾン、ペイパル、クライメートは、デジタルパートナーシップを巧みに活用し、成長を加速させている。

▼価値を創出するための基盤的なフューチャーレディ能力▲

《データを戦略的資産として扱う》

我々は何年も前から、データが戦略的資産になると考えてきた。データはファクトに基づく意思決定に必要な、真実を手に入れられる唯一の源であり、倫理的に許される範囲でデータをマネタイズすることができる。フューチャーレディ企業は、継続的に自社データの標準化、品質向上、簡素化を進めるとともに、業務プロセスの改善や、データを活用した新機能追加、顧客体験の向上、さらにはデータ自体の販売などによってデータのマネタイズ方法を学習している。フューチャーレディ企業はこれらの活動を通じて、理想的な領域にたどり着くのである。[18]

《適切な人材を育成し、定着させる》

フューチャーレディへの変革のためにリーダーが行うべきことは、従業員に必要なテクノロジーを与えて、それらのツールを十分活用するための責任と能力（スキル、協調的な組織文化など）を持たせることである。企業がアジャイル手法やデータ分析、ロボティクス、ＡＩといったデジタル技術や手法を導入すると、従業員に求める内容も変わってくる。それに伴い、従業員が担当業務に適したスキルを保有していることに加えて、企業にとっては複雑な問題を解決するために従業員が協調して働けるような環境を整えることが重要になる。[19] マドリードを拠点とするグローバル金融グループのBBVAは、人材の育成と定着を、フューチャーレディ企業になるという企業目的と明確に結び付けている企業の好例である。BBVAは2014年2月、BBVAデータ&アナリティクス（D&A）という子会社を設立したが、経営陣はすぐに次のことに気付いた。D&Aの技術力と分析力は、⑴内部の業務改善を行えば大きな経済的価値を創出しうること、⑵これらを活用することによって、銀行変革の取り組みの鍵である、デジタル商品に関する重要な新機能や顧客体験を生み出す可能性があること、である。BBVAは採用、人材開発プログラム、アナリティクスのためのツールの見直しといった取り組みを組み合わせ、即戦力のデータサイエンス人材の確保を目指した。[20]

《個人とチームの行動を会社のパーパスにリンクさせる》

フューチャーレディ企業には、リーダーシップを指揮統制型からコーチ&コミュニケーション型に変え、従業員に対してすべきことを指示するのではなく、責任を与えて任せるようにしているという特徴がある。そして、個人やチームの行動を会社のパーパスとしっかりリンクさせると、従業員の意思決定にも良い影響がもたらされる。DBSのような多くの企業では、ダッシュボードを介して、新しく設定したKPI（重要業績評価指標）と報酬体系とをリンクさせる方法を採用している。DBSでは、グループのスコアカードにおいて従来のKPI（持続的な成長や選ばれる銀行に関する指標）の重要度を引き下げ、顧客や従業員にとって「銀行取引を楽しくする」という指針に20％を割り当てた。KPIの1つはデジタル顧客1人当たりの収入であり、新しいスコアカードは従業員ひとりひとりがどのような形で会社に貢献できるかを示す指針となった。[21]

《スピーディな学習を企業全体で促進する》

未来は不確実なものなので、フューチャーレディであるためにはスピーディな学習と適応が求められる。既存企業はデジタルネイティブ企業から学び、よりデジタルな働き方を導入しつつある。組織横断的なアジャイルチームの立ち上げやテスト&ラーン手法の採用、ファクトに基づく意思決定の重視、サイロとスパゲッティの状態からプラットフォームへの移行といったものが挙げられる。フューチャーレディ企業は、小規模改善を繰り返す新たな働き方を実践することで、新しいアイデアを見つけることに注意を払い、価値獲得の機会を広げ、価値創出に尽力し、学んだことを企業全体に展開している。[22] また、このようなスピーディな学習能力と従来の強み（大規模な顧客基盤、素晴らしいデータ、業界や主要な事業プロセスに詳しい従業員など）を組み合わせることで、新たな価値を創出することができる。

サイロとスパゲッティの状態の企業（テクノロジー、業務プロセス、データが複雑化している状況と格闘している、一般的には顧客中心ではない商品主導型の企業）とフューチャーレディへの変革を終えた企業では、10の組織能力の獲得状況に著しい差がある（図7－2を参照）。あなたの会社が変革経路を進む際は、これらの組織能力の獲得、強化が必要であることを肝に銘じてほしい。これらが価値を獲得するための鍵となるのだ。さあ、いますぐ始めてみよう。図7－2の項目に目を通して自社の強みと弱みを見極めてほしい。場合によっては、上位3つを重点的に取り組んでも良い。

価値を積み上げる

さてこれで図7－1に示した項目の説明は、価値の積み上げとその測定を残すのみとなった。我々は価値の積み上げを、デジタル変革の本質だと捉えている。本書では、変革を通じて企業が獲得できる3種類の価値について述べてきた。[23]

- **業務オペレーションからの価値**：効率化、コスト削減、業務のスピードアップと再利用の促進によって得られる。
- **顧客からの価値**：顧客を感動させることによって得られる価値。新規サービスからの収入増や顧客の定着率の向上による顧客1人当たりの売上の伸びという形で現れる。
- **エコシステムからの価値**：エコシステムやパートナーからの収入が増え、エコシステムから入手できるデータが増えることで得られる。

企業はフューチャーレディへの変革経路を進みながら、この3種類の価値をすべて獲得して

■ **図7-2　フューチャーレディ組織能力の構築度合い（%）**

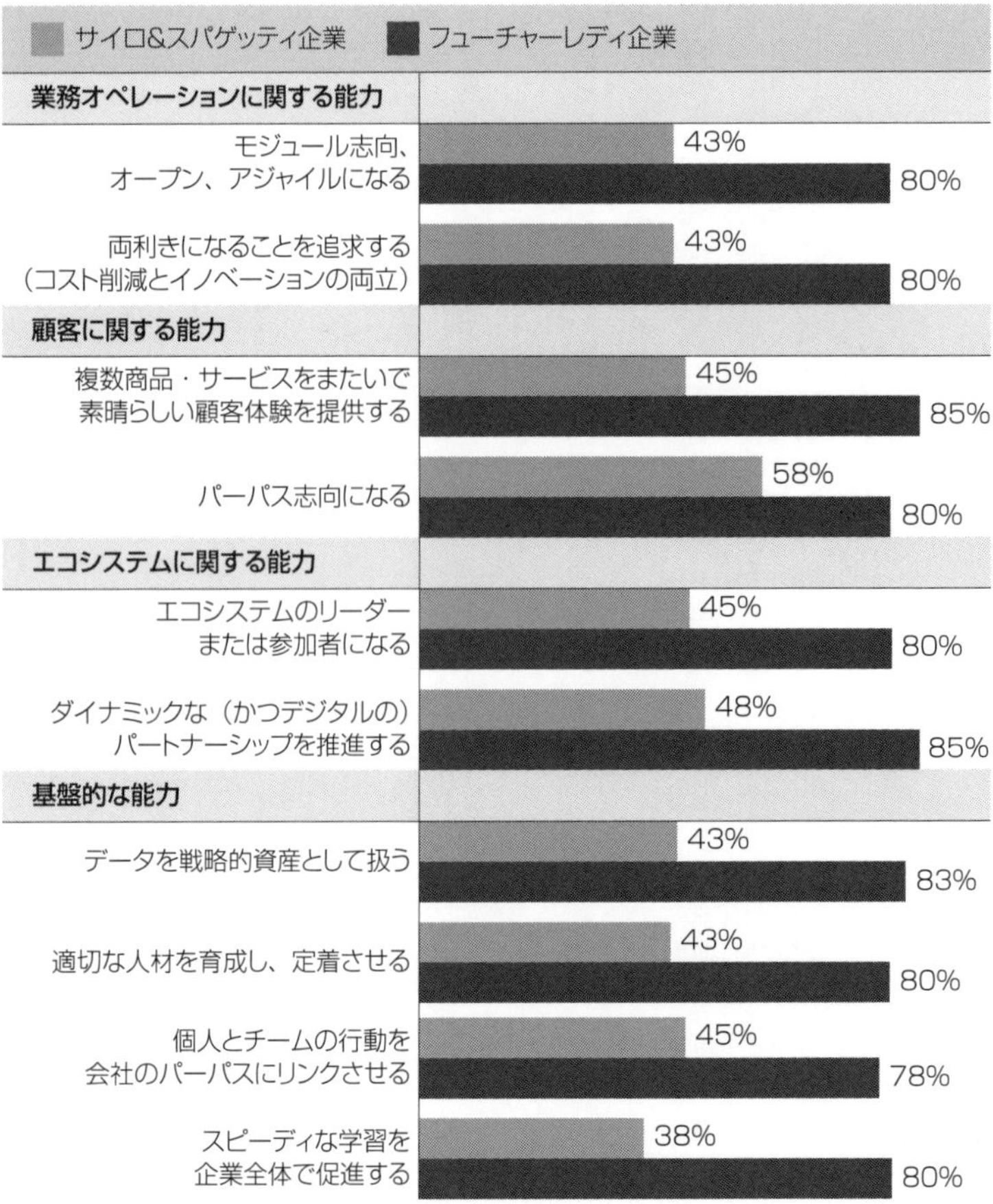

出典）MIT CISR 2019 Top Management Teams and Transformation Survey（N=1,311）。
p<0.05を有意差ありとした。

いく。

まず何を重視すべきか

フューチャーレディ企業への変革で特に重要になる作業は、長期にわたって価値を積み上げ、価値を測定することである。最初に、我々は価値創出と４つの爆発的変化に関して、４つの変革経路それぞれでリーダーがまず何を重視すべきかを明らかにした（各変革経路において最初に注力すべき爆発的変化および価値の種類を図７－３に示す）。不確定要素が数多く存在する場合、焦点を絞ることは特に重要である。

どの変革経路でも、最初に注力すべき爆発的変化は意思決定権限である。すなわち主要な意思決定を行うことができる人物を見つけ出し、その人物に責任を課すことである。テクノロジー費用の使い方を誰が決定するかといった、ごく一部の重要な意思決定に関する権限を変更することで、企業は選んだ変革経路を進められるようになる。

変革経路１の場合、意思決定権限の変更を行った後で、プラットフォーム思考の構築に取りかかる。この経路では業務オペレーションからの価値を最も重視すべきである。経路２の場合、意思決定権限の次に重視すべき爆発的変化は、新たな働き方になる。そして、最も重視すべきなのは、顧客からの価値である。経路３の場合、意思決定権限をどう割り当てるかは特に重要

図7-3　各変革経路で最初に重視すべきこと

変革経路	爆発的変化		価値
経路1（産業化先行アプローチ）	意思決定権限	プラットフォーム思考	業務オペレーション
経路2（顧客志向先行アプローチ）	意思決定権限	新たな働き方	顧客
経路3（階段的アプローチ）	意思決定権限		顧客 業務オペレーション
経路4（新組織創設アプローチ）	意思決定権限	組織体制の外科手術	エコシステム

出典）順序は我々の定性調査から導き出した仮説である。最初に取り組むべき爆発的変化は意思決定権限であるという仮説を、MIT CISR 2019 Top Management Teams and Transformation Survey（N = 1,311）のデータを用いて階層型回帰分析で検証した。

になる。重点を顧客体験と業務効率の間で何度も切り替えることになるため、意思決定権限者に大きな負担がかかる。そのため、この爆発的変化を正しく理解し状況に応じて調整することが最も重要である。経路3で変革の階段を上っていく際、最初から顧客からの価値の創出と業務オペレーションからの価値の創出が同じくらい重要になる。

経路4の場合、意思決定権限の次に重要な爆発的変化は組織体制の外科手術である。既存組織のサイロに依存しない、アジャイルで高速対応が可能なデジタルネイティブな組織を設計することになるからだ。親会社のリソースのうち、何を利用し何を利用しないかを決めることは、最重要決定事項の1つである。業務オペレーションや顧客からの価値は当然重要だが、経路4では多くの場合、最初にエコシステムからの価値を創出することが重要で、特に他社とパートナーシップを築き、彼らの顧客や補完的な商品・サービスを自然な形で取り込むことに重点を絞るのが一般的だ。

●●・ 自社の変革をダッシュボード化する ・●●

大規模組織のデジタル変革のような先を見通しにくい活動を進めるにあたっては、あなたの会社の現在地、すなわち変革ジャーニーのどこにいるのかを把握することは、この先どこに向かおうとしているかを知ることと同じくらい重要なことである。現在地は、次の2種類の重要な価値指標で把握できる。変革の進捗や価値獲得などの変革の成功度合いを測る指標［WHAT］と、フューチャーレディ企業が備えなければならない組織能力の構築度合いを測る指標［HOW］である。我々がこれまで見てきた中で、企業が変革の現在地を把握するのに最も有効なツールは、リアルタイム・ダッシュボードである。

我々が1000社を超える企業を分析したところ、ダッシュボードを構築している企業は、大半の重要な測定指標（業界対比でみたイノベーションや成長性、利益率など）でも優れた結果を示している（図7－4参照）。結果がすべてを物語っているように、これが本書の最後の章でダッシュボードの構築を強調する理由でもある。ダッシュボード化がこれほどまでに効果的である理由は数多くあるが、最も重要な理由は、予め合意された指標で示すことで、会社がどのような成果を上げているかを誰もが確認することができ、必要に応じ関係者が協議して軌道

■ 図7-4　ダッシュボードの導入が進んでいる企業は他社をしのぐ

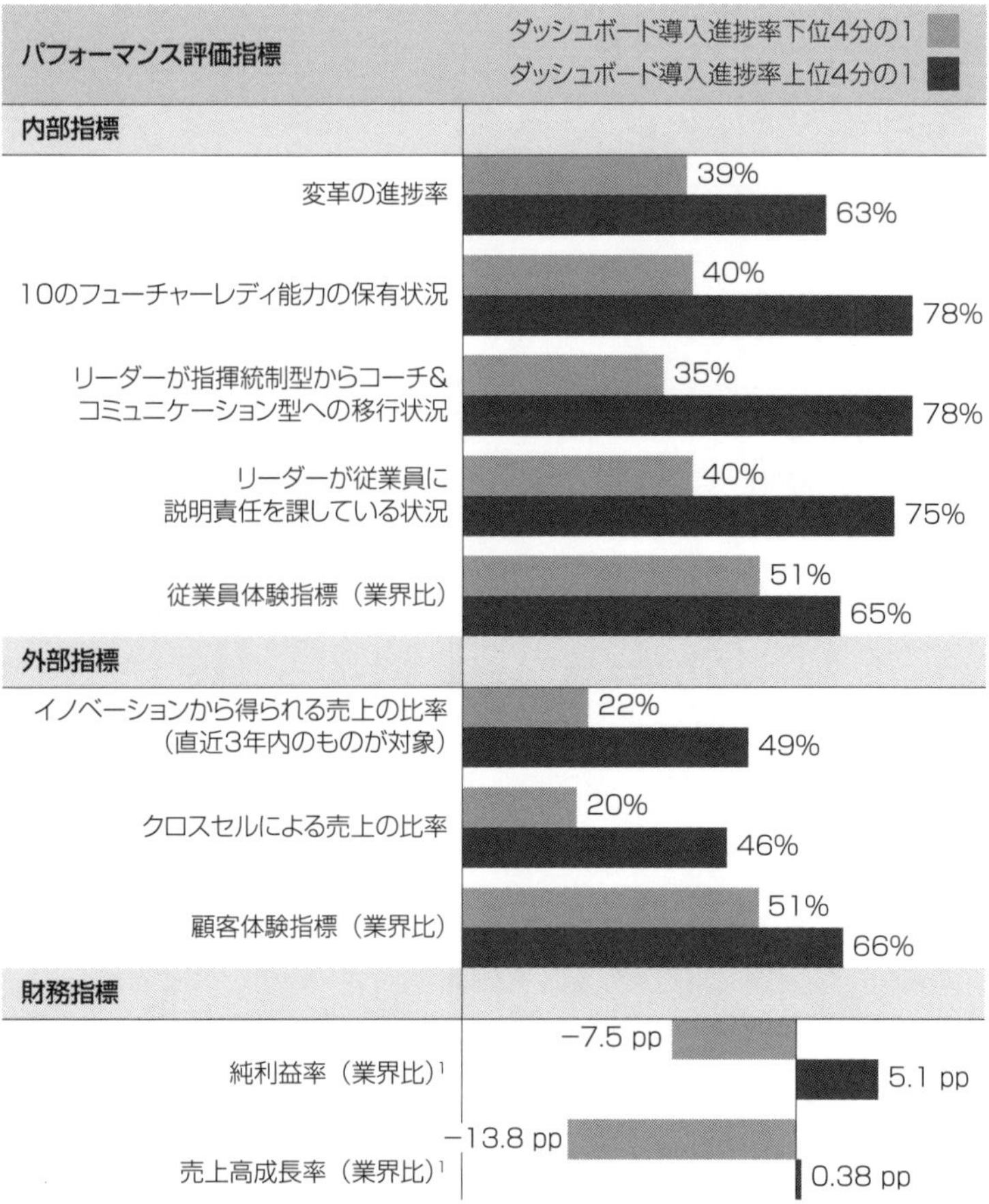

1）自己申告の純利益率、売上高成長率は、実際の純利益率、売上高成長率と有意な相関がある（p<0.01）。純利益率と売上高成長率は業界水準と比較し、5%トリム平均（異常値を排除するため、上位と下位のデータを一定の割合で取り除いて計算した平均値）で外れ値を取り除いている。
出典）MIT CISR 2019 Top Management Teams and Transformation Survey（N＝1,311）.

修正ができる点であろう。

我々の提案するダッシュボードは、デジタルからの価値を以下の2つの側面から測定するものである。

- どのような価値［WHAT］を獲得しているかを継続的に測定する。
- 組織や個人のフューチャーレディ能力を活用して、価値をどのように創出しているか［HOW］を測定する。

デジタルが創出する価値について［WHAT］と［HOW］を組み合わせて考えることで、企業はフューチャーレディに向けて突き進むことができる。シュナイダーエレクトリックの場合は、「デジタルフライホイール」という独自開発のダッシュボードでこの2つの価値を測定している。

シュナイダーエレクトリック、「デジタルフライホイール」を用いて創出価値を測定

シュナイダーエレクトリックは289億ユーロの売上を誇る、エネルギーマネジメントや産業用オートメーションに関するデジタルソリューション企業である。[24] 同社はこの10年の間に、エネルギー関連製品の販売業者から、エネルギー効率化サービスプロバイダーとしてデジタル

化をリードする存在へと変貌を遂げた。

シュナイダーエレクトリックとその顧客にとって、デジタル化によって電力の持続可能性と効率性を同時に高められるということは、新たな価値創出の大きなチャンスだった。この戦略を実行するため、シュナイダーはエコストラクチャーという、プラグ・アンド・プレイで接続可能なIoT対応の顧客エンゲージメントシステムを構築し、ビルや工場、データセンターなどを対象にエネルギー効率化サービスを提供している。エコストラクチャーのシステムは、顧客の施設に設置されている同社の製品から構造化データ（センサーから入手）と非構造化データ（メンテナンス担当者が記録したログから入手）を収集し分析することで、データをもとにエネルギー効率を上げるためには何をすれば良いかを判断する。そしてリアルタイムで次に取るべき行動を導き出し、システムがその指示を顧客へと送り返す。エコストラクチャーのようなサービス提供能力を確立したことで、シュナイダーエレクトリックは単なる製品販売業者から、より多くのサービスやソフトウェアを販売する事業者へと進化した。こういったデジタルソリューションを有することで、顧客施設のエネルギーマネジメントにおいて、圧倒的な差別化を達成している。例えば、同社のエネルギー効率化ソリューションを採用している企業は、エネルギー消費量が3割減少したと報告している。

大規模な組織でこの種の変革を達成するには、組織の目標、管理指標、ビジネスロジック、さらにはそれらを適切に組み合わせる方法について、誰もが理解できるようにする仕組みが必要だ。シュナイダーエレクトリックの場合、デジタルフライホイールが皆に指針を示し、変革を推進するツールとなった。

シュナイダーエレクトリックは当初、自社のダッシュボードを、デジタルからどのような価値を創出したか［WHAT］を測定する「デジタルバロメーター」として位置付けた。しかし、やがて上級役員たちは、なぜ特定の指標が重視されるのかが社内外の利害関係者の誰もが理解できるように、何か別のもの、すなわち売上を含めた価値をどのように創出したか［HOW］というビジネスロジックが必要だと気付いた。これがきっかけとなって、デジタルから価値を創出する方法を明確にし、測定するデジタルフライホイールが誕生した。デジタルフライホイールは、エコストラクチャーシステムの4つのパーツ（レイヤー）を表す次の要素を持つ。

- **コネクテッド製品**：ビルのあらゆるエネルギー関連のシステムや装置（冷暖房システム、換気装置、サーモスタットなど）。これらの製品が分析用データを同社に送信し、指示を受信し実行する。
- **エッジコントロール**：顧客が複数のコネクテッド製品を連携し、管理するためのソフトウエアおよび監視ソリューションのレイヤー。
- **デジタルとソフトウエア**：分析を行いリアルタイムでエネルギー効率を示すダッシュボードを作成する、情報とソフトウエアのレイヤー。このソフトウエアは、シュナイダーのコネクテッド製品だけでなく、競合製品や補完的機能を持つ機器も管理可能である。製品から送られてきたデータを分析すれば、さらなる顧客ニーズや機会を見出すことができる。

●フィールドサービス：シュナイダーの製品やサービスを実装するチーム。

シュナイダーエレクトリックはデジタルフライホイールを用い、4つの構成要素それぞれと複数要素を組み合わせ、両方の視点で売上や利益などの成果を測定し、追跡している。しかし、同様に重要な点は、これが4つの構成要素をどのように連携させて会社に高い価値と売上をもたらし、顧客に対する価値（エネルギー効率の向上として測定されることが多い）を高められるかを示すことである。エコストラクチャーによって生み出された会社の総収入は、エコストラクチャーが登場した2016年はごくわずかであったが、2021年には全収入の5割を占めるまでに成長した。[25] これは業界最高レベルの成果であると同時に、シュナイダーエレクトリックがほぼ製品のみの販売から製品販売とサービス提供へとビジネスモデルを転換したことを明確に示している。[26]

■5つの教訓を活かした効果的なダッシュボード化

シュナイダーエレクトリックは、デジタルフライホイールは会社の経営方法も変えた。我々は同社の発展やフライホイールの活用状況について調査した結果、次の5つの教訓を明らかにした。

1. **［WHAT］と［HOW］を組み合わせる**：デジタルフライホイールの開発にあたっては、シュナイダーエレクトリックはフライホイールを実用的な形に仕上げるまでに何度も試行を繰り返した。デジタルフライホイールが他の追随を許さないものになっているのは、測定すべき対象［WHAT］と、価値創出の実現方法［HOW］に関するビジネスロジックとを結合させているからである。

2. **辛抱強く続ける**：組織がダッシュボードを導入し使用できるようになるまでには時間がかかる。ダッシュボードをうまく活用している多くの企業と同様、シュナイダーエレクトリックにおいても、従業員が抵抗を示した時期もあった。しかし最終的に、ビジネスの成功要因の定義とその測定指標について経営陣の間で合意に達することができた。そのような合意が得られれば、従業員はダッシュボードをチームのツールとして用いることができるようになる。彼らは、自分のグループがどのように活動していて、他のグループのパフォーマンスとどのような関係性があるのかを理解できるようになる。

3. **会社の経営にダッシュボードを用いる**：シュナイダーエレクトリックのCEOであるジャン＝パスカル・トリコワは、デジタルフライホイールを各事業部門のリーダーとの四半期レビューに用いている。レビューは通常、まずうまくいったことから入り、その後さらに重点を置くべき領域へと移る。デジタルフライホイールは、会社全体で用いる共通言語となっており、取締役会のデジタル委員会でも用いられている。最近、シュナイダーエレクトリックのIR説明会で、魅力的なビジョンを生み出すためには、デジタルとサービスをどのように融合させればいいかを説明するのに用いられた。

4．**会社全体に対してダッシュボードの活用方法を伝える**：大企業の場合、全員がダッシュボードを効果的に使えるようになるには、広範囲に向けて一貫したコミュニケーションをとることが必要だ。シュナイダーエレクトリックは13万5000人の従業員に届くよう、様々な手段でメッセージを送った。なかでも、デジタルフライホイールを特集した月1回のニュースレターは効果的だった。最近の号では「フライホイールのデータの裏側」と題したコーナーを設けてシュナイダーエレクトリックの上級役員にインタビューを行い、サービス解約のパターンと解約を最小限に抑えるために何ができるかといった解説を行った。フライホイールの活用を促進することだけではなく、指標に表れる会社のパフォーマンスを高めることも目的であった。

5．**詳細分析機能によって自動化する**：ダッシュボードに事業部門や営業部門単位での詳細分析ができる機能を追加し、リアルタイムでデータ共有できるようになっていくと、意思決定における有用性が増し、軌道修正も実施しやすくなる。シュナイダーエレクトリックでは多くのデータをリアルタイムで共有しており、ダッシュボードのモニター上には、調査対象のデータソースや、地域、事業範囲などで詳細分析を行う機能が表示されている。

ダッシュボードの構築にあたっては、他の多くのデジタル化施策と同様に、完璧を求めると進まなくなる。ダッシュボード構築における最初の数ラウンドでは、データが完璧ではないうえ、組織内での合意すら得られていないだろう。さらに難易度が高いのは、各部門独自の数字ではなく共通のダッシュボードを使うように業務慣行を変えることである。また、マネジメントレビューをリアルタイムのダッシュボードを用いて行うように変えるには、時間と労力をかけていく必要がある。しかし、最も困難かつ重要な取り組みは、会社がどのように価値を創出し獲得するかを示すビジネスロジックを明確にすることだろう。ダッシュボードにビジネスロジックを盛り込めたとすれば、それは、デジタルがいかに新たな価値を創出できるかを理解するために、経営陣が十分な時間をかけ経験を積み重ねてきたことの証と言える。ダッシュボードをうまく使っている企業は、デジタルビジネス変革の進捗状況の確認と変革の軌道修正のために使い始めるが、最終的には事業運営の手段として活用している。

■あなたの会社のダッシュボードを構築する

これからダッシュボードのスターターキットを紹介しよう。我々が提案するダッシュボードでは、社内の誰もが目標に対する達成度を他社のベンチマークと比較して確認できるようになっている。ダッシュボードには以下の3つの重要なパーツがある。

- 時間とともに蓄積していく3種類の価値の測定（どういった価値を創出するか［WHAT］）。価値について意味のある評価結果が出るようになるには、投資や試行の繰り返しが必要になるだろう。
- 価値創出を促進する、10のフューチャーレディ組織能力の評価（どのように価値を創出するか［HOW］）。
- 変革の成果について、変革が同じ段階にある平均的な企業との比較。あなたの会社における変革の進捗率は他社と比べて妥当なものか。

ダッシュボードの構築は4つのステップから成る。様々な部門からデータの提供を受けて平均値を全社のスコアとして算定すること、また各部門のバラつきにも目を配ることを推奨する。ダッシュボードの部品をそれぞれ完成させていくのは大変な作業になるので、しっかりと準備を整えておいてほしい。価値［WHAT］を評価するには、自社の収益の上げ方を十分に理解していなければならない。

1. 変革がどの程度進捗しているかを判断する（図7－5a）。変革の3段階についてベンチマークを行う。
2. 図7－5bに回答し、3種類の価値創出［WHAT］における自社の達成度を評価する。業務オペレーションからの価値、顧客からの価値、エコシステムからの価値の3つのスコアを算出する。
3. 図7－5cに回答し、自社の10のフューチャーレディ組織能力［HOW］の構築度合いを%で評価する。業務オペレーションに関する能力、顧客に関する能力、エコシステムの構築／活用に関する能力、変革に必須の基盤的な能力の4つのスコアがある。
4．図7－6の進捗率の該当欄にスコアを記入し、回答結果を、全世界1000社以上の企業データから導き出したベンチマークの値と比較する。ベンチマークに照らし合わせて、あなたの会社はどこを強化すべきかを確認する。[27] また、価値の創出と獲得を支えているビジネスロジックも明確にしてほしい。

ダッシュボードの使用例として、BankCoの事例を見てみよう。BankCoの情報は、ワークショップ中に上級役員が示した価値と組織能力の値に基づいており、いくらか我々の解釈を加えたうえで、ダッシュボード上に集約している（図7－7参照）。

変革の0～33%を完了した企業はサンプルの25%で、平均進捗率は21%。変革の34～67%を完了した企業はサンプルの44%で、平均進捗率は51%。変革の68～100%を完了した企業はサンプルの29%で、平均進捗率は80%。

BankCoは、複数の変革経路を採用しており（投資の割合は、経路1に6割、経路2に3割、経路4に1割）、デジタル変革の55%を完了している。業務オペレーションからの価値と顧客からの価値についてはベンチマークを下回っているが、エコシステムからの価値はベンチマークを大幅に上回っている。その要因としては、経路4のエコシステムに重点的に投資を行うとともに、経営陣が大きな関心を寄せており、それがうまくいっているという点が考えらここで算定したスコアを変革ダッシュボード（図7-6）に記入する。

Ⓒ あなたの会社はどのようにして価値を創出しているか

それぞれの組織能力の構築状況について、0%（まったく構築できていない）から100%（大いに構築できている）で評価する。その後、グループごとに平均を出す。

業務オペレーションに関する能力のスコア		
モジュール志向、オープン アジャイルになる	%	平均 %
両利きになることを追求する （コスト削減とイノベーションの両立）	%	
顧客に関する能力のスコア		
複数商品・サービスをまたいで 素晴らしい顧客体験を提供する	%	平均 %
パーパス志向になる	%	
エコシステムに関する能力のスコア		
エコシステムのリーダーまたは 参加者になる	%	平均 %
ダイナミックな（かつデジタルの） パートナーシップを推進する	%	
基盤的な能力のスコア		
個人とチームの行動を会社の パーパスにリンクさせる	%	平均 %
スピーディな学習を企業全体で 促進する	%	
データを戦略資産として扱う （収集、厳選、収益化）	%	
適切な人材を育成し、定着させる	%	

出典）ベンチマークの値は、MIT CISR 2019 Top Management Teams and Transformation Survey（N=1,311）から算出。

■ 図7-5　変革ダッシュボードアセスメント

ここで算定したスコアを変革ダッシュボード（図7-6）に記入する。

ⓐ あなたの会社における変革の進捗率

取締役会やCEOに約束した目標に対するデジタル変革の進捗率（%）はどの程度か（第2章、図2-5）。	

ⓑ あなたの会社はどの種類の価値を積み上げているか

業務オペレーションからの価値のスコア
（0%＝競合他社より大幅に劣る、100%＝競合他社より大幅に優れている）

業務コストにはどの程度優位性があるか。	%	平均	%
業務効率にはどの程度優位性があるか。	%		
市場投入スピードにはどの程度優位性があるか。	%		

顧客からの価値のスコア

クロスセルの売上は全体の何%か。		平均	%
直近3年間に導入したイノベーションが生み出す売上は全体の何%か。	%		
顧客の定着化はどの程度できているか。（0%＝まったくできていない、100%＝非常にできている）	%		

エコシステムからの価値のスコア

あなたの会社がリードもしくは参加しているエコシステムから得られる売上は全体の何%か。	%	平均	%
エコシステム上でパートナー企業が提供する新サービスから収入を獲得できているか。（0%＝まったくできていない、100%＝非常にできている）	%		
あなたの会社はエコシステムのデータをどの程度入手可能か。	%		

■ 図7-6　あなたの会社の変革ダッシュボード

変革の進捗率	0-33%	34-67%	68-100%
図7-5aで出したあなたの会社における変革の進捗率（%）を当てはまる欄に入力する。ベンチマークの値を欄外に示す。			
あなたのスコア			
価値をどれだけ積み上げているか（図7-5bより）			
業務オペレーションからの価値のスコア			
あなたのスコア			
平均点	40%	54%	66%
顧客からの価値のスコア			
あなたのスコア			
平均点	26%	43%	55%
エコシステムからの価値のスコア			
あなたのスコア			
平均点	28%	43%	69%
フューチャーレディ能力をどれだけ構築しているか（図7-5cより）			
業務オペレーションに関する能力のスコア			
あなたのスコア			
平均点	33%	59%	71%
顧客に関する能力のスコア			
あなたのスコア			
平均点	48%	65%	75%
エコシステムに関する能力のスコア			
あなたのスコア			
平均点	40%	63%	74%
基盤的な能力のスコア			
あなたのスコア			
平均点	38%	59%	71%

出典）ベンチマークの値は、MIT CISR 2019 Top Management Teams and Transformation Survey（N=1,311）から算出。

図7-7　BankCoの変革ダッシュボード

変革の進捗率	0-33%	34-67%	68-100%
図7-5aで出したあなたの会社における変革の進捗率（%）を当てはまる欄に入力する。ベンチマークの値を欄外に示す。			
BankCoのスコア		55%	複数の変革経路 経路1（注力率6割） 経路2（注力率3割） 経路4（注力率1割）
価値をどれだけ積み上げているか（図7-5bより）			
業務オペレーションからの価値のスコア			
BankCoのスコア		48%	
平均点	40%	54%	66%
顧客からの価値のスコア			
BankCoのスコア		37%	
平均点	26%	43%	55%
エコシステムからの価値のスコア			
BankCoのスコア		60%	
平均点	28%	43%	69%
フューチャーレディ能力をどれだけ獲得しているか（図7-5cより）			
業務オペレーションに関する能力のスコア			
BankCoのスコア		75%	
平均点	33%	59%	71%
顧客に関する能力のスコア			
BankCoのスコア		69%	
平均点	48%	65%	75%
エコシステムに関する能力のスコア			
BankCoのスコア		80%	
平均点	40%	63%	74%
基盤的な能力のスコア			
BankCoのスコア		42%	
平均点	38%	59%	71%

出典）進捗率は、上級役員5名の回答の平均に基づく。価値と組織能力の評価は分析結果に基づく。ベンチマークの値は、MIT CISR 2019 Top Management Teams and Transformation Survey（N＝1,311）から算出。

れる。問題点は、業務オペレーションからの価値と顧客からの価値が下回っていることから、今後は経路1と2の取り組みにプレッシャーがかかることであり（既存の銀行事業に重点が置かれており、そこに大きな影響が及ぶと思われる）、早急な対応が必要と見込まれる。

BankCoが直面している問題を深く理解するため、フューチャーレディ組織能力のスコアを見てみよう。基盤的な能力の総合スコアはベンチマークをかなり下回っており、対応が必要だ。BankCoは、基盤的な能力に該当する4つの能力について検証し、どれがベンチマークを下回っているかを確認すべきである。[28] BankCoの場合、データの戦略的活用と全社を通じたスピーディな学習に問題があった。我々としては、次のようなアクションを推奨したい。

- エコシステムからの価値創出がうまくできていることを、顧客のエピソードや事例を社内外に発信することによって成果を称賛し、変革に勢いをつける。
- 顧客のエピソードを紹介して生まれた勢いを活かして、経路1と経路2の価値獲得に重点的に取り組む。これらの経路の指標を詳細に分析し、業務オペレーションと顧客からの価値を獲得するにあたって、課題がどこにあるかを理解する。
- 業務オペレーションと顧客についてのフューチャーレディ組織能力がベンチマークを上回っているにもかかわらず、価値の獲得に繋がっていない理由を検証する。ワークショップで経営陣があまりに楽観的な数値を出したからかもしれないし、平均を上回る組織能力をもっと活用するためには、ガバナンスや、デジタルサービスやデジタルモジュールの再利用に関して見直しをする必要があるのかもしれない。

- 基盤的な能力の低スコア項目（データの戦略的活用と全社にわたるスピーディな学習）に対処する。これは多くの場合、意思決定権限とプラットフォーム思考の問題であり、前者は各部門独自の意思決定権限が残っていること、後者は全社で共有する仕組みのない部門独自の技術ソリューションの導入によって助長されている。

このアセスメントを四半期ごとに実施してスコアの変化を観察し、ワークショップを開いて議論することを推奨する。個々のスコアの数値よりも、スコアをもとに展開される議論の質の方がはるかに重要である。また、我々が示した体感的かつ実用的な指標を、あなたの会社の［HOW］や［WHAT］を最もよく表している実際のリアルタイムデータに徐々に置き換えていくことを推奨したい。

●・フューチャーレディに到達することは可能か・●

本書もいよいよ終わりに差し掛かっている。我々は、フューチャーレディに向けたそれぞれの変革がうまくいくことを願っている。この変革はエキサイティングでやりがいのある経営変革のジャーニーであり、あなた方の成功体験や得られた教訓についても話を聞ける機会を楽しみにしている。ここで1つ重要な問いが残っている。フューチャーレディに到達することは本当に可能なのだろうか。我々の答えはシンプルだ。Yes！である。ただし問題は、フューチャーレディの状態になっているのはある一時点でしかない、ということだ。あなたは、フューチャーレディ企業を支える10の組織能力を常に進化させ続けなければならない。我々はこれまでに行ってきた分析の多くで、あなたが自己診断で行ったように、ある企業をその競合他社と比較している。競合他社も、あなたの会社と同じく改善し続けるため、フューチャーレディのハードルは上がり続けるのである。（競合他社との比較で）フューチャーレディの状態となる目標期日を設定し、その進捗状況を継続して評価することが望ましい。ただし、目標期日が到来した時には最終的に到達すべき点がすでに変わってしまっていることも多いため、新たな目標期日を設定して今までのプロセスを最初から繰り返す必要がある。このプロセスは何度でも、それこそ永久に続くのだ！　最後に改めて、あなたの会社のフューチャーレディ変革がうまくいくよう、我々は心から願っている。

第7章のアクションアイテム

❶ 第6章までのアクションアイテムを振り返ろう。各アクションアイテムには、それぞれの時点で対応しておくべき重要な意思決定事項を記載している。

❷ 取締役会やトップマネジメントチームに対し、デジタルサビー度を高めるための教育を始めよう。外部の専門家を迎え入れ、テクノロジーのデモを行い、社内の人材を利用し、リバースメンタリング（部下や若手社員が役員層にテクノロジーを教える）を試してみよう。

❸ 特に従業員の働き方が変わるにつれ、リーダーとして会社を引っ張っていく方法を変える必要がある。もはや指揮統制型は有効ではないだろう。コーチングやコミュニケーションを多用するリーダーシップが求められると考える。

❹ まず、どのフューチャーレディ組織能力の向上に取り組むかを判断しよう。

❺ デジタル変革によってどういった価値を積み上げ［WHAT］、どのようにその価値を創出させるか［HOW］というビジネスロジックを全社に対して明確に示そう。ダッシュボードにそのビジネスロジックを組み入れ、リアルタイムデータを（目標として）使用する必要がある。

❻ リーダーとしてのあなたの役割は何よりもまず、変革を従業員全員にとって意義あるものにし、変革を実現できるという自信を彼らに与えることである。会社のパーパスを会社の行動施策に組み込み、変革を行う理由を説明するストーリーを語り、従業員に対して求める変化や行動を体現したロールモデルとなる必要がある。

謝辞

本の執筆はともすれば孤独な作業だが、幸運にも我々は、素晴らしい人々に恵まれるという正反対の経験をした。我々の原動力となったのは、デジタル時代に企業はどうすれば成功できるかを知りたいという強い思いであった。これを実現できたのは、我々がマサチューセッツ工科大学情報システム研究センター（ＭＩＴ ＣＩＳＲ）の一員であったからだ。ＭＩＴ ＣＩＳＲは２０２４年に創立50周年を迎えるスローンスクールオブマネジメントの研究センターである。我々は、大企業が次の技術革新の時代での成功に向けてどのような取り組みをすべきかについて研究している。我々には約85の会員企業が参加する素晴らしいグローバルコミュニティがある（cisr.mit.edu を参照）。本書に記した研究成果は、ＭＩＴの強力な研究文化と、我々に協力してくれた企業の前向きな姿勢や寛大さ、オープンさが組み合わされて生み出されたものである。我々はＭＩＴ ＣＩＳＲのスポンサーや後援者との協働の他、２０００社以上を調査して１００名以上の経営層にインタビューを行い、その全員から洞察を得ることができた。すべての関係者の方々の多大なるご協力に感謝申し上げたい。ＭＩＴのような刺激的で恵まれた研究環境で働けることは幸運であり、誇りである。我々は、ＭＩＴスローンスクールの学部長であるデビッド・シュミットラインとマイケル・Ａ・クスマノ、またＩＴグループの同僚であるワンダ・オルリコウスキー、スチュアート・マドニック、トーマス・マローン、シナン・アラルからいただいた指導や支援、激励から多くを得ることができた。彼らとともに働くことができて光栄である。

ジェフ・ケホーおよびハーバードビジネスレビュープレスのチーム全員と再びタッグを組むことができたことも嬉しく思う（本書は彼らと共同で制作した7冊目の書籍である）。ジェフの助言のおかげで本書の内容は深まりより一層説得力のあるものになった。6名の匿名査読者には、追加作業が必要な箇所を浮き彫りにする指摘をいただき大変感謝している。ともに仕事をしたスタジオ・ヴァン・ディーペンのバウデヴァイン・ヴァン・ディーペンとTINのヴィンセント・メールテンスは素晴らしいグラフィックチームだった。彼らは鋭い質問を投げかけて我々が本当に伝えたいことが何かを考えるよう仕向け、テキストを引き立てるグラフィックを制作してくれた。本書の出版にあたってはキドコミュニケーションズのヴェロニカ・キドにご協力いただき、大変嬉しく思う。

MIT CISRのメンバーは皆、素晴らしい同僚だ。MIT CISRの研究チームのワンダ・オルリコウスキー、バーバラ・ウィクソム、ニルス・フォンスタッド、ニック・ファン・デル・ミューレン、シンシア・ビース、そして最近ではクリスティン・デリー、ジーニー・ロス、アマン・シャーは、我々を励まし、ともに議論し、洞察を形にする手助けをしてくれた。

MIT CISRの運営チームはトップクラスの能力を誇り、クリス・フォグリア、ドロシア・グレイ、シェリル・ミラー、そして（最近までは）レスリー・オーウェンス、アンバー・フラニーがスポンサーや後援者とのやり取りやイベントの企画、研究プロジェクトのサポート、研究結果の公表の他、必要なことをすべて担ってくれた。彼らの協力なしには、研究を行うことも研究センターを運営することもできなかっただろう。感謝の気持ちでいっぱいである。シェリル・ミラーには、グラフィックチームの探索や管理でサポートいただいた。グラフィックを実際の形にするのはクリエイティブで非常に細かい仕事だ。シェリルの働き――本書を見れば一目瞭然だが――に感謝したい。

現在のMIT CISRのスポンサーや後援者である企業のご支援には深く感謝申し上げたい。彼ら大企業はMIT CISRコミュニティの核となる存在であり、いただいているご支援は研究への資金提供にとどまらず、取材やデータの提供、ケーススタディの事例として採用することへの承諾など多岐にわたる。これらの企業の経営幹部の方々と連携して研究をする機会を持てたことは光栄である。経営層の方々は、デジタル技術が生み出す機会や課題に対して情熱的であり、自らの経験を進んで共有したいという思いを持っている。そのおかげで、我々は洞察を深めベストプラクティスを理解することができた。我々は彼らとの意見交換や連携を通じて、各社が直面している大きな課題を把握しようとした。最も重要であった点は、我々が先方のオフィスやオンラインでワークショップを実施し、こういった課題に経営層の方々がどのように取り組んでいるのかを深く掘り下げ、我々の研究と経営層の方々の経験を結び付けたことである。連携して研究を進められたことは光栄であり、またそれは我々の研究プロセスにとって不可欠なものであった。プレゼンテーションやワークショップ、ディスカッション、ディベート、そして時には論争を繰り返すことで、洞察の精度を高め主要なメッセージを打ち出すことができた。会員企業にとってこの2年は特に厳しいものだった。各社は新型コロナウイルス感染症対策へと方向転換を余儀なくされていたため、多くの場合、変革プランを年単位ではないにしても数カ月単位で繰り上げざるを得なかった。変革のための時間も変革への集中力も十分とは言えなかったのである。

また、アイデアについての意見交換や経験談、得られた教訓の共有などによって我々をサポートしてくださったすべての方々に感謝申し上げる。自社の事例を紹介することを認めてくださった企業にも深くお礼を申し上げたい。これらの事例のおかげで、本書が提示するフレームワークは現実的なものとなり、またその後に続こうとする他社のモチベーションにも繋がる。本書は彼らの洞察を的確に捉えており、フューチャーレディに向けたジャーニーに乗り出したすべての企業にとって有益なツールとなると我々は確信している。

ステファニーのコメント

まずはピーターとイナに感謝を伝えたい。ピーターは15年以上にわたる研究パートナーであり、彼と行うブレーンストーミングや仕事は刺激的で知的な喜びがあり、そして何よりも楽しい。ピーターは刺激的なアイデアを見つけ出す並外れた能力を持っている。それらのアイデアは直近のワークショップを下敷きにしている場合が多く、内部のミーティングに持ち帰って、コンセプトについてともに議論したり、研究を進めるための新しい測定方法を実験したりすることができる。また私の考えを検証し成長に導いてくれたことにも感謝している。とはいえ、私たちのパートナーシップが仕事ばかりだと思わせてしまうわけにはいかない。ピーターとは料理好きという共通点があり、彼が試している新しい料理の写真がいつ私の携帯メールに飛び込んでくるかも分からないくらいである。イナとは、パートナーシップやエコシステムに関する研究プロジェクトで仕事を共にするようになった。彼女は素晴らしいケースライターであり、ケースの細部や複雑性を巧みに捉えることができる。ピーターとイナとともに本書を執筆できたことを嬉しく思う。

ＭＩＴ ＣＩＳＲの同僚は、私をサポートし励まし、私の研究を論評し、また研究の進め方に関する助言をくれ、研究をより良いものにしてくれた。彼らに感謝を申し上げたい。

家族は私の人生に意味を与えてくれている。私の子どもであるマックス、ジャック、ゾエ、そして義理の娘のクリスは全員成人しており、彼らが社会でそれぞれの道を切り拓いていく様子を見ることができ満足している。彼らを非常に誇らしく思うとともに、その姿に喜びを感じている。私の両親、チャールズ・ウォーナーとジュディス・ウォーナーはいつも私に無償の愛を与えてくれる、私にとって最高の親だ。ジョン・チェイスとプリス・チェイスが義理の両親であったことは幸運だった。義母は本書の編集中に亡くなったが、幸いにも最後の数カ月を夫とともに過ごし、彼女をサポートすることができた。私の兄弟であるチャーリー、スーザン、メアリー、テレサ、ルースとは、新型コロナウイルスのパンデミック中、今まで以上に距離が近くなった。毎週定期的に通話してお互いの話をする時間を大切にしてきたことは何よりだった。家族とのチャットも楽しんでおり、大切な話や日々の細々としたこと、時々あるお祝い事などについて今もやり取りをしている。

新型コロナのパンデミックは人々を隔離する孤独なものだったが、友人や家族と（Ｚｏｏｍのおかげで）繋がることができて非常にありがたかった。ロット・ベイツとシェリ・ベイツは素晴らしい隣人で、我が家の子どもたちやペットを長年にわたり見守ってくれた（お互いにである）。ベイツ夫妻には我が家のスペアキーを預けており、助けを求めたい時や、ただちょっとおしゃべりをしたい時にいつも近くにいてくれる。ティナ・アンダーウッドとスージー・ヘバートとは仕事や子どものこと、手芸、料理などの話題でいつも盛り上がる。ぜひ近いうちに直接会いたいものである。アリアン・ベルカディ、ペギー・ボニング、カレン・エストレラ、サリー・シェルトンとの読書会は毎月の楽しみとなっている。私のヨガ講師であるキャロル・フォークナーはデジタル技術の使いこなしがあまり得意ではなかったものの、オンラインクラスのやり方を懸命に学んだ。彼女が作り上げた空間や、すべての生徒のお互いへの心配りは私にとって大切なものであり、クラスの皆に感謝している。

私の仕事や私生活に大きな影響を与えてくれた専門家の方々にも感謝を申し上げたい。エレナー・カウンスルマン博士には長年にわたり話を聞いていただき助言を頂戴している。おかげで、私は自分自身をより深く理解できるようになった。パメラ・エンダーズ博士は私のエグゼクティブコーチとして、研究上の課題に取り組む上で自信や助言を与えてくださる。テネシー大学ノックスビル校演劇学部の演技部門責任者であるジェド・ダイアモンドには最近お世話になりはじめたのだが、ご指導いただいた通りに自分の声が出せるようになるとは思わなかった。

最後に、夫であるデビッド・チェイスからの愛情とサポート、激励に心から感謝を伝えたい。子育てとフルタイムでの仕事の両立は大変なことだが、デビッドとはパートナーとしてあらゆる苦労と喜びをともに分かち合ってきた。夫との会話や意見交換は非常に楽しい。これからも一緒に旅行や探検を楽しみ、ともに時間を過ごしたいと思っている。デビッドに愛をこめて。

ピーターのコメント

MITでの22年目を迎え10冊目の本の執筆を終えた今、これまでに辿ってきた素晴らしい旅路を思い返している。誇らしい旅であり、その道のりは、ある疑問への答えを何とかして知りたいという思いで進んできた刺激的な探求の旅であった。大企業はどのような方法でテクノロジーを使ってさらなる事業価値を創出できるのだろうか。また近年では、大企業はデジタルエコシステムの時代にどのような方法で成功できるのだろうか。これらの疑問に対する答えを探す中で発見した興味深いことは、成功に必要な一部の側面は何年経っても変わっていない（変化を受け入れる能力など）点である。一方で、テクノロジーやパートナーシップの進め方などの他の側面はデジタル時代になって根底から変わった（ビジネスモデル、クラウド対応型サービス、デジタルパートナーシップなど）という点も挙げられる。

この素晴らしい旅の出発点は、ニューヨーク大学スターンスクールオブビジネス情報学部の博士課程の学生時代にあった。この分野のトップクラスの方々と一緒に研究ができたこと、また研究方法を学びながらその方々のサポートを得られたことを光栄に思う。ハンク・ルーカス、ジョン・ターナー、マルグレーテ・オルソン、テッド・ストール、ワンダ・オルリコウスキー、ケネス・ラウドン（故人）に心から感謝したい。

ステファニー、イナとともに研究の旅に出ることができたのは大きな喜びだった。ステファニーとは15年以上も研究をともに行っている。本書は2作目の共著で、我々は数多くの論文やMIT CISRの研究報告を執筆した。互いのスキルをうまく補完し合える関係で、彼女と数多くの研究ミーティングを行う中で、課題の議論やデータ分析、洞察の抽出、メッセージの簡潔化などにいつも楽しく取り組んでいる。ステファニーは、私がこれまでに仕事で出会った人の中で最も優れたデータアナリストであり、扱いにくいデータにさえもそのストーリーを語らせてしまう。しかし、彼女の生産性が高く、かつこのような素晴らしい同僚であるのはおそらく、複数のプロジェクトをマネジメントでき、研究プロジェクトには付きものの失敗や問題に対して明るく、ごく稀には文句を言いながらも対処できる彼女の能力によるものだと思う。

本書のためにイナをチームに迎えた。イナは有能なケースリサーチャーであり、重要なメッセージを簡潔に表現できる素晴らしい才能を持っている。ケーススタディが単に事実を伝えるだけでなくストーリーを語っているのは、彼女のこの能力のおかげだと思う。

ドロシア・グレイに深く感謝を伝えたい。ドロシアは前作と同様、本書でも多大なる貢献をしてくれた。その中で最も大変だったのはおそらく私を取り仕切ることだっただろう。それに加えて、リサーチの実施、インタビューの設定、スライドや草稿、プレゼン資料の作成、数多くのワークショップや会議の企画、メンバー企業の多くの取締役会、CEO、テクノロジーリーダーとの調整なども行ってくれた。ドロシアはこれらすべてをいとも簡単にできるように見せているが、実際には複数の優先事項や相反する納期、無理なスケジュールをやり繰りしてくれていた。改めて感謝を申し上げたい。

MIT CISRでの22年間にわたり、クリス・フォグリアは私の素晴らしい同僚であるとともに、副ディレクター、親友、アドバイザーであり、心から信頼できる洞察力のあるパートナーである。クリスがMIT CISRのために行っているすべてのことに対して感謝したい。MIT CISRの成功の多くはあなたの手によるものだ。

極めて有能な6名の専門家の方々にも感謝を申し上げたい。彼らがいなければ本書を出版することも、その他の多くのことをすることもできなかった。マサチューセッツ眼科耳鼻科病院のディーン・エリオット博士に感謝を申し上げる。彼は私の左目の視力回復の治療をしてくださった他、たくさんの患者に手を差し伸べておられる。メルボルンスポーツクリニックの病院長であり創設者であるティム・シュレイガーとピラティス講師のアランナ・ミラーには、次の仕事に向けたコンディションを整えていただき感謝している。生涯の友人であるテネシー大学ノックスビル校演劇学部の演技部門責任者であるジェド・ダイアモンドと、ヴォイス・メディスン・オーストラリアのデビー・フィーランド博士には、使い過ぎた声の状態を改善していただき大変ありがたく思っている。心身の繋がりへの理解と背部痛の治癒についての先駆者となったNYUのジョン・サルノ(故人)にも感謝申し上げる。

本書を、オーストラリアのウェイル家の新メンバーであるエミリーとパーカーに、またシャーロット・レスキーとアヴァ・レスキーに捧げたい。どうすればより良い未来を築けるかを理解しようと我々が尽力しているのは、まさに君らや君らの世代のためなのだ。オーストラリアの家族の他のメンバーであるスティーヴ、ロイス、デビッド、マルタ、サイモン、エイミー、オリヴィア、すべてを価値のあるものにする手助けをしてくれて感謝している。

レスキー家の双子、この世界にようこそ。アダムとベック、身内からすると、君らはデジタル界の花形となり次のレベルのデジタルサビーへと我々を導いてくれると予感している。

人生のパートナーである最愛の妻、マージ・オルソンに心からのハグと感謝を贈る。世界中を回る我々の無謀なスケジュールを楽しむ方法を見つけ、愉快な旅にしてくれてありがとう。私の話を、たとえまだアイデアを描いている途中であっても、いつも理解しようとしてくれることにも感謝している。この発見の旅を進む私を励まし、旅の伴侶でいてくれてありがとう。我々の関心をかき立てる次の大きな疑問について話しながら、これからももっと一緒に歩んでいきたいと思っている。

イナのコメント

共著者であるステファニー・L・ウォーナーとピーター・ウェイルに対し、本書を始めとするＭＩＴ ＣＩＳＲの研究のコラボレーションを発案してくれたことに感謝を伝えたい。また、特に共同での謝辞で名前を挙げた方々を中心としたＭＩＴ ＣＩＳＲの同僚や助言者の方々にも感謝申し上げる。他の助言者の方々や友人からのコメントも、私の研究にとって非常に有益なものだった。特にエリザベス・デビッドソンとジョディ・ホーファー・ギッテルの支援に感謝している。夫のベンジャミン・オークン、母のアーシュラ・セバスチャン、父のハンスユルゲン・セバスチャン博士にも、愛情とサポートに対してお礼を言いたい。父へ。あなたがいてくれたことがどんなに幸運だっただろうか。言葉では言い表せないほど寂しい。

著者について

ステファニー・L・ウォーナーは、マサチューセッツ工科大学スローンスクールオブマネジメント情報システム研究センター（MIT CISR）のディレクターおよびリサーチ・サイエンティストである。MIT CISRは約85の会員企業を世界中に擁する。会員企業は研究結果を使用でき、研究内容についての討論や支援、参加などを行っている。ステファニーは、企業がテクノロジーやデータを活用してより効率的なビジネスモデルをいかに構築すべきか、また関連する組織変革をいかにマネジメントすべきかを研究対象としている。共著論文に、スローンマネジメントレビュー（SMR）掲載の「Thriving in an Increasingly Digital Ecosystem（デジタル化が進むエコシステムで成功するために）」（SMRによるこの10年間のトップレベルの論文に挙げられる）、「It Pays to Have a Digitally Savvy Board（取締役会をデジタルサビーにするのは有益である）」、「Does Your C-Suite Have Enough Digital Smarts?（自社の経営層は十分なデジタルスマートさを備えているか）」がある。2018年にはピーター・ウェイルとの共著で『デジタル・ビジネスモデル：次世代企業になるための6つの問い』（ハーバードビジネスレビュープレス、邦訳：日本経済新聞出版社、2018年）を出版した。

ステファニーは、大規模なグローバル企業の経営チームや取締役会向けにプレゼンテーションやワークショップを行っている。また、ウォールストリートジャーナルCEO協議会の分科会エキスパートを務め、米連邦準備理事会に対する金融サービスの将来に関するパネルなど、数々のパネルの進行役を務めている。スタンフォード大学経営大学院にて組織行動で博士号を取得している。

ピーター・ウェイルは、情熱あふれる研究者、講演者、ファシリテーターである。企業がデジタル経済で成功するには何をすべきかを研究対象としている。MIT CISRの名誉議長であり非常勤のシニア・リサーチ・サイエンティストを務める。同センターでは、デジタル時代にいかに変革して成功するかを企業と連携して研究している。

本書はハーバードビジネスレビュープレスでの7作目の共著作である。彼はMITスローンマネジメントレビュー、ハーバードビジネスレビュー、ウォールストリートジャーナル、学術媒体でも発表を行っている。ジフ・デイビスからは「IT業界で最も影響力のある100人」で、学術界では最高位の24位に選出された。世界の50以上の企業の経営委員会や取締役会とデジタル化に関する課題に取り組んでいる。

ピーターは複数の仕事を掛け持ち、デジタルサビーな取締役会のメンバーや役員層を対象としたMITスローンのエグゼクティブ教育プログラムの指導サポートや、インサイト・パートナーズの戦略アドバイザーとして、フューチャーレディ企業になるための変革を導くためのベストプラクティスの探索などを行っている。

イナ・M・セバスチャンは、大規模組織がいかにしてデジタル経済で成功するために変革すべきかをテーマに、デジタルエコシステムにおけるパートナーシップに着目して研究を行っている。特に企業が、複雑な課題に対応するために業界やセクターを超えて抜本的な方法で提携を模索する際に、どのようにしてエコシステムでの協業体制を機能させるべきか、という点に関心を持っている。

イナはMIT CISRのリサーチ・サイエンティストである。2014年にMIT CISRに参加する前は、ハワイ大学で情報システムを中心とした国際経営学で博士号を取得。大学では、学際的医療チームの調整にデジタル技術が果たす役割について研究した。博士課程以前はサンフランシスコ・ベイエリアで業界アナリストとして勤務していた。

デジタルエコシステム、デジタル戦略や組織再編、デジタルワークプレイスに関する論文を、「MITスローンマネジメントレビュー」、「マネジメントシステムズ・クオータリーエグゼクティブ」を始めとする学術媒体で発表している。

訳者あとがき

本書は、2018年に日本語訳版が出版された、『デジタル・ビジネスモデル：次世代企業になるための6つの問い』の続編に位置づけられている。本書の第6章でも解説されているが、前著では、デジタルを梃子にしたビジネスモデルを4つ（サプライヤー、オムニチャネル、モジュラープロデューサー、エコシステムドライバー）に分類し、様々な事例を通じて、各モデルにおいて重要となる競争優位の源泉、必要となる組織能力やリーダーシップについて述べられている。タイトルが示すように、前著ではビジネスモデルの視点を中心にしている一方、本書はデジタルから価値を得るための、より具体的な「プレイブック」となっている。プレイブックという言葉は日本人にとって耳慣れないかもしれないが、元々はアメリカンフットボールで作戦を遂行するために、各プレイヤーの動き方を図や言葉で詳細に解説したものである。日本的に言うならば、フューチャーレディな企業、つまり顧客体験の向上と効率化を一貫性のある形で両立させる方法を身に付けている企業になるための「指南書」であるといえる。

日本においても、前著が出版された2018年以降、デジタル変革が経営の最重要課題となり、多くの企業において全社規模の変革が進行中である。しかし、この変革の成果を刈り取れている企業が多いとは言えない。独立行政法人情報処理推進機構（IPA）の「DX白書

2023」によると、DXの取り組みで成果が出ていると回答している日本企業は58・0％であり、米国の89・0％と比較すると大きな開きがある。テクノロジーに精通している（デジタルサビーな）経営陣が非常に少ない現状において、経営者視点での指南書である本書から、その差を少しでも縮めるための示唆を得ることができるのではないだろうか。

訳者あとがきでは、日本の現状や課題を踏まえ、日本の読者の方々にとって重要になると思われる箇所を中心に、各章を改めて振り返ってみたい。

1．フューチャーレディ企業をつくる

「フューチャーレディ企業に至るまでの状態」の節で示されている、「図1－3　フューチャーレディ・フレームワークの象限ごとの該当企業の割合と業績」によると、調査対象企業（多くは米国・欧州・豪）の22％がフューチャーレディに到達しており、売上高成長率や純利益率においてそれぞれ業界平均を10ポイント以上上回っている。残念ながら本調査に日本企業は含まれていないが、我々が日々のコンサルティングや調査において見聞きしている、売上高が数千億円以上の国内大企業の現状と照らし合わせると、22％というのは驚くほど多い数字だと感じる。直接の比較ではないが、我々野村総合研究所（NRI）が毎年実施している「ユーザ企業のIT活用実態調査」の2022年度結果によると、顧客に対する活動のデジタル化や業務プロセスのデジタル化、デジタル化による事業やビジネスモデルの変化によって10％以上の売上増やコスト削減ができた企業は、1％から2％程度となっている。日本と諸外国で使えるデ

ジタル技術に違いはないことを踏まえると、日本企業はデジタル時代に適合するように自らを変えていくことがまだ十分にできていないのかもしれない。

自らを変えていく第一歩として、第1章の「共通言語をつくりだす」というエクササイズは、デジタル変革に取り組む企業に非常に有益である。先述の「DX白書2023」によると、経営者・IT部門・業務部門の協調が十分にできているという回答は、米国が31・9％であるのに対し、日本は僅か5・9％に留まっている。日本の多くの企業において、いまだ「DXとは何か？」「DXの成功とは何か？」「成功に向けて自社は今どのような状態なのか？」という問いに対し、自分たち（自社固有の）の言葉を使った共通の認識が持てていない状況が続いているのではないだろうか。改めて自社、特に役員層の認識を確認するためにこのエクササイズを行ってみることで、様々な気付きが得られるだろう。

2．フューチャーレディに向かう4つの変革経路

4つの変革経路の内容について改めて解説する必要はないと思われるので、ここでは、第2章で解説されている4つの爆発的変化について取り上げてみたい。

意思決定権限、新たな働き方、プラットフォーム思考、組織体制の外科手術という4つの爆発的変化の中で、最初に重視すべきなのは意思決定権限であると述べられている。「何をすべきかと、どのように実現するかの意思決定権限を分けないとサイロとスパゲッティの状態に陥る」「投資の優先順位付けなどデジタル化における重要な意思決定の責任者を明確にすることから

始める」という示唆は、デジタル変革を推進するすべての日本企業にもあてはまる。やや唐突かもしれないが、技術的負債という言葉がある。これは「短期的には開発期間・費用を抑制できるが、将来のシステム進化や維持を困難・不可能にするようなシステム設計・実装」という概念である。多くの日本企業が抱えている「レガシーIT」問題は、目先の個別システムをリリースすることに終始し、この技術的負債が蓄積し続けた結果とも言えるが、こういった問題は、意思決定権限を見直さない限り、一度解決したと思っても繰り返し企業を悩ますことになる。これはCIOやIT部門だけの問題ではなく、本書でも述べられているように、結果的には現場の業務オペレーションの非効率性にもつながる問題であるということを改めて強調しておきたい。

3. 変革経路1――産業化先行アプローチ

本章では、変革経路1には、業務オペレーションのデジタルモジュール化やAPI連携を通じたプラットフォーム化能力を構築するという第1段階と、その能力を活用してイノベーションを加速させるという第2段階が存在すると述べられている。

このプラットフォームは、「競争優位の源泉を再利用可能でモジュール化されたサービスの集合体」だとされているが、この概念を具体的なものとしてCIO／CDOやIT／デジタル部門以外の人々がイメージできないと、本書で言うデジタル化砂漠を越えることはできない。再利用可能でモジュール化されたサービスの集合体という観点では、ERPパッケージは最もイメージしやすいプラットフォームの実例であるが、厳密にはERPが競争優位の源泉になることはないため、本書で言うプラットフォームの要件を完全には満たしていない。日本の銀行では、口座の残高確認や振込など、様々な処理をAPIを通じて行えるようになっている。これは銀行にとっての競争優位の源泉でありAPI連携も可能であるが、内部的にどこまでモジュール化されているかは分からない。いずれにしても、目に見えづらい「内部構造部分」の重要性を理解し、意思決定および投資を行えるようになる必要がある。先に述べたように、意思決定権限の見直しと併せ、プラットフォームとは一体何なのかを徹底的に議論し、共有する必要がある。プラットフォームは、「競争優位の源泉という自社固有のものを見極め、社内と外部のパートナーが共有可能なデータレイヤーを作成し、PaaSを活用しつつクラウド上で稼働させる」とも述べられている。そのためにはエンタープライズアーキテクチャーとも呼ばれる、自社の業務やデータ、技術に精通し、高い視野でプラットフォームを設計できるハイスキル人材が必要となる。このような人材が見当たらない企業も多いと思われるが、短期的には外部の力を借りつつ、中長期的には自社で育成していくことが必要であろう。

4. 変革経路2――顧客志向先行アプローチ

変革経路2において「アウトサイド・イン」の意識でカスタマージャーニーを描き、顧客接点のどこで不満が生じているのかを明らかにし、対応するという考え方は、多くの日本企業においても取り入れられている。しかし、この変革経路は顧客にとって良い体験を与える一方で、従業員にとっては最悪の体験を与えてしまう可能性があるという指摘は、少子高齢化に伴い、優秀な現場の従業員に依存するやり方の持続性が危ぶまれているほとんどの日本企業にとって、無視できない問題である。どのタイミングで「上から右方向」つまり、業務・サービス・情報システムの統合化とプラットフォーム再構築に向かうのかを判断するため、業務オペレーションコストの増大だけでなく、従業員満足度の観点も加えてモニタリングしておくことが必要になる。

また、この経路においては組織横断的なチームを組成し、新たな顧客サービスづくりや、その改善を行うこと、そして、意思決定権限の見直しという爆発的変化においては、予算やリスク管理、人事といったいわゆる本社系部門の権限を（担当者を各チームに入れたうえで）委譲することを推奨している。こういった従来のヒエラルキー型の組織を見直す柔軟な対応もまた、苦手としている企業が多いと思われるが、顧客に感動を与えるためには、最も顧客に近い（顧客の声をダイレクトに収集し、改善の取り組みに対する反応を直接確認できる）ところで、迅速に対応できる体制を作ることの重要性を改めて認識しておきたい。

5. 変革経路3――階段的アプローチ

変革経路3は、一見多くの企業にとって合理的だが、驚くほどリスクが高いという指摘は重要である。多くの日本企業は、産業化（業務効率化）と顧客体験の統合・強化を無自覚に同時並行で行っている。必ずしもゼロサム的にどちらかだけを行うということではないが、限られたリソース（ヒト・カネ）をどのタイミングでどちらに注ぐのかを適切に判断しなければ、社内の軋轢を生み、リソースを非効率に使うことになる。日本企業は往々にして個別最適という名のもとに何の最適化も図っていないことが多いように思われる。本章で述べられているように、自社がどのように変革しようとしているのかという大きなステップを示すとともに、変革の進捗を把握し、社内でのコミュニケーションを促進するダッシュボードを備えておきたい。

また、本章ではＤＢＳの事例を取り上げている。テクノロジーリーダーが事業損益に、ビジネスリーダーが技術面でのＫＰＩと技術サポート予算についてそれぞれ連帯責任を負うことや、バックログ（積み残し課題）を、テクノロジーとビジネスに分類せずに優先順位付けをするという取り組みによって「ビジネス＝テクノロジー」、そして「テクノロジー＝ビジネス」という関係性に変化させたというストーリーは、ビジネスとテクノロジーという二項対立に悩む多くの日本企業にとっても参考になるだろう。

6．変革経路4――新組織創設アプローチ

変革経路4は、特にデジタルを梃子にした新規事業を創出する際によく取られる経路である。日本においても、建機製造業のコマツが設立した、建設業向けデジタルソリューションを開発するＥＡＲＴＨＢＲＡＩＮや、ＤＭＧ森精機が設立した、工作機械関連ソフト開発を提供するテクニウムなど、複数の企業で同様の事例が存在する。

本書の前著『デジタル・ビジネスモデル』においても述べられていた、「顧客の問題ドメイン

（領域）」を明らかにし、「自社は誰の、何のための目的地になりたいのか」という問いに答えること、つまり供給者側や業界の視点を超え、顧客の視点で事業を創出することの重要性は、本書の中心的なテーマではないものの、デジタルビジネスを検討する際には、改めてこの問いに答えられているのかどうかを自問していただきたい。

変革経路4がうまくいった企業では、現在の経営陣にこだわらず、事業立ち上げの経験があり、それをもう一度やりたいという意欲を持つ人材を登用していることが多い、という指摘は興味深い。日本企業の場合、このような人材が社内にはいない場合も多いのではないだろうか。先述したコマツの事例で言えば、ＥＡＲＴＨＢＲＡＩＮの四家千佳史会長は、元々福島県で建設機械レンタル事業を創業し、その中でＩＴを用いた様々なアイデアを試していた経歴を持つ社外人材である。このように、変革経路4を取る場合、社内の人事慣行を外れてでも、社外から適切な人材を採用できるかどうかが成功のカギとなるだろう。補足的に言えば、変革経路1から3においては、むしろ自社業務や顧客、組織文化に精通していることが重要であるため、この限りではなく、闇雲に社外で知名度のある人材を登用することが良い成果を生まない場合も多い。

7．変革を主導する

本章では、デジタル変革が大きく進展している企業のトップマネジメントチームは、自らの時間の6割をデジタル変革に費やしていると述べられている。一方、日本企業を対象とした先述の「IT活用実態調査」によると、デジタル化に関する経営会議での検討時間が全体の時間に占める平均割合は7・7%であり、経営会議の中でデジタル化に関して検討時間の30%以上を費やしている企業はほとんどなかった。

経営陣の「デジタルサビー」度合いを上げていくことは、日本のみならず世界共通の課題である。デジタルサビーな取締役が3名以上いる企業だけが高い業績を上げているという調査結果を踏まえ、デジタル変革における戦略（環境を正しく認識し、方向性やビジョンを明らかにする）、監督（コストや進捗状況を確認する）、防御（セキュリティ面でのリスクを正しく理解し、対応させる）という3つの役割を遂行できる経営陣を一人でも多く増やすことは喫緊の課題である。

とはいえ、AIについて技術的に詳しくなることがすなわち経営陣のデジタルサビー度を高める訳ではない（もちろん、それも重要なことではあるが）。本章で述べられている、「組織のパーパスを掲げる」「変革経路にコミットする」「爆発的変化に備える」「組織能力を開発する」「価値を積み上げる」という5つのポイントを理解し、実行するなかでデジタルサビー度を高めていく。また、全社視点でデジタル変革の進捗度を可視化・共有するダッシュボードを作り上げることも併せて重要である。財務的なROIの手前にある、価値の積み上げロジックや価値の創出方法のロジックを、本章も参考にしつつ構築することが、正しい意思決定を導く助けになるはずである。

他方、本章では「企業文化の変革をあからさまな形でやろうとするな」と述べられている。

企業文化の変革は、デジタル変革における世界共通の重要課題であるが、文化変革そのものを目的に掲げるのではなく、４つの爆発的変化に注力するべきだという提言は金言である。特に、意思決定権限や組織体制の外科手術に取り組むことは、トップマネジメントにしかできない、デジタル変革において果たすべき最も重要な責務である。

最後に、前著に引き続き日本語版の出版を快諾いただいたピーター・ウェイル氏に感謝を記します。

訳者を代表して

野村総合研究所　システムコンサルティング事業本部　統括部長　松延智彦

publication/MITCISRwp436DBS-FutureReadyEnterpriseSiaWeillXu
22. Fonstad, N. O., "Innovating Greater Value Faster by Taking Timeto Learn," *MIT Sloan Center for Information Systems Research Briefing* 20, no. 2, February 2020, https://cisr.mit.edu/publication/20200201_InnovatingGreaterValueFasterFonstad
23. Sebastian, I. M., Weill, P., and Woerner, S. L., "Three Types of Value Drive Performance in Digital Business," *MIT Sloan Center for Information Systems Research Briefing* 21, no. 3 (March 2021), https://cisr.mit.edu/publication/20210301ValueinDigitalBusinessSebastianWeillWoerner
24. 本ケースは以下を多く引用している。Weill, P., and Woerner, S. L., "Dashboarding Pays Off," *MIT Sloan Center for Information Systems Research Briefing,* no. XXII-1, January 20, 2022: https://cisr.mit.edu/publication/2022_0101_Dashboarding_WeillWoerner
シュナイダーエレクトリックの収入は以下より。"Enabling a Sustainable Future,2021 Universal Registration Document,"https://www.se.com/ww/en/assets/564/document/319364/2021-universal-registration-document.pdf
25. Tricoire, J.-P., "Accelerating" (presentation, Capital Markets Day 2021, Rueil-Malmaison, France, November 30, 2021), https://www.se.com/ww/en/assets/564/document/260776/accelerating-jean-pascal-tricoire-2021-cmd.pdf
26. Weill and Woerner, "Dashboarding Pays Off"
27. 簡略化のため、ダッシュボードではすべての変革経路の平均スコアを使用した。実際のデータでは、変革経路によってスコアに差があり、特に変革ジャーニーにおける最初の3分の1（取締役会に提出された内容と比較して、変革ジャーニーがどの程度進捗しているかを回答者に尋ねた）において、有意な差が見られた。具体的には、経路1では業務からの価値が、経路2では顧客からの価値がより重視された。変革ジャーニーの次の3分の1と最後の3分の1の間では、ほとんど差が見られなかった。
28. このエクササイズでは、すべてのスコア内の項目はそれぞれ等しく重要であると仮定する。実際のデータでは真実と言えないものの、この仮定による誤差は小さいと考える。

12. トレードレンズ、"Digitizing the Global Supply Chain"、https://www.tradelens.com/about（2022年4月8日にアクセス）
13. プリンシパル・ファイナンシャル・グループ、"About Us"、https://www.principal.com/about-us（2022年5月1日にアクセス）
14. カーマックス、"Our Purpose"、https://www.carmax.com/about-carmax（2022年4月8日にアクセス）
15. 我々は2015年から2019年にかけて、世界の上級役員たちとのデジタル変革に関する一連のインタビューや対話を行い、10のフューチャーレディ組織能力を導出した。組織能力と価値の関係性については、MIT CISR 2019 Top Management Teams and Transformation Survey（N = 1311）のデータを用いて定量化した。そして、2019年から2022年に行った追加インタビューを通じてその内容を追跡調査した。
16. Weill, P., and Woerner, S.L., *What's Your Digital Business Model? Six Questions to Help You Build the Next-Generation Enterprise*（Boston: Harvard Business Review Press, May 2018）（ピーター・ウェイル、ステファニー・L・ウォーナー、野村総合研究所システムコンサルティング事業本部訳『デジタル・ビジネスモデル：次世代企業になるための6つの問い』、2018年、日本経済新聞出版社、現在日経ビジネス人文庫収録）
17. Sebastian, I. M., Weill, P., Woerner, S. L., "Driving Growth in Digital Ecosystems," *MIT Sloan Management Review*, Fall 2020, Reprint62127, https://sloanreview.mit.edu/article/driving-growth-in-digital-ecosystems/
18. Wixom, B. H., and Ross, J. W., "How to Monetize Your Data," *MIT Sloan Management Review*, Spring 2017, Reprint 58310, https://sloanreview.mit.edu/article/how-to-monetize-your-data/
19. Dery, K., Woerner, S. L., and Beath, C. M., "Equipping and Empowering the Future-Ready Workforce," *MIT Sloan Center for Information Systems Research Briefing* 20, no. 12（December 2020）, https://cisr.mit.edu/publication/20201201FutureReadyWorkforceDeryWoernerBeath
20. Wixom, B. H., and Someh, I. A., "Accelerating Data-Driven Transformation at BBVA," *MIT Sloan Center for Information Systems Research Briefing* 18, no. 7（July 2018）, https://cisr.mit.edu/publication/20180701_DataDrivenBBVAWixomSomeh
21. 以下の図5を参照。Sia, S. K., Weill, P., and Xu, M., "DBS: From the 'World's Best Bank' to Building the Future-Ready Enterprise," Nanyang Business School, December 2018, Ref No.: ABCC-2019-001, https://cisr.mit.edu/

第7章

1. デジタルサビーの定義とその企業業績との関係については、以下を参照。Weill, P., Woerner, S. L., and Shah, A.M., “Does Your C-Suite Have Enough Digital Smarts?” *MIT Sloan Management Review*, Spring 2021, 63–67
2. Weill, Woerner, and Shah, “Does Your C-Suite Have Enough Digital Smarts?”
3. Weill, Woerner, and Shah, “Does Your C-Suite Have Enough Digital Smarts?”
4. 本節で全体的に言及されているデジタルサビーな取締役会を持つことがもたらす財務的なインパクトについては以下を参照。Weill, P.,Apel, T., Woerner, S. L., and Banner, J. S., “Assessing the Impact of a Digitally Savvy Board on Firm Performance, ”MIT Sloan CISR Working Paper, no. 433 (January 2019)、https://cisr.mit.edu/publication/MIT_CISRwp433_DigitallySavvyBoards_WeillApelWoernerBanner、Weill, P., Apel, T.,Woerner, S. L., and Banner, J. S., “It Pays to Have a Digitally Savvy Board, ”*MIT Sloan Management Review*, March 12, 2019. 我々は、売上高10億ドル以上の米国上場企業のうち、6人以上の取締役を擁するすべての企業の取締役会を対象に調査を行った。
5. プリンシパル・ファイナンシャル・グループ、“Profile and Offerings”、https://www.principal.com/about-us/our-company/profile-and-offerings（2022年4月8日にアクセス）
6. スタンダードバンクグループ、“Our Values and Code of Ethics”, https://www.standardbank.com/sbg/standard-bank-group/who-we-are/our-values-and-code-of-ethics（2022年4月8日にアクセス）
7. コクレア、“About Us” https://www.cochlear.com/au/en/about-us（2022年4月8日にアクセス）
8. シュナイダーエレクトリック、“Company Profile”, https://www.se.com/us/en/about-us/company-profile/（2022年4月8日にアクセス）
9. Scott, M., “Top Company Profile: Schneider Electric Leads Decarbonizing Megatrend,” *Corporate Knights*, January 25, 2021, https://www.corporateknights.com/leadership/top-company-profile-schneider-electric-leads-decarbonizing-megatrend25289/
10. テトラパック、“Our Identity and Values”, https://www.tetrapak.com/about-tetra-pak/the-company/our-identity-and-values（2022年4月8日にアクセス）
11. DBS、“Our Vision”、https://www.dbs.com/about-us/who-we-are/our-vision（2022年4月8日にアクセス）

files/984a2b93-0035-40d3-9cae-77161c9a36e0
22. このパートは、2019年から2022年にかけての経営者への14回のインタビューと、公開された資料に基づいて作成されている。本事例は、以下の内容を多く引用している。Sebastian, I. M., Weill, P., and Woerner, S. L., “Three Types of Value Driver Performance in Digital Business,” *MIT Sloan CISR Research Briefing* no. XXI-3, https://cisr.mit.edu/publication/20210301_ValueinDigitalBusinessSebastianWeillWoerner
23. マースク、*2020 Annual Report*（Copenhagen: A. P. Moller-Maersk,2020）、https://investor.maersk.com/static-files/97a03c29-46a2-4e84-9b7e-12d4ee451361、トレードレンズ、“Network,” https://www.tradelens.com/ecosystem
24. トレードレンズ、GTDソリューションの戦略・事業部門の責任者であるダニエル・ウィルソンから、著者への電子メール（2022年3月24日）より。
25. Pico, S., “Søren Skou Expects Growth from Maersk’s Blockchain Venture in 2021,” *Shipping Watch*, December 1, 2020, https://shippingwatch.com/carriers/Container/article12596226.ece
26. マースク、*2019 Annual Report*（Copenhagen: A. P. Moller-Maersk,2019）、https://investor.maersk.com/static-files/984a2b93-0035-40d3-9cae-77161c9a36e0
27. トレードレンズ、“CMA CGM and MSC Complete TradeLens Integration and Join as Foundation Carriers”、プレスリリース（2020年10月15日）、https://www.tradelens.com/press-releases/cma-cgm-and-msc-complete-tradelens-integration-and-join-as-foundation-carriers
28. このケースは以下の内容を多く引用している。van der Meulen, N., Weill, P., and Woerner, S. L., “Managing Organizational Explosions during Digital Business Transformations,” *MIS Quarterly Executive*, September 2020, 165–182
29. ドメイングループ、“About Domain Group,”、https://www.domain.com.au/group/（2022年4月8日にアクセス）
30. van der Meulen, Weill, and Woerner, “Managing Organizational Explosions during Digital Business Transformations,” 165–182
31.デジタルパートナリングについては以下を参照のこと。Sebastian, I. M., Weill, P., and Woerner, S. L., “Partnering to Grow in the Digital Era,” *European Business Review*, March–April2020, 61–65

部訳『デジタル・ビジネスモデル：次世代企業になるための6つの問い』、2018年、日本経済新聞出版社、現在日経ビジネス人文庫収録）
13. シュナイダーエレクトリック、“Schneider Electric Half Year 2021 Results—July 30, 2021,” July 30, 2021, https://www.se.com/ww/en/assets/564/document/220698/presentation-half-year-results-2021.pdf
14. Weill, P., Woerner, S. L., and Diaz Baquero, A. P., “Hello Domains, Goodbye Industries,” *MIT Sloan Center for Information Systems Research Briefing* 21, no. 1（January 2021）, https://cisr.mit.edu/publication/20210101_HelloDomainsWeillWoernerDiaz
15. シュナイダーエレクトリック、“Universal Registration Document 2019,” March 17, 2020, https://www.se.com/ww/en/assets/564/document/124836/annual-report-2019-en.pdf
16. Tricoire, J.-P.,“Capital Markets Day,” Schneider Electric, June 262019, https://www.se.com/ww/en/assets/564/document/46841/26-presentation-strategy-investor-day-2019.pdf
17. フィデリティ、“Navigating the College Journey,” https://myguidance.fidelity.com/ftgw/pna/public/lifeevents/content/sending-child-to-college/overview（2022年4月7日にアクセス）、フィデリティ、“Attending College” https://myguidance.fidelity.com/ftgw/pna/public/lifeevents/content/sending-child-to-college/overview/attending-college（2022年4月7日にアクセス）
18. ショッピファイからの情報をもとに研究者が解釈した。“Shopify Q2 2020 Results”（Shopify Q2 2020 Financial Results Conference Call, July 29, 2020）, https://s27.q4cdn.com/572064924/files/docdownloads/2020/Shopify-Investor-Deck-Q2-2020.pdf、およびショッピファイのウェブサイト、https://www.shopify.com/.Financial information from Shopify, “Q4 2021 Results,” February 2022, https://s27.q4cdn.com/572064924/files/docfinancials/2021/q4/Shopify-Investor-Deck-Q4-2021.pdf
19. Tricoire, “Capital Markets Day,” 11 and 17.
20. マースク、*2021 Annual Report*（Copenhagen: A. P. Moller-Maersk,2021）, https://investor.maersk.com/static-files/b4df47ef-3977-412b-8e3c-bc2f02bb4a5f.All　2021年12月31日時点の数値。
21. トレードレンズ、“Where We Are Today,” 2022年4月7日にアクセス。https://tour.tradelens.com/status、マースク、*2019 Annual Report*（Copenhagen: A. P. Moller-Maersk,2019）, https://investor.maersk.com/static-

Fuel, Fiber Value Chain"、プレスリリース（2021年11月17日）、https://climate.com/press-releases/bayer-microsoft-strategic-partnership/
5. Eickhoff, T., and Williams, J., "The Beginning of What's Next: The2022 Digital Farming Research Pipeline"、クライメートフィールドビュー（2022年2月15日）、https://climate.com/tech-at-climate-corp/the-beginning-of-what-s-next-the-2022-digital-farming-research-pipeline/
6. 平安健康医療科技有限公司（ピンアン・ヘルスケア・アンド・テクノロジー）、"'Easier, Faster, and More Affordable': Ping An Good Doctor's New Strategy Buildson Solid Foundation"、Cision PR Newswire（2021年10月24日）、https://www.prnewswire.com/news-releases/easier-faster-and-more-affordable-ping-an-good-doctors-new-strategy-builds-on-solid-foundation-301407238.html
7. 通貨換算額はグーグルを利用（2022年3月1日時点）。
8. 平安健康医療科技有限公司（ピンアン・ヘルスケア・アンド・テクノロジー）、"Ping An Good Doctor Posts 39% Revenue Growth in the First Half of 2021; Revenue from Medical Services Grows 50.6%; Total Number of Registered Users Reaches 400 Million"、Cision PR Newswire（2021年8月24日）、https://www.prnewswire.com/news-releases/ping-an-good-doctor-posts-39-revenue-growth-in-the-first-half-of-2021-revenue-from-medical-services -grows-50-6-total-number-of-registered-users-reaches-400-million-301361754.html
9. 平安健康医療科技有限公司（ピンアン・ヘルスケア・アンド・テクノロジー）、"Easier, Faster and More Affordable"
10. 2022年4月30日にバンコ・ブラデスコのイノベーション・リサーチ・マネジャーであるアナ・マリア・ボノーミ・バルーフィからイナ・セバスチャン（著者）へ送られた電子メール。
11. バンコロンビアとネキについての詳細は以下を参照。Diaz Baquero, A. P., and Woerner, S. L., "Bancolombia: Coordinating Multiple Digital Transformations," MIT Sloan CISR Working Paper, no. 455 (April 2022), https://cisr.mit.edu/publication/MITCISRwp455Bancolombia_DiazBaqueroWoerner
12. Weill, P., and Woerner, S. L., *What's Your Digital Business Model? Six Questions to Help You Build the Next-Generation Enterprise* (Boston: Harvard Business Review Press, May 2018)（ピーター・ウェイル、ステファニー・L・ウォーナー、野村総合研究所システムコンサルティング事業本

download/companies/koninkpnnv/Results/KPNIR2020Singlenavigation.pdf

26. “KPN Integrated Annual Report 2020: Accelerating Digitalization of the Netherlands”
27. オーバー・ザ・トップ・メディアサービスとは、インターネットを通じて消費者に直接提供されるストリーミングサービスのことである。オーバー・ザ・トップ・メディアサービスを手掛ける企業は、ケーブルテレビ、放送局、衛星放送のプラットフォームを有している。従来はコンテンツの管理・配信を担ってきた。一般的にはビデオ・オン・デマンドのプラットフォームを対象とするものの、オーディオストリーミング、メッセージングサービス、インターネットベースの音声通話ソリューションもサービス対象である。
28. 2008年から2017年にかけて、欧州の通信会社の収入は平均で33%減少している。これらの経済動向の概要については、以下を参照。GSMA Europe, “The Mobile Economy—Europe2017,” October 17, 2017, https://www.gsma.com/gsmaeurope/resources/mobile-economy-europe-2017/、GSMA, “Mobile Economy Europe2013,” September 5, 2013, https://www.gsmaintelligence.com/research/?file=6b321d25537f3bf708ffa34fabcdbf91&download
29. van der Meulen, Weill, and Woerner, “Managing Organizational Explosions”
30. van der Meulen, Weill, and Woerner, “Digital Transformation at KPMG”
31. “KPN Integrated Annual Report 2020: Accelerating Digitalization of the Netherlands,” p. 7, https://ir.kpn.com/download/companies/koninkpnnv/Results/KPNIR2020Singlenavigation.pdf

第6章

1. クライメートフィールドビュー、“Climate Field View” https://climate.com/, https://dev.fieldview.com（2022年4月7日にアクセス）
2. 開発者向けのフィールドビュー、“More Visibility for Your Solutions,” https://dev.fieldview.com（2022年4月7日にアクセス）
3. バイエルグローバル、“Advancing Sustainability and Efficiency: Are You Prepared for the Future of Agriculture?”（2021年6月21日）、https://www.bayer.com/en/investors/agriculture-megatrends
4. クライメートフィールドビュー、“Bayer, Microsoft Enter into Strategic Partnership to Optimize and Advance Digital Capabilities for Food, Feed,

newsroom/ReimaginingbankingDBSlaunchesworldslargestbanking_APIdeveloperplatform
14. Sia, Weill, and Zhang, “Designing a Future-Ready Enterprise”
15. Sia, Weill, and Zhang, “Designing a Future-Ready Enterprise”
16. Sia, Weill, and Xu, “DBS: From the ‘World’s Best Bank’”
17. Cobban, P., “DBS’ Digital Transformation Journey to Become the World’s Best Bank,” Cuscal Curious Thinkers Virtual Program, June 22, 2021. The thirty-three platforms figure is also noted in Tan, A., “DBS Bank Goes Big on Open Source,” Computer Weekly.com, June 25, 2019, https://www.computerweekly.com/news/252465653/DBS-Bank-goes-big-on-open-source
18. 経営トップ層の協調体制（two-in-a-box system）とは、2人（またはそれ以上）の人間が、あるタスクまたはタスク群について同等の権限と責任を与えられ、しばしば補完的な役割を果たすマネジメント手法のことである。
19. Sia, Weill, and Xu, “DBS: From the ‘World’s Best Bank”
20. Sia, Weill, and Xu, “DBS: From the ‘World’s Best Bank”
21. DBS、“Banking without Branches, DBS digibank India Gains 1mCustomers in a Year,” June 8, 2017, https://www.dbs.com/innovation/dbs-innovates/banking-without-branches-dbs-digibank-india-gains-1m-customers-in-a-year.html
22. DBS、“Banking without Branches”
23. Sia, Weill, and Xu, “DBS: From the ‘World’s Best Bank’”
24. MIT CISRは、同僚のニック・ファン・デル・ミューレン博士を中心に、数年にわたりKPNを調査した。本節では、以下の3つの公開資料の内容を多く引用している。van der Meulen, N., Weill, P., and Woerner, S. L., “Managing Organizational Explosions during Digital Business Transformations,” *MIS Quarterly Executive*, September 2020, 165–182、Weill, P., Woerner, S. L., and van der Meulen, N., “Four Pathways to ‘Future Ready’ that Pay Off,” *European Business Review* (March–April 2019)：11–15、van de Meulen, N., Weill, P., and Woerner, S. L., “Digital Transformation at KPMG: Navigating Organizational Disruption,” MIT Sloan CISR Case Study Working Paper, no. 431（August2018）, https://cisr.mit.edu/publication/MITCISRwp431PathwaysKPN_VanderMeulenWeillWoerner.
25. “KPN Integrated Annual Report 2020: Accelerating Digitalization of the Netherlands”（Amsterdam: KPN, 2020）, p. 9, https://ir.kpn.com/

ャ・シューキエンおよび彼の同僚と協力して、DBSの経営陣と何回も実施したインタビューの内容、多くの社内資料の分析に基づいて、2本のケーススタディと 2本の論文を発表した。本研究の完成、公開に際してのDBSとのパートナーシップに感謝したい。以下を参照のこと。Sia, S. K., Weill, P., and Zhang, N., "Designing a Future-Ready Enterprise: The Digital Transformation of DBS Bank," *California Management Review* (March 2021)（本書のこのパートでは、本論文を多く引用している)、Sia, S. K., Soh, C., Weill, P., and Chong, Y., "Rewiring the Enterprise for Digital Innovation: The Case of DBS Bank," Nanyang Technological University, Nanyang Business School, and the Asian Business Case Centre, pub no. ABCC-2015-004, June 2015、Sia, S. K., Weill, P., and Xu, M., "DBS: From the 'World's Best Bank' to Building the Future-Ready Enterprise," MIT Sloan CISR Working Paper, no. 436 (March 18, 2019), https://cisr.mit.edu/publication/MITCISRwp436_DBS-FutureReadyEnterpriseSiaWeillXu、Weill, P., Sia, S. K., and Soh, C., "How DBS Pursued a Digital Business Strategy," *MIS Quarterly Executive* 15, no. 2 (2016) : 105–121

5. 以下を参照。DBS、"Fixed Income Investor Presentation" https://www.dbs.com/iwov-resources/images/investors/overview/Fixed%20income%20investor%20presentation%201H21vF.pdf?productId=jx3sjprr、2014年の平均為替レートは以下より。exchangerates.org.uk (https://www.exchangerates.org.uk/SGD-USD-spot-exchange-rates-history-2014.html (2022年4月5日にアクセス)
   2021年平均為替レートは、以下より。exchangerates.org.uk (https://www.exchangerates.org.uk/SGD-USD-spot-exchange-rates-history-2021.html
6. Sia, Weill, and Zhang, "Designing a Future-Ready Enterprise"
7. Sia, Weill, and Zhang, "Designing a Future-Ready Enterprise"
8. Sia, Weill, and Zhang, "Designing a Future-Ready Enterprise"
9. Sia, Weill, and Xu, "DBS: From the 'World's Best Bank'"
10. DBS、*Annual Report 2017* (Singapore: DBS, 2017), https://www.dbs.com/annualreports/2017/index.html
11. Sia, Weill, and Xu, "DBS: From the 'World's Best Bank'"
12. Sia, Weill, and Xu, "DBS: From the 'World's Best Bank'"
13. DBS、"Reimagining Banking, DBS Launches World's Largest Banking API Developer Platform," November 2, 2017, https://www.dbs.com/

20. セメックスゴー・デベロッパーセンターは以下のケースより。https://developers.cemexgo.com,https://developers.cemexgo.com/usecases0、CEMEX 2019 Annual Report、https://www.cemex.com/documents/20143/49694544/IntegratedReport2019.pdf/4e1b2519-b75f-e61a-7cce-2a2f2f6f09dc
21. セメックスのプレスリリースを参照。"CEMEX Presents CEMEX Go Developer Center,", April 4, 2019, https://www.cemex.com/press-releases-2019/-/asset_publisher/sixj9tAnl3LW/content/cemex-presents-cemex-go-developer-center
22. セメックスのプレスリリースを参照。"CEMEX Ventures Invests in Carbon Capture Tech of the Future", August 3, 2021, https://www.cemexventures.com/carbon-capture-technology/
23. セメックスのプレスリリースを参照。"CEMEX Joins Open Built to Accelerate Digital Transformation of the Construction Industry", April 14, 2021, https://www.cemex.com/-/cemex-joins-openbuilt-to-accelerate-digital-transformation-of-the-construction-industry
24. van der Meulen, Weill, and Woerner, "Managing Organizational Explosions"
25. 管理および組織担当EVPのルイス・エルナンデス・エチャベスとCEOのフェルナンド・ゴンザレスから、著者の質問に対する電子メールの回答（2021年7月6日）より
26. フェルナンド・ゴンザレスから、著者に届いた電子メール（2021年1月30日）より

第5章

1. MIT CISR 2019 TMT and Transformation Survey（N = 1311）より。
業界は回答者の回答による。業界区分は、北米産業分類システム（NAICS）の分類を反映して統合した。ここでの消費財産業には、ホスピタリティ、旅行、レストラン、小売、芸術、娯楽、レクリエーションが該当。
2. "World's Best Digital Bank 2018: DBS," *Euromoney*, July 11, 2018,https://www.euromoney.com/article/b18k8wtzv7v23d/world39s-best-digital-bank-2018-dbs
3. "DBS Named Best Bank in the World," DBS, August 24, 2018, https://www.dbs.com/newsroom/DBSnamedBestBankintheWorld
4. 著者のピーター・ウェイルは、シンガポールのナンヤンビジネススクールでシ

11. Ross, Beath, and Nelson, "Redesigning CarMax"
12. Ross, Beath, and Nelson, "Redesigning CarMax"
13. CarMax, "CarMax Analyst Day 2021"
14. セメックスのケーススタディは、多くの情報源から引用しており、以下の許可を得て使用している。van der Meulen, N., Weill, P., and Woerner, S. L., "Managing Organizational Explosions during Digital Business Transformations," *MIS Quarterly Executive*, September 2020, 165–182、Weill, P., Woerner, S. L., and van der Meulen, N., "Four Pathways to 'Future Ready' that Pay Off," *European Business Review*, March–April2019, 11–15、interactions with the CEMEX top management team in MIT Sloan Executive Education sessions、MIT CISR Surveys and interviews、CEMEX .com、and CEMEX Annual Reports and Quarterly Results
15. van der Meulen, Weill, and Woerner, "Managing Organizational Explosions"
16. CEMEX Annual Report 2019, https://www.cemex.com/documents/20143/49694544/IntegratedReport2019.pdf/4e1b2519-b75f-e61a-7cce-2a2f2f6f09dc、CEMEX Second Quarter 2020 Results, https://www.cemex.com/documents/20143/49897099/2Q20resultsEnglish.pdf/42519285-1974-b582-c96c-8e6e455831d7
17. CEMEX Third Quarter 2020 Results, https://www.cemex.com/documents/20143/49897099/3Q20resultsEnglish.pdf/b53e9747-672f-59fb-f8e8-a26342e32132
18. 建材業界における、セメックスゴー・プラットフォームで収めた革新的成功は、ロギスティックホイテによるサプライチェーンマネジメントアワード2018で評価された。セメックスはこのプラットフォームを世界全体の他企業の参加者にライセンス付与することでさらに収益化を進めることができた。ロギスティックホイテ賞の詳細については、セメックスの2018年12月6日のプレスリリース"CEMEX Go Wins Renowned German Award"を参照。https://www.cemex.com/press-releases-2018/-/assetpublisher/aKEb3AUF78Y0/content/cemex-go-wins-renowned-german-award
19. セメックスのプレスリリースを参照。"CEMEX Launches Construrama Online Store," June 6, 2018, https://apnews.com/press-release/business-wire/business-lifestyle-mexico-materials-industry-562f012429874ae49a54de9b90bb80d2

sloanreview.mit.edu/article/driving-growth-in-digital-ecosystems/、Tetra Pak, "Voices of Innovation: The Power of Partnership," January 252021, https://www.youtube.com/playlist?list=PLR9c4Ljeb6khqftcD7HrOxwUhiWZQ53xx.

第4章

1. MIT CISR 2019 TMT and Transformation Survey (N = 1311).
2. MIT CISR 2019 TMT and Transformation Survey (N = 1311).
3. Dery, K., and van der Meulen, N., "The Employee Experience of Digital Business Transformation," *MIT Sloan CISR Research Briefing* 20, no. 1 (January 2020) : https://cisr.mit.edu/publication/20200101PathwaysEX_MeulenDery
4. カーマックスの説明は、主に以下のMIT Sloan CISRのケーススタディより。Ross, J. W., Beath, C. M., and Nelson, R., "Redesigning Car-Max to Deliver an Omni-Channel Customer Experience," MIT Sloan CISR Working Paper, no. 442 (June 18, 2020) : https://cisr.mit.edu/publication/MIT_CISRwp442_CarMax_RossBeathNelson、CarMax, "Analyst Day 2021," May 6, 2021, https://investors.carmax.com/news-and-events/events-and-presentations/carmax-analyst-day/default.aspx、https://s27.q4cdn.com/743947716/files/docpresentations/2021/05/07/CarMax-Analyst-Day-2021-Summary.pdf
5. カーマックス、"Our Purpose," https://www.carmax.com/about-carmax (2022年4月4日にアクセス)
6. カーマックス、*CarMax Annual Report 2021* (Richmond, VA: Carmax,2021), https://s27.q4cdn.com/743947716/files/docfinancials/2021/ar/KMX-FY21-Annual-Report.pdf
7. カーマックスは、フォーチュン誌の「働きがいのある会社ベスト100」を17年連続で受賞したほか、フォーブスの「多様性のある職場ベスト」なども受賞している。カーマックス、*Carmax Annual Report 2021*, https://s27.q4cdn.com/743947716/files/docfinancials/2021/ar/KMX-FY21-Annual-Report.pdf、カーマックス、"Company Recognition" http://media.carmax.com/Recognition/ (2022年4月4日にアクセス)
8. 2022年4月12日にシャミム・モハマドから著者へ送られた電子メールより。
9. Ross, Beath, and Nelson, "Redesigning CarMax"
10. Ross, Beath, and Nelson, "Redesigning CarMax"

Rehab," August 28, 2019、https://about.kaiserpermanente.org/our-story/news/announcements/-reducing-secondary-cardiac-events-with-virtual-cardiac-rehab

11. Sebastian, I. M., Weill, P., and Woerner, S. L., "Three Types of Value Drive Performance in Digital Business," *MIT Sloan CISR Research Briefing* no. XXI-3（March 18, 2021）: https://cisr.mit.edu/publication/20210301_ValueinDigitalBusinessSebastianWeillWoerner
12. Funahashi, Borgo, and Joshi, "Saving Lives with Virtual Cardiac Rehabilitation"
13. Kagan, Sebastian, and Ross, "Kaiser Permanente"
14. Sebastian, Weill, and Woerner, "Three Types of Value Drive Performance in Digital Business"
15. プラット・ヴェマナに対する著者イナ・セバスチャンのインタビュー（2020年3月11日）
16. テトラパック、"Tetra Pak in Figures," January 1, 2021, https://www.tetrapak.com/about-tetra-pak/the-company/facts-figures、van der Meulen, N., Weill, P., and Woerner, S. L., "Managing Organizational Explosions during Digital Business Transformations"、*MIS Quarterly Executive*, September 2020、Weill, P., Woerner, S. L., and van der Meulen, N., "Four Pathways to 'Future Ready' that Pay Off," *European Business Review*, March–April2019
17. テトラパック、"Tetra Pak Introduces the 'Factory of the Future' with Human and AI Collaboration at Its Core," March 29, 2019, https://www.tetrapak.com/en-us/about-tetra-pak/news-and-events/newsarchive/factory-of-the-future
18. テトラパック、"Tetra Pak Launches Connected Packaging Platform," April 3, 2019, https://www.tetrapak.com/en-us/about-tetra-pak/news-and-events/newsarchive/connected-packaging-platform
19. テトラパック、"Tetra Pak Calls for Collaborative Innovation to Tackle Sustainability Challenges in the Food Packaging Industry," January 252021, https://www.tetrapak.com/en-us/about-tetra-pak/news-and-events/newsarchive/collaborative-innovation-tackle-sustainability-challenges-food-packaging-industry
20. Sebastian, I. M., Weill, P., and Woerner, S. L., "Driving Growth in Digital Ecosystems," *MIT Sloan Management Review*, August 18, 2020, https://

2021, https://www.bbva.com/en/bbvas-journey-to-become-a-digital-data-driven-bank/

第3章

1. MIT CISR 2019 TMT and Transformation Survey（N = 1311）
2. デジタルの脅威の評価は以下の調査より引用。MIT CISR 2017 Digital Pathways Survey（N = 400）
3. MIT CISR 2019 TMT and Transformation Survey（N = 1311）
4. Weill, P., and Ross, J. W., *IT Savvy: What Top Executives Must Know to Go from Pain to Gain*（Boston: Harvard Business Press, 2009）、Parker,G. G., van Alstyne, M., and Choudary, S. P., *Platform Revolution: How Networked Markets Are Transforming the Economy*（New York: W. W.Norton,2017）、Ross, J. W., Beath, C. M., and Nelson, R., "The Digital Operating Model: Building a Componentized Organization" *MIT Sloan CISR Research Briefing* 20, no. 6（June 18, 2020）: https://cisr.mit.edu/publication/20200601BuildingComponentizedOrganizationRossBeathNelson
5. Someh, I. A., Wixom, B. H., and Gregory, R. W., "The Australian Taxation Office: Creating Value with Advanced Analytics," MIT Sloan CISR Working Paper, no. 447（November 2020）: https://cisr.mit.edu/publication/MITCISRwp447ATOAdvancedAnalyticsSomehWixomGregory
6. カイザーパーマネンテ、"Fast Facts," December 31, 2021, https://about.kaiserpermanente.org/who-we-are/fast-facts
7. Kagan, M., Sebastian, I. M., and Ross, J. W., "Kaiser Permanente: Executing a Consumer Digital Strategy," MIT Sloan CISR Working Paper, no. 405（2016）: https://cisr.mit.edu /publication/MITCISRwp408_KaiserPermanenteKaganSebastianRoss
8. 2022年4月29日に、ケーススタディ承認をもらう際に、プラット・ヴェマナから著者へ送られた電子メールより
9. 2022年4月29日に、ケーススタディ承認をもらう際に、ダイアン・カマーから著者へ送られた電子メールより
10. Funahashi, T., Borgo L., and Joshi, N., "Saving Lives with Virtual Cardiac Rehabilitation" *NEJM Catalyst Innovations in Care Delivery*, August 282019 https://catalyst.nejm.org/doi/full/10.1056/CAT.19.0624, Kaiser Permanente, "Reducing Secondary Cardiac Events with Virtual Cardiac

colombia.com/wcm/connect/www.grupobancolombia.com15880/4da24cd8-e940-46fa-a83f-e3e2e5be6788/Corporate+Presentation .pdf?MOD=AJPERES&CVID =nZHOCJm

30. MIT CISR 2019 TMT and Transformation Survey（N = 1311）より。複数の変革経路の連携がうまくいっている企業と連携ができていない企業を、平均値の差の検定により比較した。その結果、最も大きな差が出た3つの指標について説明した。なお、この差はp<0.05の水準で有意であった。

31. 例えば、以下を参照。Sambamurthy, V., and Zmud, R. W., “Arrangements for Information Technology Governance: A Theory of Multiple Contingencies,” *MIS Quarterly* 23, no. 2（June 1999）: 261–290、Weill, P., and Ross, J. W., *IT Governance: How Top Performers Manage IT Decision Rights for Superior Results*（Boston: Harvard Business School Press, 2004）

32. デジタルプラットフォームは、「（コアビジネスの）業務プロセスを標準化および自動化することで、信頼性を高め、業務オペレーションコストを削減し、品質を確保する」ものである。出典：Weill, P., and Ross, J. W., *IT Savvy: What Top Executives Must Know to Go from Pain to Gain*（Boston: Harvard Business Press, 2009）, 16

33. Girod, S. J. G., and Karim, S. “Restructure or Reconfigure?,” *Harvard Business Review*, March–April 2017

34. Weill, P., and Woerner, S. L., *What's Your Digital Business Model? Six Questions to Help You Build the Next-Generation Enterprise*（Boston: Harvard Business Review Press, May 2018）（ピーター・ウェイル、ステファニー・L・ウォーナー、野村総合研究所システムコンサルティング事業本部訳『デジタル・ビジネスモデル：次世代企業になるための6つの問い』、2018年、日本経済新聞出版社、現在日経ビジネス人文庫収録）

35. Ensor, B., “BBVA Tops Forrester's 2019 Global Mobile Banking App Reviews,” Forrester, September 24, 2019, https://go.forrester.com/blogs/bbva-tops-forresters-2019-global-mobile-banking-app-reviews/

36. BBVA, “BBVA Earns €1.32 Billion in 4Q20, its Best Quarterly Result in Two Years,” January 29, 2021, https://www.bbva.com/en/results-4q20/

37. Wixom, B.H., and Someh, I., “Accelerating Data-Driven Transformation at BBVA,” *MIT Sloan CISR Research Briefing* 13, no. 7（July 2018）: https://cisr.mit.edu/publication/20180701DataDrivenBBVAWixomSomeh

38. BBVA, “BBVA's Journey to Become a Digital, Data-Driven Bank,” June 11,

(October 2021): https://cisr.mit.edu/publication/MITCISRwp452BBVA-SDA_FonstadSalonen
20. INGグループ、"Transformation Update," Investor Day 2019, March 252019, https://www.ing.com/Investor-relations/Presentations/Investor-Day-presentations/2019/ING-Investor-Day-2019-Transformation-update.htm
21. Weill and Woerner, "Is Your Company Ready for a Digital Future?"
22. Ross, J. W., Weill, P., and Robertson, D. C., *Enterprise Architecture as Strategy: Creating a Foundation for Business Execution* (Boston: Harvard Business School Press, 2006), 61–64
23. INGグループ、"Transformation Update"
24. ING *2017 Annual Report*, https://www.ing.com/Investor-relations/Financial-performance/Annual-reports.htm、"Scotiabank to Buy ING Bank of Canada for $3.1B," August 29, 2012, https://www.cbc.ca/news/business/scotiabank-to-buy-ing-bank-of-canada-for-3-1b-1.1160516、"ING Direct to Become 'Capital One 360,' but Promises to Remain the Same," November 7, 2012, https://www.americanbanker.com/news/ing-direct-to-become-capital-one-360、および"ING to Sell ING Direct UK to Barclays," press release, October 9, 2012, https://www.ing.com/Newsroom/News/Press-releases/PROld/ING-to-sell-ING-Direct-UK-to-Barclays.htm
25. 我々は、2017年の調査結果で最も完成度の高い変革事例との相関関係を見出したことから、各変革経路で変革を主導する経営陣の役割について提案する。
26. Woerner, S. L., Weill, P., and Diaz Baquero, A. P., "Coordinating Multiple Pathways for Transformation Progress," *MIT Sloan CISR Research Briefing* 22, no. 4 (April 2022): https://cisr.mit.edu/publication/20220401_MultiplePathwaysWoernerWeillDiazBaquero
27. 会社発表資料より。以下を参照。"Financial results," Investor Relations, Grupo Bancolombia, https://www.grupobancolombia.com/investor-relations/financial-information/quarter-results
28. ユーザー数1000万人という数字は経営陣へのインタビューに基づく。
29. ノン・バンクコレスポンデントの数は非公開の社内資料より。会社の許可を得て掲載。以下を参照。Bancolombia ATM details from Bancolombia S.A., "Corporate Presentation," January 2022, p. 2, https://www.grupoban

(2022年4月2日にアクセス)
11. International Banker, "mBank: Leading the New Wave of Innovation, Digitalization and Competitiveness in Polish Banking," March 92020, https://internationalbanker.com/banking/mbank-leading-the-new-wave-of-innovation-digitalisation-and-competitiveness-in-polish-banking/
12. Fonstad, N. O., Woerner, S. L., and Weill, P., "mBank: Creating the Digital Bank," *MIT Sloan CISR Research Briefing* 15, no. 10 (October 2015) : https://cisr.mit.edu/publication/2015_1001_mBank_FonstadWoernerWeill
13. エムバンク、"mBank Group in a Snapshot" https://www.mbank.pl/pdf/relacje-inwestorskie/factsheetmbankgroupeng.pdf (2022年4月2日にアクセス)
14. Andreasyan, T., "mBank Moves into Fintech Vendor Space with New Digital Banking System," June 26, 2017, https://www.fintechfutures.com/2017/06/mbank-moves-into-fintech-vendor-space-with-new-digital-banking-system/
15. 戦略目標の詳細については、以下を参照。mBank, "Growth Fueledby Our Clients—New Strategy for 2020–2023," https://www.mbank.pl/en/annual-report/2019/outlook/rosniemy-z-klientami-i-dzieki-nim-strategia-na-lata-2020-2023/ (2022年4月2日にアクセス)
16. ネット・プロモーター・スコア (NPS) は、顧客体験を測定するために広く使われている単項目の市場指標である。以下を参照。Reichheld, F. F., "The One Number You Need to Grow"、*Harvard Business Review*, December 2003, https://hbr.org/2003/12/the-one-number-you-need-to-grow, NICE Satmetrix NPS Methodology、https://www.satmetrix.com/holistic-voc-solution/nps-methodology
17. BBVAグループ、*BBVA Group First Quarter 2021* (Birmingham, AL: BBVA Compass, 2021)、https://shareholdersandinvestors.bbva.com/wp-content/uploads/2021/05/1Q21-BBVA-Corporate-Presentation-.pdf
18. BBVA、"BBVA, Named Best Bank in Europe and Latin America for Innovation in Digital Banking" (2020年8月3日)、https://www.bbva.com/en/bbva-named-best-bank-in-europe-and-latin-america-for-innovation-in-digital-banking/
19. Fonstad, N. O., and Salonen, J., "Four Changes: How BBVA Generated Greater Strategic Value," MIT Sloan CISR Working Paper, no. 452

合研究所システムコンサルティング事業本部訳『デジタル・ビジネスモデル：次世代企業になるための6つの問い』、2018年、日本経済新聞出版社、現在日経ビジネス人文庫収録）

第2章

1. Weill, P., Woerner, S. L., and Harte, M., "Replatforming the Enterprise" *MIT Sloan Center for Information Systems Research Briefing* 20, no. 7（July 2020）: https://cisr.mit.edu/publication/2020_0701_Replatforming_WeillWoernerHarte
2. Ross, J. W., Sebastian, I. M., and Beath, C. M., "Digital Design: It's a Journey" *MIT Sloan Center for Information Systems Research Briefing* 26, no. 4（April 2016）
3. ダンスケバンク、"About Us" http://www.danskebank.com/en-uk/About-us/Pages/About-us.aspx 2012年9月6日にアクセス）
4. ダンスケバンクグループ、*2019 Annual Report*（Copenhagen: Danske Bank Group, 2019）, https://danskebank.com/-/media/danske-bank-com/file-cloud/2020/2/annual-report%202019 .pdf?rev=ce58f68c871c451ab82c07640edbc51f&hash=091E45286122B94B1F719CEA4F23A799
5. モバイルペイ、"About Us" https://www.mobilepay.dk/about-us#numbers（2022年4月2日にアクセス）
6. Weill, P., and Woerner, S.L., "Is Your Company Ready for a Digital Future?" *MIT Sloan Management Review* 59, no. 2（winter 2018）
7. ダンスケバンクグループ、*2020 Annual Report*（Copenhagen: Danske Bank Group, 2020）, https://danskebank.com/-/media/danske-bank-com/file-cloud/2021/2/annual-report-2020.pdf
8. ダンスケバンク、"Interim Report for the First Nine Months of 2020," November 4, 2020, https://danskebank.com/news-and-insights/news-archive/press-releases/2020/pr04112020
9. van der Meulen, N., and Dery, K., "The Employee Experience of Digital Business Transformation" *MIT Sloan Center for Information Systems Research Briefing* 20, no. 1（January 2020）: https://cisr.mit.edu/publication/2020_0101_PathwaysEX_MeulenDery
10. エムバンクはポーランドで470万人の個人顧客、チェコとスロバキアで約100万人の顧客、2万8000社以上の法人顧客を有している。以下を参照。mBank, "mBank in Numbers," https://www.mbank.pl/en/about-us/about-mbank/

構造化インタビューを行い、デジタルビジネ変革の体験をオープンに共有してもらった。2019年には、アンケート調査（MIT CISR 2019 TMT and Transformation Survey）を実施し（N=1311名）、デジタル変革のジャーニー、爆発的変化の対処状況、変革を推進するリーダーの行動とビジネスメカニズムについて調査を行った。

6. 自己申告による収益を上位下位5%のトリミング調整後、平均値を取った。
7. Sia, S. K., Weill, P., and Zhang, N., "Designing a Future-Ready Enterprise: The Digital Transformation of DBS Bank" *California Management Review*（March 2021）、Sia, S. K., Weill, P., and Xu, M., "DBS: From the 'World's Best Bank' to Building the Future-Ready Enterprise" Nanyang Business School, December 2018, Ref No.: ABCC-2019-00
8. Ross, J. W., Sebastian, I. M., and Beath C.M., "Digital Design: It's a Journey," *MIT Sloan CISR Research Briefing* 26, no. 4（April 2016）: https://cisr.mit.edu/publication/2016_0401_DigitalDesign_RossSebastianBeath
9. Weill, P., and Woerner, S. L., "Dashboarding Pays Off" *MIT Sloan CISR Research Briefing* 22（January 1, 2022）: https://cisr.mit.edu/publication/20220101DashboardingWeillWoerner
10. Weill, P., and Woerner, S. L., *What's Your Digital Business Model? Six Questions to Help You Build the Next-Generation Enterprise*（Boston: Harvard Business Review Press, May 2018）（ピーター・ウェイル、ステファニー・L・ウォーナー、野村総合研究所システムコンサルティング事業本部訳『デジタル・ビジネスモデル：次世代企業になるための6つの問い』、2018年、日本経済新聞出版社、現在日経ビジネス人文庫収録）
11. Sebastian, I. M., Weill, P., and Woerner, S. L., "Three Strategies to Grow via Digital Partnering," *MIT Sloan CISR Research Briefing* 20, no. 5（May 2020）: https://cisr.mit.edu/publication/20200501DigitalPartneringStrategiesSebastianWeillWoerner
12. モジュラープロデューサーは、様々なエコシステムに接続可能なプラグ・アンド・プレイ・サービスを提供する企業である。これらの事業は通常、APIを使用した一連のサービスを持つデジタルプラットフォームが基盤となっており、技術にとらわれない点に特徴がある。詳細については、以下を参照。*What's Your Digital Business Model? Six Questions to Help You Build the Next-Generation Enterprise*（Boston: Harvard Business Review Press, May 2018）（ピーター・ウェイル、ステファニー・L・ウォーナー、野村総

注

第1章

1. 本書では、すべての事業体を「会社」「企業」という呼称で表現する。我々の研究、教育、ワークショップを通じて、本書のフレームワークが営利企業、非営利組織、政府機関で広く適用できることが判明している。
2. 以下を参照。Sebastian, I. M., Weill, P., and Woerner, S. L., “Driving Growth in Digital Ecosystems” *MIT Sloan Management Review*（Fall 2020, Reprint 62127）：https://sloanreview.mit.edu/article/driving-growth-in-digital-ecosystems/
3. 以下を参照。Weill, P., Woerner, S. L., and Shah, A., “Does Your C-Suite Have Enough Digital Smarts?” *MIT Sloan Management Review*（Spring 2021, Reprint 62320）：https://sloanreview.mit.edu/article/does-your-c-suite-have-enough-digital-smarts/
   2020年12月15日、インスパイア・ブランズはダンキン・ブランズの買収を完了した。ダンキンとバスキン・ロビンスは、インスパイアの事業ポートフォリオの中で、別ブランドとして運営されるようになった。https://www.dunkinbrands.com/firm/about/about-dunkin-brands
4. アプリケーション・プログラミング・インターフェース（API）とは、オペレーティングシステム、サービス、または他のアプリケーションの機能やデータにアクセスするアプリケーションを作成するための一連の関数と手続きのことである。
5. MIT CISRの数多くの研究プロジェクトが本書の基礎となっている。それらには、デジタル変革ジャーニー、ビジネスモデル、デジタルパートナリング、価値創出と価値獲得、プラットフォームの再構築、顧客の問題ドメインに関するMIT CISRの研究が含まれる。2015年に調査（MIT CISR 2015 CIO Digital Disruption Survey、N＝413）を実施し、2016年にはデジタルビジネス変革の目標について経営者と50回以上の対話を行った。その分析と対話内容から、フューチャーレディの4象限のフレームワークをつくり出した。2017年には、4つの変革経路を研究するために別の調査を行った（MIT CISR 2017 Digital Pathways Survey［N = 400］)。2018年には4社（テトラパック、セメックス、KPN、ドメイン）の詳細な事例分析を行い、その変革経路と4つの爆発的変化を含むデジタルビジネス変革について研究した。各社で1名以上の経営陣（通常はCIOまたは相当するポジションの方）と直属の部下に半

ま・や・ら・わ　行

な 行

は 行

索 引

＊fは図中であることを指す。

翻訳者紹介

【株式会社 野村総合研究所】

株式会社 野村総合研究所 システムコンサルティング事業本部
企業価値を高めるための戦略立案から分析・課題発見、解決策の提言、変革の実行に至るコンサルティングサービスの提供を通じて、より多くの社会課題を解決していくことをミッションとしている。
公式HP : https://www.nri.com/jp/service/scs

松延 智彦

野村総合研究所 システムコンサルティング事業本部 統括部長

和田 充弘

野村総合研究所 システムコンサルティング事業本部 ITマネジメントコンサルティング部

【公益財団法人 野村マネジメント・スクール】

我が国最高水準の経営者教育を提供することを目的に1981 年設立。世界トップクラスの講師陣を招き、国内企業の経営幹部を対象とした研修プログラムを継続的に開催している。
公式HP : https://www.nsam.or.jp

河野 俊明

野村マネジメント・スクール　プログラム・ディレクター

遠藤 幸彦

野村マネジメント・スクール　フェロー

森沢　徹

野村マネジメント・スクール　プログラム・ディレクター

佐藤 祥恵

野村マネジメント・スクール　事務局

FUTURE READY

フューチャーレディ

デジタル変革成功への4つの道筋

2023年3月24日　　1版1刷

著者
ステファニー・L・ウォーナー
ピーター・ウェイル
イナ・M・セバスチャン

訳者
野村総合研究所システムコンサルティング事業本部
野村マネジメント・スクール

発行者
國分正哉

発行
株式会社日経BP
日本経済新聞出版

発売
株式会社日経BPマーケティング
〒105-8308　東京都港区虎ノ門4-3-12

装幀
野網雄太

DTP
マーリンクレイン

印刷・製本
中央精版印刷株式会社

ISBN978-4-296-11628-7

本書の無断複写・複製（コピー等）は著作権法上の例外を除き，禁じられています。
購入者以外の第三者による電子データ化および電子書籍化は，
私的使用を含め一切認められておりません。
本書籍に関するお問い合わせ，ご連絡は下記にて承ります。

https://nkbp.jp/booksQA
Printed in Japan